書き換えるだけ！

通る

A4一枚
企画書・報告書
テンプレート集

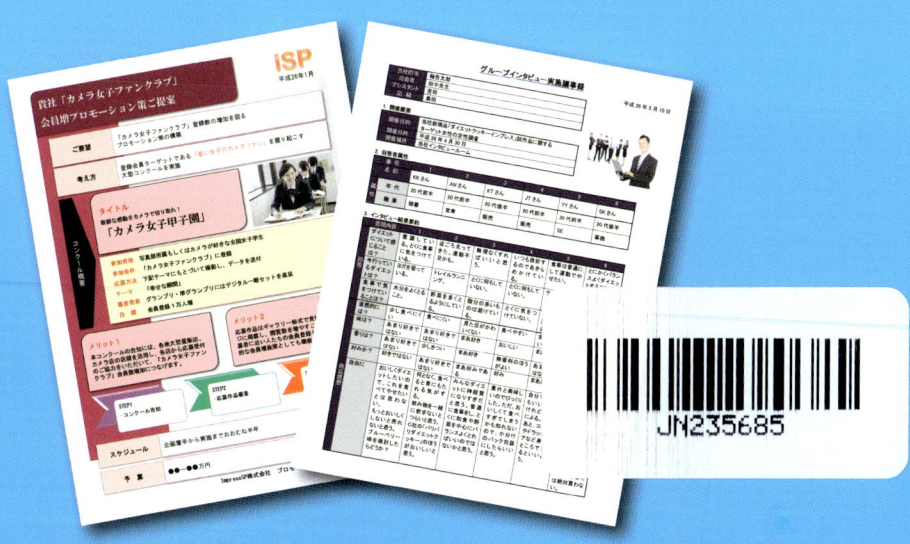

インプレスジャパン

付属CD-ROMについて

■ フォーマットと収録したデータについて

本書の付属CD-ROMは、Microsoft Windows 8/7/Vista/XP/2000/Me/98で読み取り可能で、企画書作例、図解パーツなどの文書ファイルと、写真、イラストなどの画像データを収録しています。

■ CD-ROMのフォルダ構成

付属CD-ROMは、右のようなフォルダ構成になっています。企画書、報告書、図解、グラフはファイル形式ごとにサブフォルダに分かれています。

CD-ROM ONESHEET

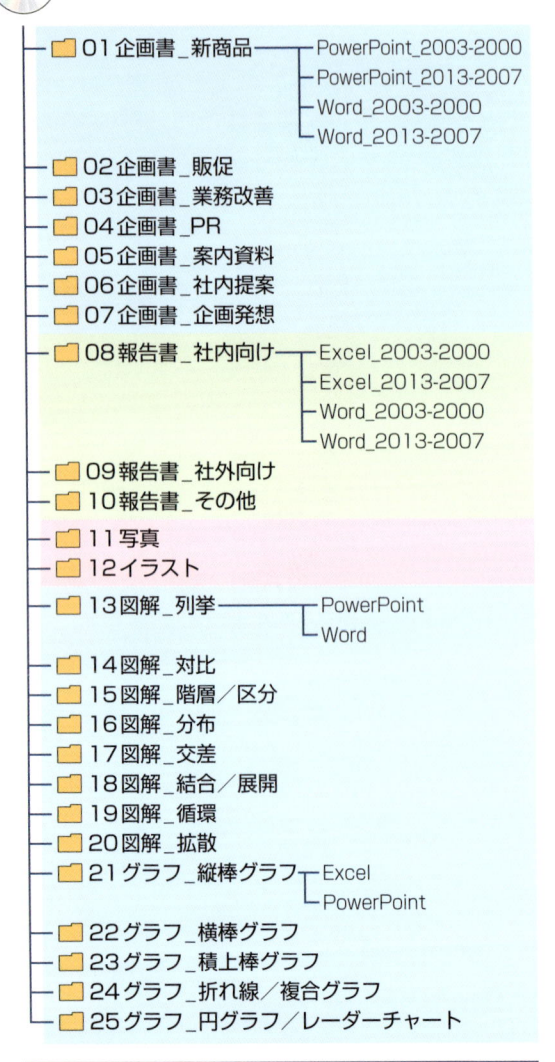

- 01 企画書_新商品
  - PowerPoint_2003-2000
  - PowerPoint_2013-2007
  - Word_2003-2000
  - Word_2013-2007
- 02 企画書_販促
- 03 企画書_業務改善
- 04 企画書_PR
- 05 企画書_案内資料
- 06 企画書_社内提案
- 07 企画書_企画発想
- 08 報告書_社内向け
  - Excel_2003-2000
  - Excel_2013-2007
  - Word_2003-2000
  - Word_2013-2007
- 09 報告書_社外向け
- 10 報告書_その他
- 11 写真
- 12 イラスト
- 13 図解_列挙
  - PowerPoint
  - Word
- 14 図解_対比
- 15 図解_階層/区分
- 16 図解_分布
- 17 図解_交差
- 18 図解_結合/展開
- 19 図解_循環
- 20 図解_拡散
- 21 グラフ_縦棒グラフ
  - Excel
  - PowerPoint
- 22 グラフ_横棒グラフ
- 23 グラフ_積上棒グラフ
- 24 グラフ_折れ線/複合グラフ
- 25 グラフ_円グラフ/レーダーチャート

■ 収録したデータの著作権について

付属CD-ROMに収録した文書ファイルおよび図解・グラフファイルの著作権は、有限会社ガーデンシティ・プランニング、株式会社エディポックに、写真・イラストファイルの著作権は株式会社リオ、株式会社インプレスジャパンに帰属します。これらの著作権は法律により守られていますが、本書の購入者に限り、私的な使用であれば常識の範囲内で自由にお使いいただけます。ただし、下記に該当する利用はできませんので、あらかじめご注意ください。なお、法人や学校で利用する場合は、1台のPCに対し本書1冊をご購入ください。

(1) プレゼンテーションや報告用資料以外の目的で使用すること。
(2) ファイルの一部または全部を、加工の有無にかかわらず再配布すること。なお、ここでいう「再配布」とは、有償・無償にかかわらず、書籍・CD・DVD等の媒体を利用する配布や、ファイルをサーバー等にアップロードして送信可能化する等といった、インターネット等の通信手段を利用する配布等を意味します。
(3) 商用から分離ないしは複製して、独立したデジタル素材として再利用すること。
(4) 商用目的で利用(個人・法人を問わず、対価(その名目を問いません。以下同じ)を得て行う利用、および対価の有無にかかわらず営利を目的とする利用をいいます。)すること。
(5) 文書ファイル、画像データを利用した印刷物・雑貨類等の制作サービスを行うこと。
(6) 画像データに関し、あるいはデータを利用して、著作権登録、意匠登録、商標登録など知的財産権の登録を行うこと。
(7) 公序良俗に反する方法で使用することや公序良俗に反する業務、活動に使用すること。
(8) アダルト雑誌やアダルトビデオ、ポルノ、風俗などに関連するものに使用すること。
(9) 画像データの被写体の特徴、品位、名誉、信用を害する使用や、被写体が特定の営業や商品を使用や、推奨しているかのような印象を与えるように使用すること。
(10) 違法、虚偽、誹謗あるいは中傷を内容とした制作物へ使用すること。

なお、著作権者および株式会社インプレスジャパンは、付属CD-ROMに収録したファイルを使用したことによって、あるいは使用できなかったことによって起きたいかなる損害についても責任を負いません。あらかじめご了承ください。

■ 収録データのファイル形式

付属CD-ROMの「01企画書_新商品」~「07企画書_企画発想」、「13図解_列挙」~「20図解_拡散」フォルダ内にはPowerPoint形式、Word形式、「08報告書_社内向け」~「10報告書_その他」フォルダ内にはWord形式、Excel形式、「21グラフ_縦棒グラフ」~「25グラフ_円グラフ/レーダーチャート」フォルダ内にはExcel形式、PowerPoint形式のファイルを収録しています。これらのファイルは、Word/PowerPoint/Excel(2013/2010/2007/2003/2002/2000)で使用することができます。

また、「11写真」「12イラスト」フォルダ内にはJPEG形式、PNG形式、WMF形式の画像データを収録しています。これらの画像データは各種グラフィックソフトで読み取ることができます。また、Word/PowerPoint/Excelでも使用できます。

ただし、付属CD-ROMには、Word/PowerPoint/Excelや各種グラフィックソフトは収録していませんので、別途ご用意ください。

はじめに

―― ビジネスの現場で通る企画書をつくりたい。

「通る企画書」とはどんなものでしょうか？ 企画書においては**伝わりやすさ**と**スピード感**、そして**読みたくなる雰囲気**の3つが大切な条件です。

伝わりやすさは内容が明確で**読みやすい**こと。**スピード感**は要求に応じてすばやく提案することであり、提案先がすばやく決裁の判断ができること。それでは、**読みたくなる雰囲気**とは何でしょうか？

これは「提案先（クライアント、新規取引先、上司、経営陣）が読みたくなる雰囲気」ということです。皆さんは、企画書さえつくれば、必ず相手が真剣に読んでくれる、目を通してくれると思っていませんか？ もし、皆さんが超一流のプランナーや著名なコンサルタントであれば、相手も真剣に企画書を読むかもしれません。しかし、たいていの場合、「きちんと読んでもらうこと」すらおぼつかないのです。

―― 「読んでみたいな」と思わせるには、どんな工夫をすればいいのか？
―― 工夫に時間をかけては、スピードが遅くなってしまうのではないか？

それらを解決するフォーマットが**A4一枚企画書**です。本書では「伝わりやすさ」、「スピード感」、「読みたくなる雰囲気」を兼ね備えたA4一枚企画書のつくり方をレクチャーするとともに、さまざまな業種で使える実戦的な企画書テンプレートを付属CD-ROMに多数収録しています。

一から企画書を作成するのは大変ですが、提案先から要求されているテーマに近いテンプレートを選んで書き換えれば、**スピード感を保ちながら、読みたくなる雰囲気の企画書を手軽につくること**ができます。テンプレートには、企画提案でよく使う言葉もサンプルとして入れてありますので、文章の参考にも使ってください。

また、付属CD-ROMには企画書だけではなく、企画を練るためのプランニングシートや報告書類など、ビジネスの現場で活躍する文書や、写真、イラスト、図解、グラフなどの素材も収録していますので、本書1冊で文書作成はかなり効率化できるはずです。

―― **企画書作成に時間をかけるのではなく、企画を練り上げること、
　　そしてそれを提案することのために時間を使うべき。**

これが筆者の信条です。本書を活用して、企画書作成に費やす時間を節約し、「通る企画書」を考える時間を増やし、提案する機会が増えるよう願ってやみません。

2013年6月　著者　藤木 俊明

書き換えるだけ！ A4一枚 企画書・報告書 「通る」テンプレート集

Contents

付属CD-ROMについて 2
はじめに 3
本書の使い方 6

Part 01　一枚企画書作成のポイント 7

1. 一枚企画書おさえておきたい基本ポイント 8
2. 相手の心をつかむ一枚企画書編集のポイント 13
3. ひとめで「GO」が出る一枚企画書デザインのポイント 17
4. クラウドを駆使したどこでも企画書作成スタイル 22

Part 02　企画書 25

1. 新商品・新サービス提案に使える 26
2. 販売促進・プロモーション提案に使える 36
3. 業務改善・問題解決提案に使える 46
4. PR・セールスシートに使える 54
5. 案内資料に使える 62
6. 社内提案に使える 70
7. 企画の発想をサポートする 78

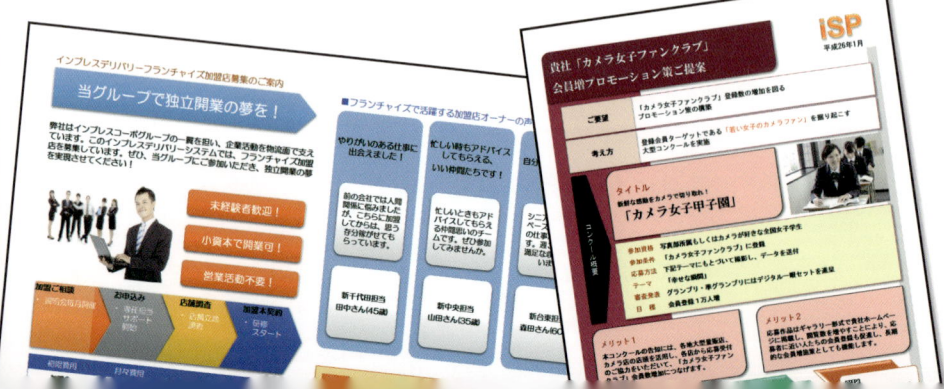

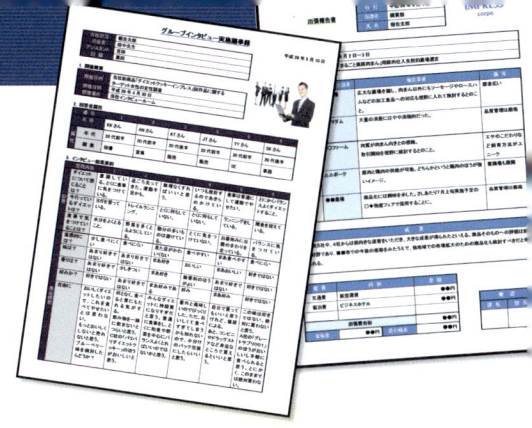

| Part 03 | 報告書 | 85 |

1 社内向け報告書に使える ... 86
2 社外向け報告書に使える ... 100
3 その他の資料 ... 112

| Part 04 | 写真・イラスト | 119 |

写真 ………… ビジネス／ファミリー／シニア／キッズ／イメージカット／背景

イラスト …… 人物／IT・ネットワーク／ライフ／医療・福祉／金融／環境・自然／建物／
　　　　　　　　乗り物／食べ物／季節・イベント／地図／国旗／アイコン／文字素材

| Part 05 | 図解・グラフ | 139 |

図解 ………… 列挙／対比／階層・区分／分布／交差／結合・展開／循環／拡散

グラフ ……… 縦棒／横棒／積上棒／折れ線／複合／円／レーダーチャート

| Part 06 | テンプレート活用術 | 149 |

ファイルを開く ... 150
ファイルを保存する ... 151
企画書・報告書を書き換える ... 152
文字を目立たせる ... 153
文字を追加する／調整する ... 154
画像を挿入する／調整する ... 155
グラフを挿入する ... 156
図解を挿入する ... 157
図解や表を調整する ... 158
印刷する ... 159

本書の使い方

　本書には、付属CD-ROMに収録した企画書・報告書のテンプレート、写真・イラスト素材、図解パーツ、グラフパーツのカタログと使い方を掲載しています。カタログページで使いたいファイルを探し、CD-ROMからファイルを開いて活用しましょう。

　また、カタログページでは、訴求効果の高い企画書や報告書が作れるように、作成のポイントや作り方の解説もしています。

1 カタログページでテンプレートを探す

企画書、報告書

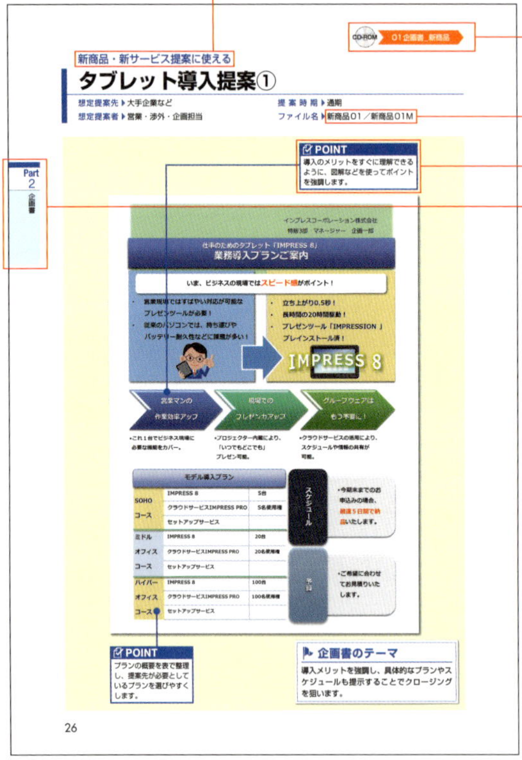

- テンプレートの用途と種類
- 付属CD-ROMの収録フォルダ名
- ファイル名（モノクロ版は末尾に「M」が付いています）
- 書類作成のポイント
- カテゴリー名

2 CD-ROMのファイルを開く

　操作解説の「ファイルを開く」（150ページ）を参照して必要なファイルを開きます。

※ファイルを使用する前に「付属CD-ROMについて」（2ページ）もお読みください。

3 書類を作成して保存する

　自分のケースに合わせ、開いたファイルを書き換えて書類を作成し、操作解説の「ファイルを保存する」（151ページ）を参照して保存します。

写真・イラスト素材、図解・グラフパーツ

- 付属CD-ROMの収録フォルダ名
- ファイル名

　操作解説の該当ページを参照してテンプレートに読み込みます。

Part 01

一枚企画書
作成のポイント

現在、ビジネスの場ではスピード感が必要です。
取引先の要求に応じ、すばやく企画書を提出して、
判断を仰がなければなりません。
そのようなときに活用できるのが「一枚企画書」です。
ここでは、なぜ一枚企画書がよいのか、
一枚企画書の基本とつくり方、
テンプレートの活用法などを紹介します。

Part 1 企画書作成のポイント

01 一枚企画書 おさえておきたい基本ポイント

A4一枚のシンプルな企画書でプレゼンに勝つ！

どうして「一枚企画書」が実戦に強いのか？

現在、ビジネスのスピードは格段に速くなっています。併せて、取引先や自社の経営陣などは複数の案件を抱え、忙しい日々を送っているのが現状です。そのようなビジネスの場で求められるのは**伝わりやすくスピード感のある企画書**です。提案先にすばやく内容を理解してもらえること。さらには納得して決裁してもらえること。何より、要求に応じてすばやく企画書を提出できなければ実戦的とは言えません。

もちろん、あなた自身もさまざまな案件を抱え、時間を削りながら企画書を作成しているはずです。徹夜して企画書をつくっても「仕事の効率が悪い」と評価されかねません。つまり、企画書作成にもスピード感が大切なのです。

そこで提案したいのが**一枚企画書**という実戦的なフォーマットです。A4一枚に企画要素のほとんどを組み入れられるので、「短時間で読めそう」「すばやく判断できそう」という印象を与えることができます。A4一枚企画書は、ビジネスをスピードアップさせ、提案先の決裁を促す**「勝てる企画書フォーマット」**なのです。本書に収録したテンプレートは、すべてA4一枚で作成しています。好みのものを選んで書き換えるだけで、簡単に使うことができます。ここでは、それらのテンプレートがどのような前提で構成されているのか、また各項目には「何を」「どのように」書いたらよいかなどを紹介していきます。

5つのブロックで構成することが企画書の基本

提案先に説明しやすく、理解が得られやすい

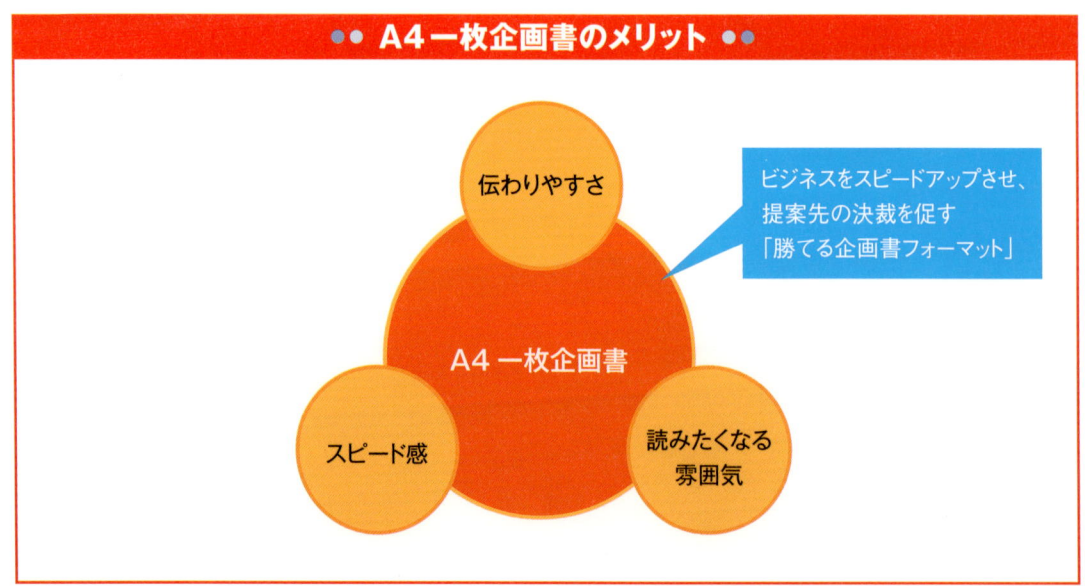

●● A4一枚企画書のメリット ●●

- 伝わりやすさ
- スピード感
- 読みたくなる雰囲気
- A4一枚企画書

ビジネスをスピードアップさせ、提案先の決裁を促す「勝てる企画書フォーマット」

企画書とは**5つのブロック**からなるものです。それは、3つの**企画骨子パート**と2つの**クロージングパート**から構成されます。

● **企画骨子パート**

まず、①**コンセプト**のブロックが必要です。企画書で一番大切なことは「**この企画を一言で言うとどうなるのか**」という部分です。これが、企画書の骨子となります。

それでは「**どうしてこの企画を考えついたのか**」。それを説明するのが、②**背景**のブロックです。さらに、「**この企画を実施するとどのようなメリットがあるのか**」を提案先に理解してもらう必要があります。これを表現するのが、③**相手のメリット**のブロックです。この3つを**企画骨子パート**と呼びます。

● **クロージングパート**

提案先が決裁するためには「いつまでにできるのか」「いくらかかるのか」ということがわからなくてはなりません。つまり、④**スケジュール**のブロックと、⑤**予算**のブロックが必要です。この2つを**クロージングパート**とします。

これら5つのブロックにより企画書を構成しましょう。A4一枚の場合は、5つのブロックを一枚にまとめることが基本です。

問題解決を一言で説明してコンセプトのブロックにする

これまでに作成した企画書を見直してみてください。企画内容を一言で言えなければ「何を言おうとしているかわからない」と企画書を突き返されるパターンです。

まず「**企画内容を一言で言うとどうなるのか**」を考え、短い文章に書き出してみましょう。相手に話しかけるように具体的に書いてみてください。

例を挙げましょう。たとえば、あなたが事務機器販売会社のタブレット端末担当で、売上が伸びずに困っているとします。そのようなときに、ある企業から「営業を強化するためにパソコンを持ち歩かせたいが、『持ち歩くのが大変』『操作が面倒』『起動に時間がかかる』『コストが高い』などの問題が多くて困っている」という話を聞きました。そこで、「営業担当向けに業務用端末としてタブレットを販売できないか」という考えが思い浮かんだとしましょう。この考え、つまり**相手の課題解決を一言で説明する**ことが、コンセプトの役割と言えます。このケースでは、次のようになります。

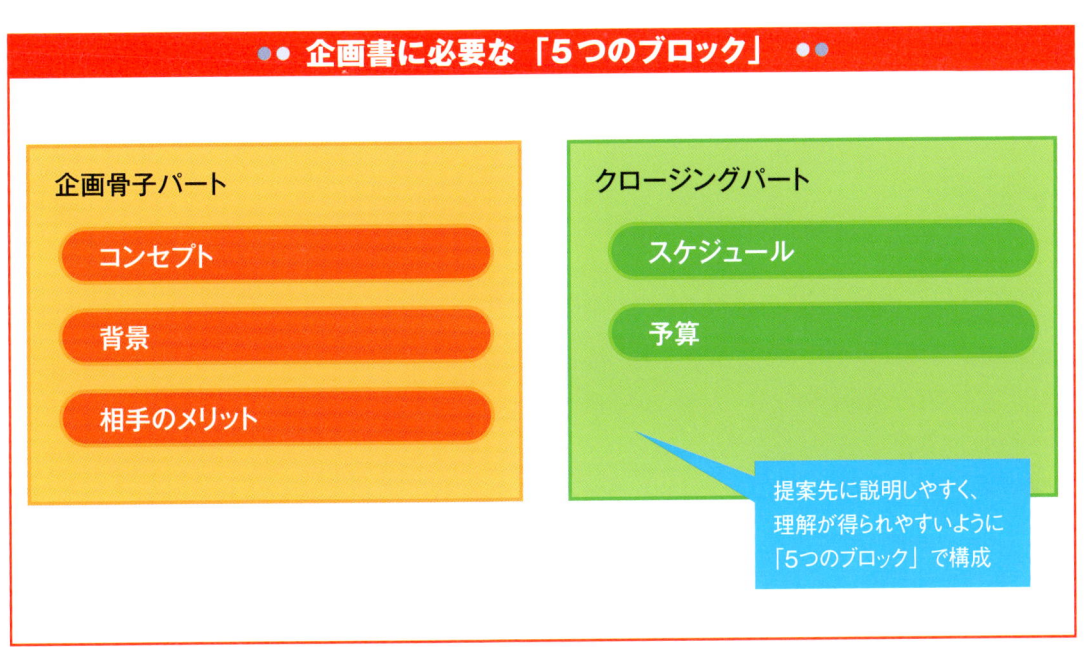

Part 1 企画書作成のポイント

> 簡単操作で持ち運びに便利なタブレットを、営業担当の業務用端末として販売する企画

コンセプトは「一言で簡潔に」「話しかけるように」「具体的に」、そして「相手の課題解決」を念頭に作成しましょう。

提案先の抱えている問題を背景のブロックにする

企画を考えたのは、世の中の流れ、技術の進歩、自社の製品やサービスのすばらしさなど、いろいろありますが、一番大切なことは**「提案先の問題や課題を解決したい」**ということです。つまり、このブロックで説明することは**「提案先が抱える問題」**です。

前述のタブレットの例で説明しましょう。まず考えることは、提案先の抱える問題です。どの企業も営業力を強化して売上を伸ばしたいと考えているはずですが、コストはかけられず、大きな投資もできない。さらに、営業担当からは「パソコンを持ち歩くのが大変」「起動に時間がかかる」などの声が上がっています。そこで次のような背景を考えます。

> 営業力を強化するシステムを導入したいが、パソコンでは使いにくく、コストもかけられないので困っている中小企業が多い

この時点では、この程度の短い文章でいいでしょう。ただし、単なる思いつきではなく、ユーザーの意識調査、他社の事例、ホワイトペーパー、マスコミの関連記事など、信用に足る資料を集めておかなくてはなりません。

「得意先が抱えている問題を」「具体的な資料やデータ、事例などを確認して」「一言で簡潔に」「話しかけるように」書くようにしましょう。

提案先の胸に届くストーリーを相手のメリットのブロックにする

相手のメリットのブロックでは、簡単に言えば「この企画によって問題が解決されますよ」ということを、具体的にわかりやすく説明します。わざわざ「相手の」と付けているのは「自分のメリット」と勘違いして書く人がいるからです。あくまでも、**提案先が享受できるメリットでなければ意味がありません。**

このブロックでは、企画採用により提案先の問題が解決されることを、**シンプルなストーリー**にします。前述のタブレットの例で説明すると、次のようなストーリーが考えられます。

> ●営業担当目線
> 持ち運びやすく、起動が速く、操作しやすいタブレットで、営業効率が上がる。さらに、在庫確認や事務作業なども簡単にできるようになる。
>
> ●企業目線
> 最少のコストで営業力の強化を達成できる。

「問題が解決し」「リスクは最小限で」「コストパフォーマンスが高く」「みんながハッピーになれる」というストーリーを、提案先の胸に届くように工夫して表現しましょう。

スケジュールと予算のブロックで企画採用に結び付ける

提案の場では、企画を説明して終わりではありません。提案先が企画採用を決定するには「いつまでにできるのか」、あるいは「いつ行うのか」「いつ納品されるのか」などという**スケジュール**の要件が必要になります。もう1つ必要なのが「いくらかかるのか」という**予算**の要件です。どれだけ企画が魅力的でも「いつでき

各ブロックのポイント

コンセプトのブロック
「この企画を一言で言うと こうなります」
- 問題解決プランを念頭に置いて
- 一言で簡潔に
- 話しかけるように
- 具体的に

背景のブロック
「どうしてこの企画を考えたかと いうとこういうことです」
- 提案先が抱えている問題を
- 具体的な資料やデータをもとに
- 一言で簡潔に
- 話しかけるように

相手のメリットのブロック
「この企画を実施すれば このようなメリットがあります」
- リスクは最小限で
- コストパフォーマンスが高く
- ハッピーになれるストーリーを
- 提案先の胸に届くように

スケジュール・予算のブロック
「この企画をこれくらいの スケジュールと予算でできます」
- いつまでにできます
- いくらかかります
- ○月○日までにご返答いただければ、特別価格で提供できます！

るのか」「いくらかかるのか」がわからないのでは、返答のしようがないでしょう。したがって、企画書にはスケジュールと予算の2つのブロックを加えます。これらは提案の場では「**クロージング**」と呼びます。

ただし、単に「いつまでにできます」「いくらかかります」と答えるだけでは、提案先からGOを引き出せません。たとえば、次のように、**返答をもらいやすいような条件**を付けます。

- ○月○日までにご返答いただければ特別価格で提供します！
- 今回は限定3社だけの割引提案です！

ただ、A4一枚ではスペースに限りがあるため、スケジュールや予算を詳細に提示できないこともあります。そういうときは概要だけを提示し、詳細は別紙で添付してもかまわないでしょう。

読んでほしい順に 各ブロックを配置する

5つのブロックの基本的な要素が完成したら「A4縦」と「A4横」のどちらにするかを決めます。プロジェクターで投影する場合は「横」のほうが見やすいですが、印刷して提出する場合は「縦」のほうが読みやすいでしょう。

人の視線は「Z（ゼット）」の形に動きます。標準的な横書きの書類もしくはスライドでは、一番上の左隅から読み始め、右に視線が動き、右まで移動したら下がっていき、最後にその書類の一番右下で終わります。**あまり左右に視線が振れると読みにくさを感じます。**したがって、一枚企画書ではまず「A4縦」をおすすめします。もちろん、「横」のほうが要素を配置しやすいときは、それでも問題ありません。ただし、左右いっぱいに視線が振れないように、**中央に**

区切りを入れたり、3分の1ずつ分けたりすると、読みやすくなります。

　各ブロックを並べる順番は「読んで欲しい順」です。下図を参考にしてみてください。それぞれの分量は、提案先や提案内容などによって調整しましょう。

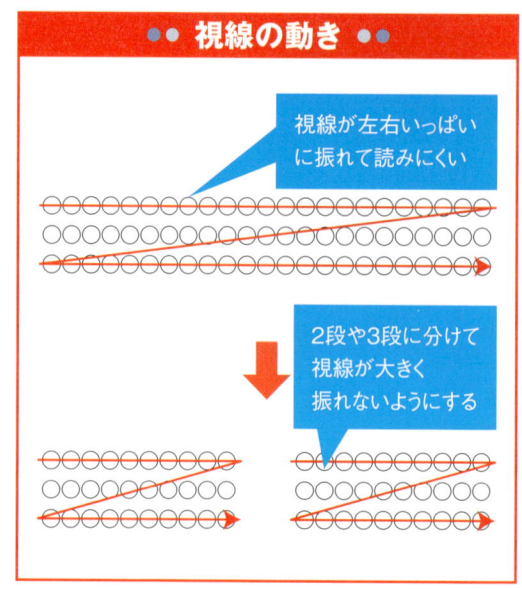

企画書に合わせて要素を追加して一枚企画書を完成させる

　5つのブロックで企画書の基本形ができます。ただし、さらに追加したいブロックもあります。それは**基本情報**と**実施案**のブロックです。

　基本情報は、企画書に必要な氏名、企業・団体名、役職名、日付などです。どこに入れてもOKですが、企画書上部またはヘッダー部分に小さく入れておきます。

　実施案は、コンセプトに従い、商品やサービスなどの内容を具体的に説明します。たとえば、イベント開催では、具体的な開催内容、詳細なスケジュールなど、新規事業開発では、開発の手順、リリース（ローンチ）までの進行や体制などを説明してもよいでしょう。

　説明することがたくさんある場合は図解などを使って簡略化し、製品の仕様書やイベントの進行表などは別紙にまとめます。

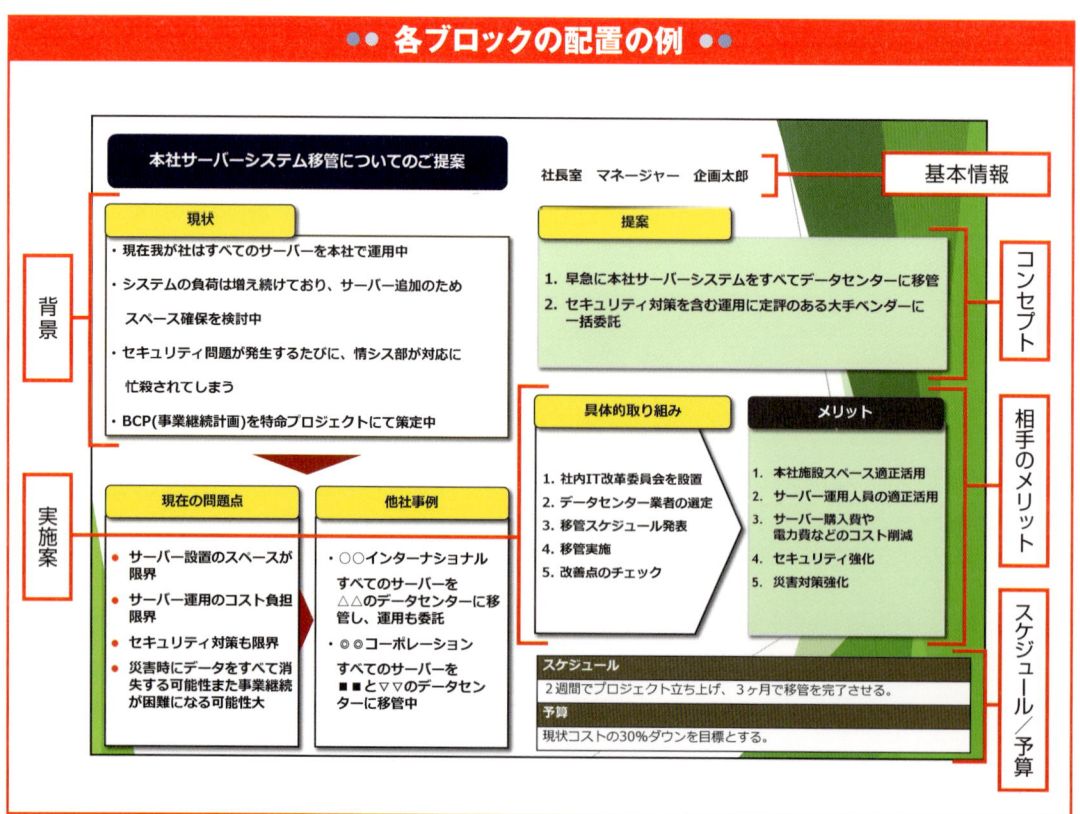

02 相手の心をつかむ 一枚企画書編集のポイント

プレゼンで活きる企画書のブラッシュアップ

提案先がひとめでわかる インパクトのあるコンセプト

企画書はプレゼンで活かすものです。したがって、**プレゼンで最大の力を発揮するようにつくらなければ意味がありません**。ここでは前節で紹介した「5つのブロック」をベースに、企画書をどう採用に結び付けるかを説明しましょう。使いたいテンプレートを選択し、各項目を書き換えたら必要に応じてブラッシュアップします。

まず、**一番大切なブロックはコンセプト**です。これは企画書の「看板」になるので、**大きく目立たせ**、さらに**切れ味よく、提案先にインパクトを与えるように提示**しなくてはなりません。

一言でまとめた文章がわかりやすければ、それをそのまま使ってもかまいませんが、キャッチコピーやメッセージ風に加工することも考えてみましょう。前節で挙げた例で考えると、下図のようになります。

データや資料を加えて 提案先が納得する背景にする

背景のブロックでは、提案先が抱えている問題、または社会の流れや新しい技術など、「**どうしてこの企画を考えついたのか**」をわかりやすく提示する必要があります。しかも、思いつきではなく、**きちんとした裏付けがあることを示さなければなりません**。

タブレットの例では「営業を強化するシステムを導入したいが、パソコンでは使いにくく、コストもかけられないので困っている中小企業が多い」という背景を考えました。これでは、言いたいことはわかりますが、裏付けが見えません。そこで、**背景には、メッセージだけではなく、裏付けとなる資料やデータも加えます**。資料として好適なのは、新聞記事や他社の事例などで、個条書きなどにして簡潔に紹介します。

また、**データを提示するには、表やグラフを活用すると効果的**です。とくに、グラフはデー

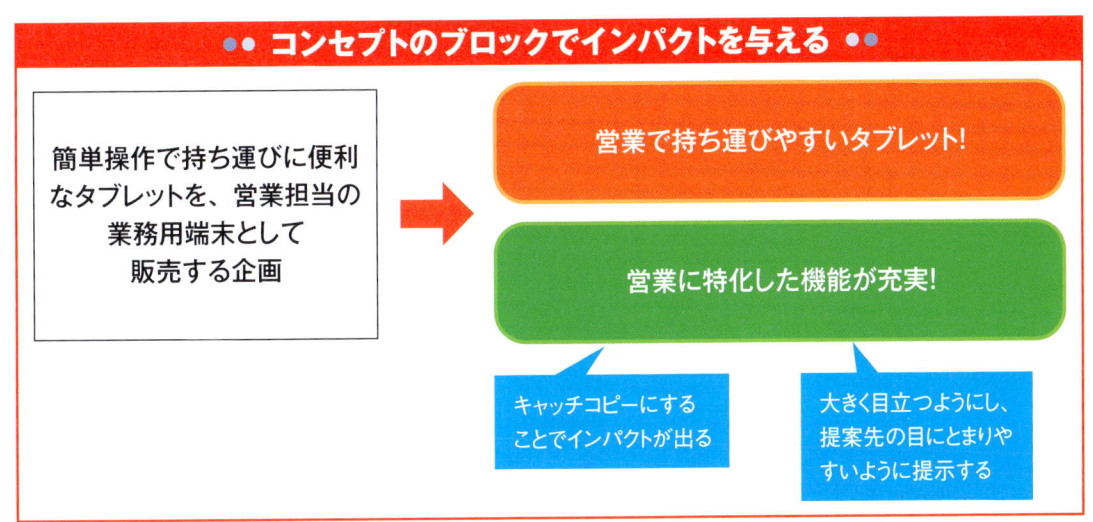

●● コンセプトのブロックでインパクトを与える ●●

タが一目瞭然になるので、背景で使うと説得力が増します。

ただし、A4一枚ではスペースが限られているので、グラフを大きくすると、ほかのブロックを圧迫してしまいます。内容に応じて肝となるグラフだけを選び、なるべく不要な部分を省いて配置しましょう。

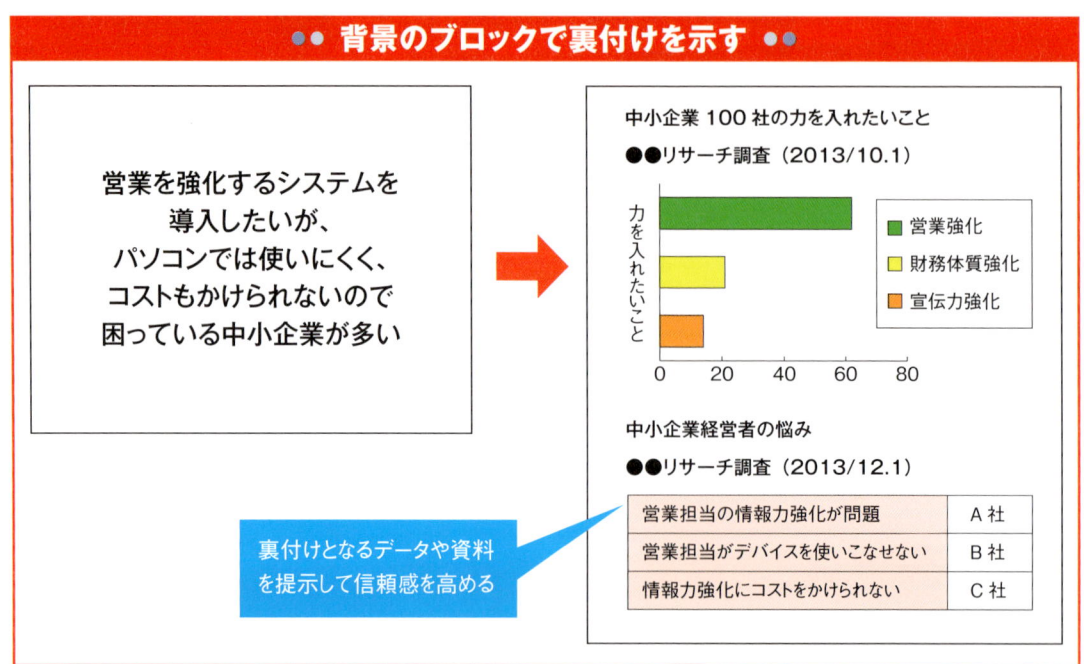

●● 背景のブロックで裏付けを示す ●●

図解や写真、イラストを活用して相手のメリットを演出する

相手のメリットのブロックには、**提案先の胸**の中に問題解決のストーリーを届ける役目があります。提案先の胸に届けるためには、文字だけではなく、写真やイラストなどのビジュアル要素の力を使う方法が効果的です。

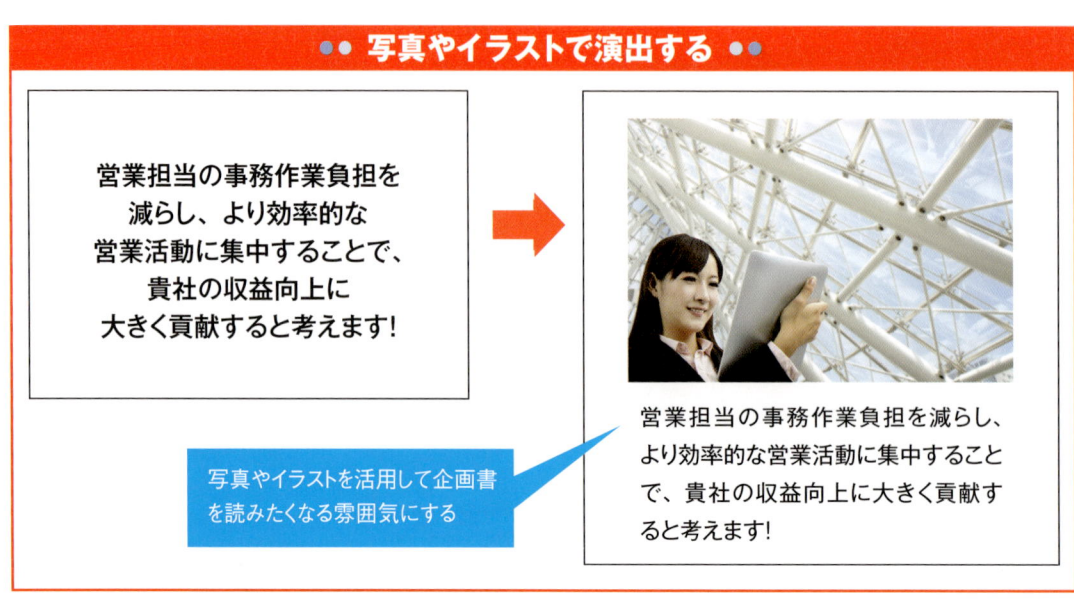

●● 写真やイラストで演出する ●●

提案先に説明する順番としては、次のようになります。

コンセプト→背景→相手のメリット
または
背景→コンセプト→相手のメリット

そこで、この3つのブロックを1つの図解として表現する方法もあります。こうすることで、流れがわかりやすくなり、提案先が提案内容を理解しやすくなります。

表や図解を活用して見やすくスケジュールと予算を提示する

スケジュールと予算のブロックは、クロージングの役目があり、**提案先に決裁してもらうための重要な部分**です。ここでも、いかに簡潔にわかりやすく見せるかを意識しましょう。

スケジュールは、図解の［手順］などを使って段階的に表現してもよいですし、［箱矢印］の図形で流れを表現してもよいでしょう。

ただし、新商品の開発やプロモーションなどのような、複数の部署が時系列的に同時に作業するような提案では、スケジュールを中心に提示することになるので、スケジュールのブロックを大きめに取り、表を作成して矢印などで

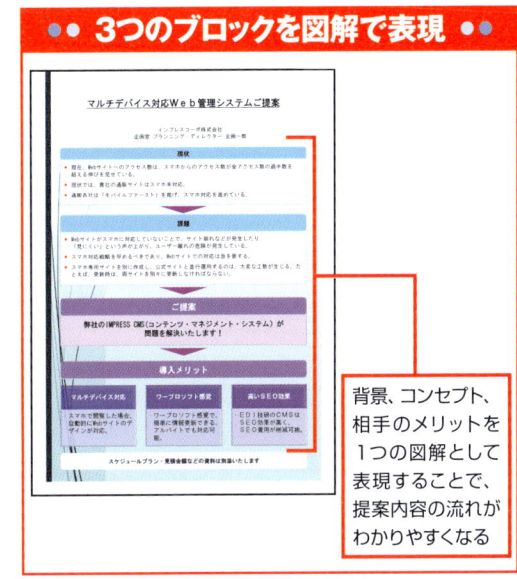

●● 3つのブロックを図解で表現 ●●

背景、コンセプト、相手のメリットを1つの図解として表現することで、提案内容の流れがわかりやすくなる

●● スケジュールを箱矢印で示す ●●

箱矢印を使うと流れがわかりやすくなる

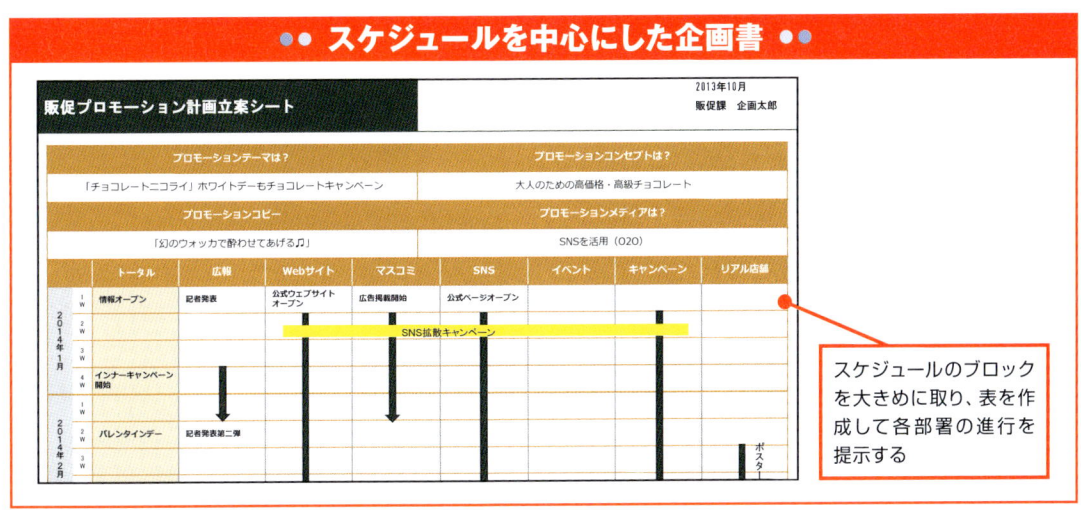

●● スケジュールを中心にした企画書 ●●

スケジュールのブロックを大きめに取り、表を作成して各部署の進行を提示する

「どの時期に」「どの部署が」「何をするのか」を書き込んでいくとよいでしょう。

予算は表などで提示し、詳細な見積りが必要なときは別紙を付ければよいでしょう。

企画書の文章をブラッシュアップしよう

企画書を構成する大きな要素は「文章」です。したがって、**ビジネス文書としてわかりやすく伝わりやすい文章**を心がけましょう。ここでは一枚企画書の書き方のポイントを紹介します。

●ポイントを3つ提示する

一枚企画書では提案内容を簡潔に表現し、スピード感をもって提案先に伝えることが大切です。したがって、ポイントをたくさん並べても提案先には伝わりません。たとえば、**個条書きで3つのポイントまで**と決めておきましょう。

●重要なことは先出しにする

回りくどい表現や、期待感を後ろ回しにするのはスピード感に欠け、相手の興味を削ぎます。基本的に、**大事なことは先出しする**と心がけておくとよいでしょう。

●「愛想ない文章」にならないように

個条書きを多用するのはいいのですが、ポイントを並べただけの文章では愛想がありません。提案先の胸に届くストーリーにするには、**簡潔な文章の中にも魅力や期待感が見えるような表現**を心がけましょう。たとえば、次のようにして、目に見えるように表現します。

> 営業担当の環境整備
> ↓
> 営業担当が煩雑な
> 事務作業から解放され、
> 営業に専念できる環境を実現！

文章の「品質」を高めて信頼感のある企画書にする

文章力は一朝一夕に向上するものではありませんが、**文章の「品質」を高めること**はすぐにできます。次のポイントをおさえ、信頼感のある企画書に仕上げましょう。

●表記の統一

・「ですます」「である」などの文体の統一
・「百万円」「100万円」などの金額の統一
・「午後4時」「16時」などの時間の統一
・英数字の半角、全角の統一
・「コンピュータ」「コンピューター」などの一般的によく使う用語の表記の統一

これらの表記については、会社で統一して決めておくとよいでしょう。

●誤字脱字のチェック

同僚と企画書の読み合わせをするとよいですが、完全に誤字脱字をチェックするのはなかなか難しいものです。氏名、商品名、金額など、**絶対に間違えてはいけないものを念入りにチェックしましょう**。PowerPointでは［校閲］タブの［スペルチェックと文章校正］を使えば、文字のスペルをチェックしてくれます。

また、言葉の意味に迷うときは、PowerPointの［校閲］タブの［リサーチ］を使えば、辞典を中心に検索してくれるので、検索サイトで調べる手間が省けます。

さらに、誤字を避けるには、よく使う単語や、長い商品名などを、あらかじめ「単語登録」しておくと便利です。

●フォントやフォントサイズ

見出しと本文はどのフォントを使い、サイズはどうするのかなど、ある程度のルールを決めておくと、企画書の統一感がとれます。気の向くままにフォントやフォントサイズを選ぶと、稚拙なイメージを持たれます。

03 ひとめで「GO」が出る 一枚企画書デザインのポイント

「通る」企画書は見ためも美しい

3色に限定して見映えのよい配色に仕上げる

　提案内容が固まったら、最後は**企画書のデザインを整えましょう**。もちろん、テンプレートのデザインをそのまま使うこともできますが、提案先のコーポレートカラーや、商品のイメージカラーに合わせるなど、配色を変更したい場合もあるでしょう。ここでは、配色やデザインのポイントについて紹介します。

　PowerPointを使えば、鮮やかな配色に仕上げることができます。しかし、単に色を使えばいいというものではありません。おかしな配色にならないようにバランスを考えましょう。

　1つには、**使う色を3色に限定する**という方法があります。3色でも、色の濃淡を使い分ければ、想像以上のバリエーションが可能です。

　使いやすく、好感をもたれやすい配色は「**青色系**」です。青色の濃淡を使い、ポイントに赤色やピンク色を使うと、知的な雰囲気が出せます。同様に「紫色系」も使いやすいでしょう。

[配色]の機能を使って一括で配色を設定する

　配色に悩むときは、**PowerPointの機能を使って一括で設定する方法**もあります。企画書作成のどの段階でも配色は設定できますが、最初で悩むより、「5つのブロック」をしっかりつくり、**ある程度内容が固まった段階で配色を変更するほうが実戦的**でしょう。

　PowerPoint 2013では、[デザイン]タブの[バリエーション]グループの[▼]をクリックし、[配色]（2010/2007の場合は[テーマ]グループの[配色]）から配色パターンを選択します。マウスポインターを合わせるだけで配色パターンがプレビューされるので、好みのものを選択してクリックしましょう。

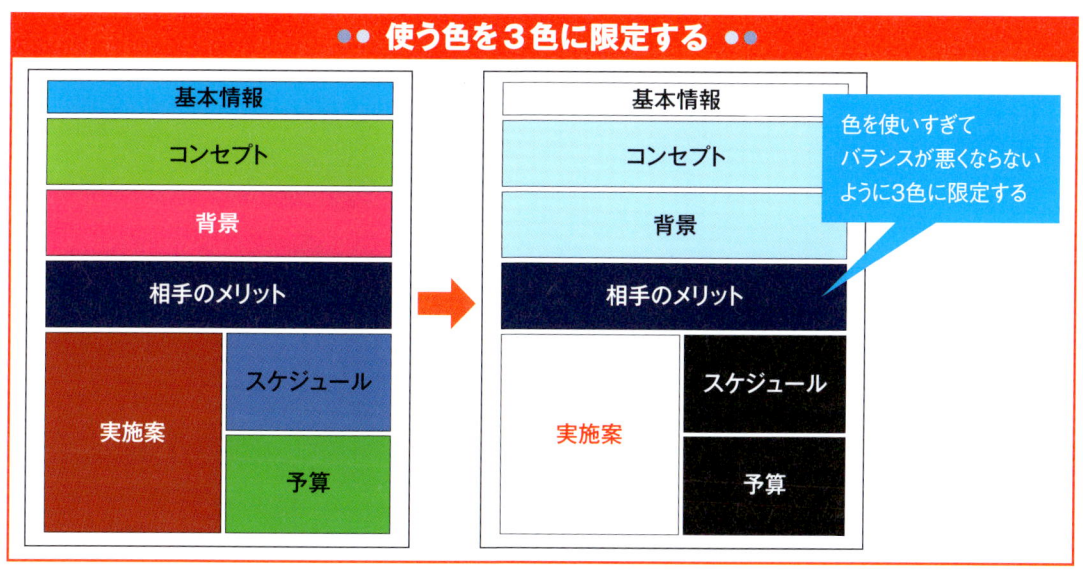

●● 使う色を3色に限定する ●●

色を使いすぎてバランスが悪くならないように3色に限定する

企画書の配色を変更する

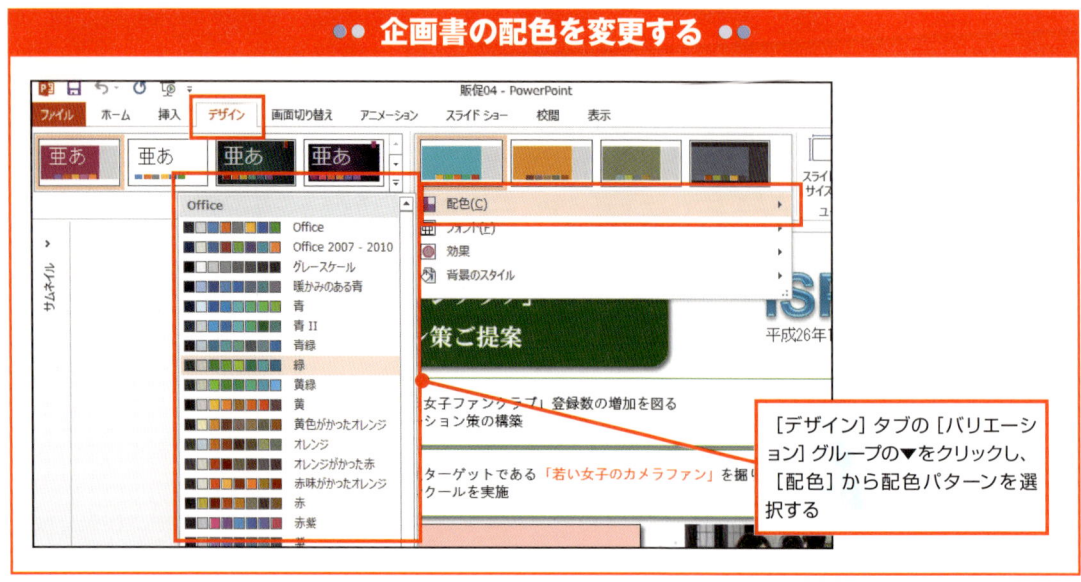

[デザイン]タブの[バリエーション]グループの▼をクリックし、[配色]から配色パターンを選択する

　全体的な配色はこの機能に任せ、強調したいポイントだけを自分で設定するのが効率のいい方法です。また、[色のカスタマイズ](2010/2007の場合は[新しい配色パターンの作成])を選択すると、オリジナルの配色パターンを保存できます。この機能を使い、好みの配色パターンを登録しておけば、企画書ごとに配色に悩むことが少なくなるでしょう。

フォントの組み合わせや文字のデザインを変更する

　フォントやフォントサイズ、文字のデザインも企画書の印象に影響を与える要素です。とくに、コンセプトなど、目立たせたい要素では検討しましょう。文字で工夫できることは、大きく次の3つです。

① 見出しや本文に最適なフォントの組み合わせを設定する
② ワードアートで文字にデザインを施す
③ 図形を組み合わせる

　①のフォントの組み合わせは、PowerPointの機能を活用する方法があります。PowerPointで企画書をある程度つくってから、[デザイン]タブの[バリエーション]グループの[▼]をクリックし、[フォント](2010/2007の場合は[テーマ]グループの[フォント])から好みのフォントパターンを選択しましょう。

　②のワードアートは、立体的にしたり影を付けたりして文字をデザインできる機能です。使い方は138ページと153ページで詳しく紹介していますので、参考にしてみてください。

　③の図形と組み合わせるときに活用したいのは「図形を立体的に表現する機能」と「SmartArtグラフィック」です。

ワードアートを活用した例

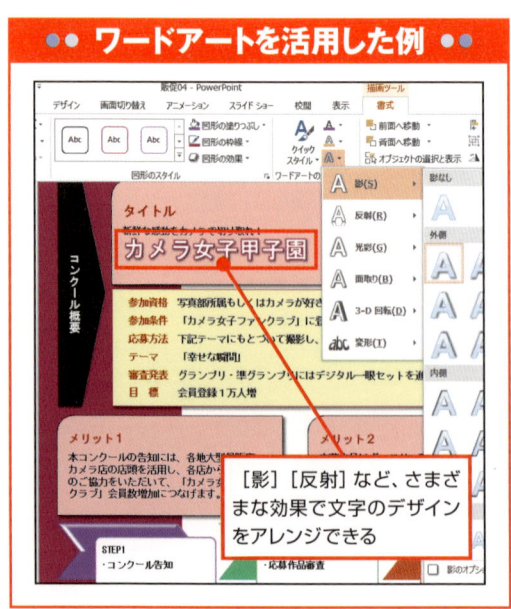

[影][反射]など、さまざまな効果で文字のデザインをアレンジできる

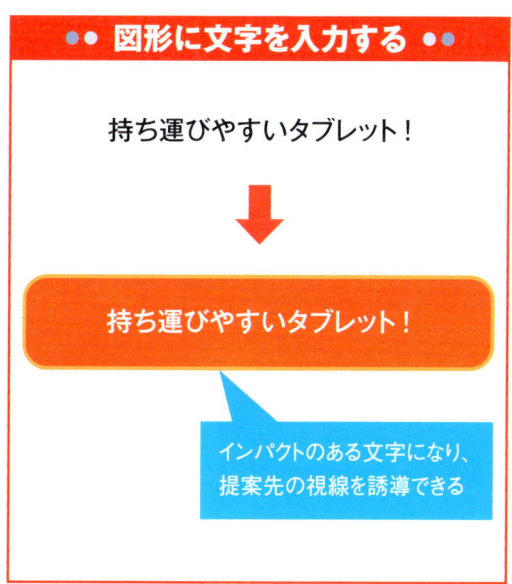

図形に文字を入力するだけでも目立たせることができますが、さらに立体的な加工を施すことでインパクトが増します。図形を選択し、[描画ツール]の[書式]タブにある[図形の効果]から[影][反射][光彩]など、好みの効果を選択します。または、[図形のスタイル]グループに設定されているスタイルを選択してもよいでしょう。

Office 2007以上では、SmartArtグラフィックの機能を使っても同様の効果が得られます。PowerPointでは、ただの文字から変

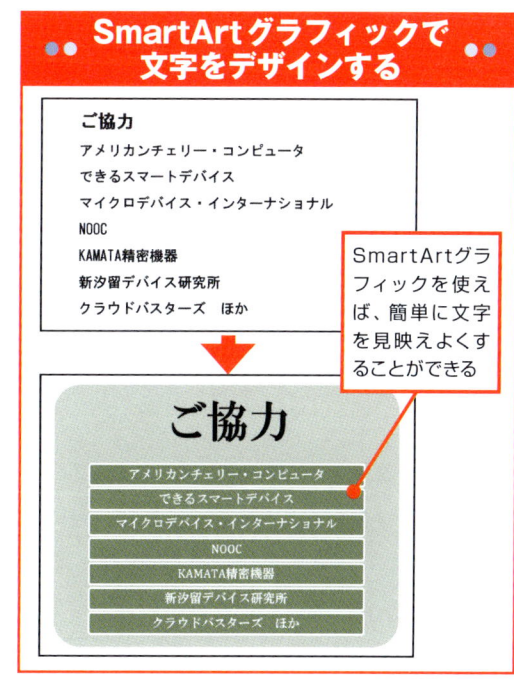

換することもできます。文字を選択して右クリックし、表示されたメニューから[SmartArtに変換]にマウスポインターを合わせます。表示されたサブメニューから好みの図解を選択すると、文字が瞬時に図解に変換されます。

SmartArtグラフィックを使ってすばやく図解を作成する

図解を作成したいときは、本書に収録している図解パーツを使うとよいですが、PowerPoint 2013/2010/2007では、「**SmartArtグラフィック**」を使っても、見映えのよい図解を簡単に作成できます。

[挿入]タブの[SmartArt]をクリックすると、[手順][循環]などの図解の分類が表示されるので、その中から好みの分類と図解を選択しましょう。筆者は[手順][循環][階層構造][マトリックス]などをよく使っています。

[SmartArtグラフィックの選択]で図解を選択したら、図形に文字を入力していくだけで、見映えのいい図解が作成できます。作成したい図解のイメージと異なるときは、[SMART

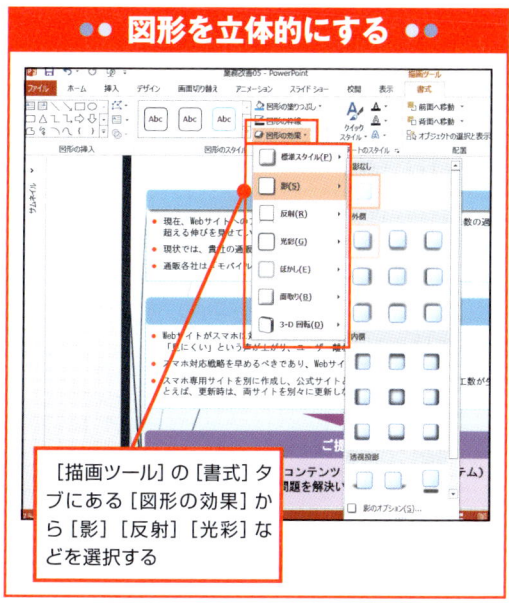

ARTツール］の［デザイン］タブの［レイアウト］グループから別の図解を選択すれば、図解が変更されます。［SmartArtのスタイル］グループからは、図解のデザインや配色を変更できます。［グラフィックのリセット］をクリックすれば、図解のデザインなどを元に戻すことも可能です。一から作成するのは手間がかかりますが、SmartArtグラフィックの機能を使えば、作成も編集も簡単です。

表やグラフのデザインを工夫して提案先の視線を誘導する

企画書の説得力を上げるには、データを活用しましょう。本書に収録しているグラフパーツを使うと便利です。また、データの表現の仕方を工夫しましょう。たとえば、**吹き出しや矢印を使い、表やグラフに「ここに注目」などのコメントを入れると、提案先の視線を誘導できます**。このように、表やグラフを挿入したあとは「ひと手間」かけましょう。

また、一枚企画書ではグラフを挿入するスペースがわずかしかないときもあります。そのようなときは、いったんExcelなどでグラフを

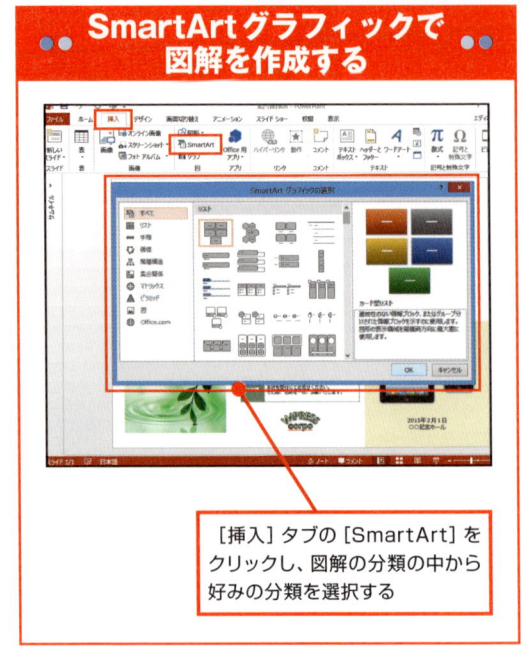

SmartArtグラフィックで図解を作成する

［挿入］タブの［SmartArt］をクリックし、図解の分類の中から好みの分類を選択する

作成したあとに図として貼り付けると、グラフの拡大や縮小が行いやすくなります。ただし、あとからデータの編集ができなくなるので、注意しましょう。

また、表も見映えよくデザインを変更できます。表を挿入したあと、［表ツール］の［デザイン］タブの［表のスタイル］グループから好みのデザインを選択しましょう。

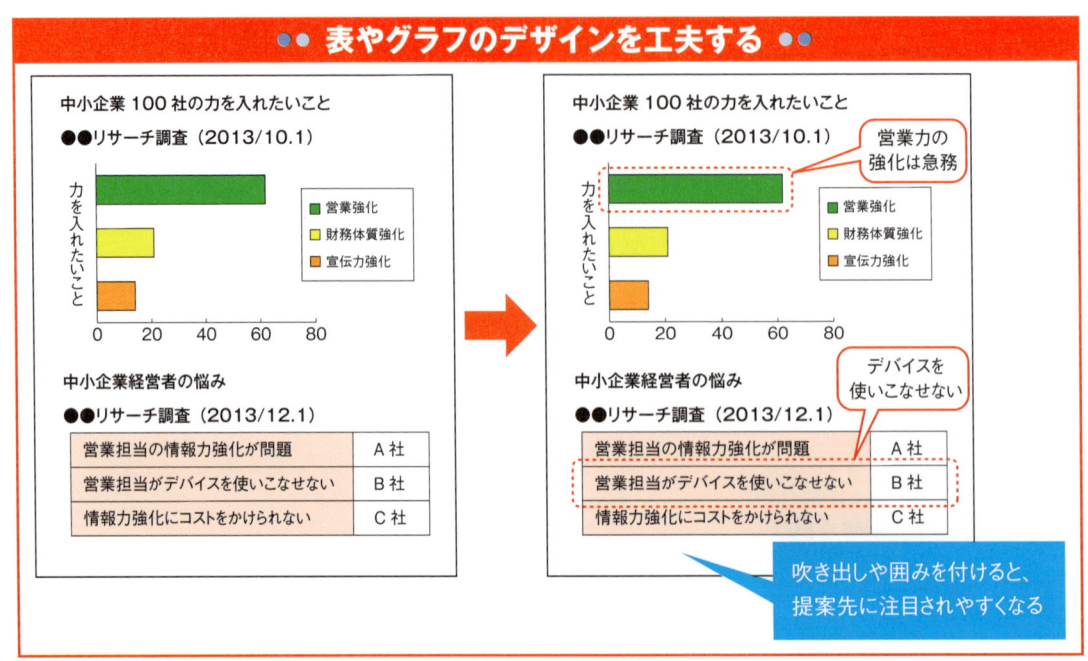

表やグラフのデザインを工夫する

吹き出しや囲みを付けると、提案先に注目されやすくなる

写真やイラストを加工して企画書に注目させる

写真やイラストを活用すると、見映えのよい企画書に仕上げることができますが、企画書のイメージに合う素材を探すのがひと苦労です。とはいえ、使用許可を取らずに勝手に他者の写真を使うと、著作権や肖像権などの侵害になりますので注意しましょう。本書に収録している写真素材やイラスト素材を活用してください。

写真やイラストなどの**ビジュアル要素があると、読み手の目を惹く効果があります**。強調したいポイントにイラストなどを配置し、訴求したい部分に視線を誘導しましょう。また、提案内容に合った写真を挿入すれば、内容をより理解しやすくなります。

写真素材は、そのまま使うだけではなく、**必要な部分だけを切り取ったり明るさや彩度を変えたりして、企画書に合わせてアレンジ**してみましょう。PowerPointの機能を使えば、簡単にビジュアル要素の加工ができます。写真を加工するには、挿入した写真を選択し、［図ツール］の［書式］タブの［調整］グループを使います。

［修整］からは写真の明るさやコントラスト、［色］からは写真の彩度やトーン、［アート効果］からは写真の効果を変更できます。

高品質な写真を挿入すると、ファイルサイズが大きくなりすぎて、メールなどで送信しにくくなることがあります。そのときは［図の圧縮］を使って写真の解像度を下げましょう。筆者は［印刷用］または［画面用］を選択し、写真の解像度を下げています。

もっともよく使うのが［サイズ］グループの［トリミング］です。写真の必要な部分だけを切り取ることができます。

また、写真の縁取りや影などのスタイルを変更したいときは、［図のスタイル］グループで好みのものを選択しましょう。

●● 写真のファイルサイズを圧縮する ●●

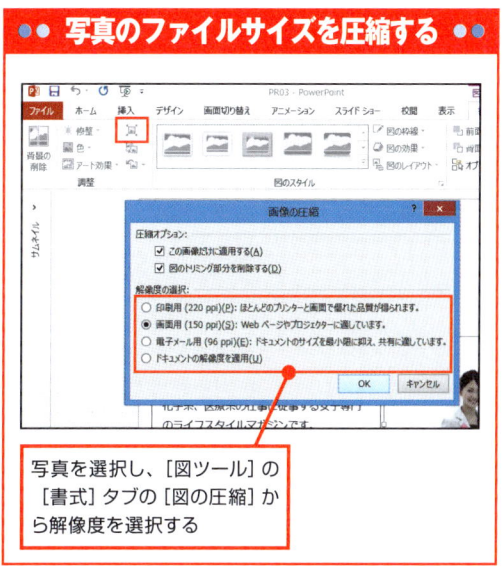

写真を選択し、［図ツール］の［書式］タブの［図の圧縮］から解像度を選択する

●● 写真を活用して視線を誘導する ●●

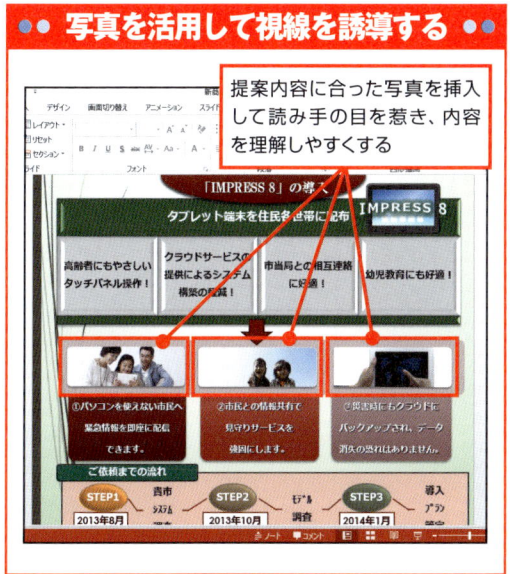

提案内容に合った写真を挿入して読み手の目を惹き、内容を理解しやすくする

●● 写真のスタイルを変更する ●●

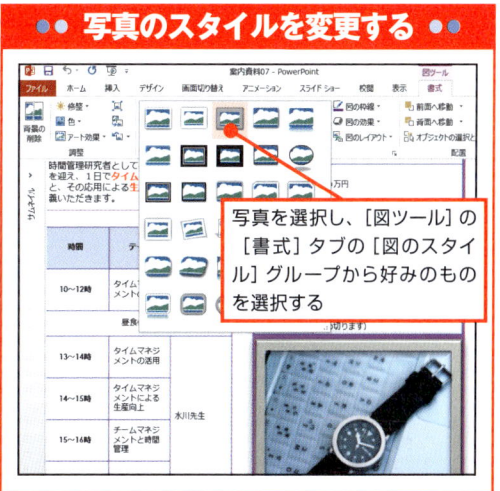

写真を選択し、［図ツール］の［書式］タブの［図のスタイル］グループから好みのものを選択する

Part 1 企画書作成のポイント

04 会社でも外出先でも企画書を作成できる！
クラウドを駆使した どこでも企画書作成スタイル

移動時間や空き時間でも企画書を管理できるようにする

ビジネスのスピードが加速している現在、企画書の作成や更新、メンバー同士での企画書の共同作成などを、会社でなければ行えないというのでは効率的とは言えません。誰もが複数の業務を抱え、忙しく働いている中では、**「空き時間」を有効活用する方法を考えるべき**です。

現在では、Wi-FiやLTEなどネットワークが充実し、持ち歩くノートパソコンの性能も向上し、スマートフォンやタブレット端末での作業も可能になりました。つまり、会社の机にしばられず、移動時間や空き時間に、**「いつでもどこでも」企画書が作成できる環境**が整ったわけです。その「いつでもどこでも」の肝となるのが、**クラウドで作業を管理すること**です。

最新のMicrosoft Office 2013では、Microsoft提供のクラウド環境であるSkyDriveとの連携が強化されています。クラウドと意識しなくても、もうひとつのハードディスクのようにして作業を進めることができます。そして、そのハードディスクが作業関係者と共有できるスペースになるのです。

クラウドで企画書を管理するメリット

「クラウド」と聞くと難しく感じるかもしれませんが、SkyDriveを利用して企画書をつくる簡単な事例を紹介しましょう。

自分で企画書をつくったあと、これでいいかどうかを同僚や上司にチェックしてもらいたいことがあります。今までなら、メールや紙などで企画書を提出し、同僚や上司にコメントを付けてもらい、それをまたメールなどで戻しても

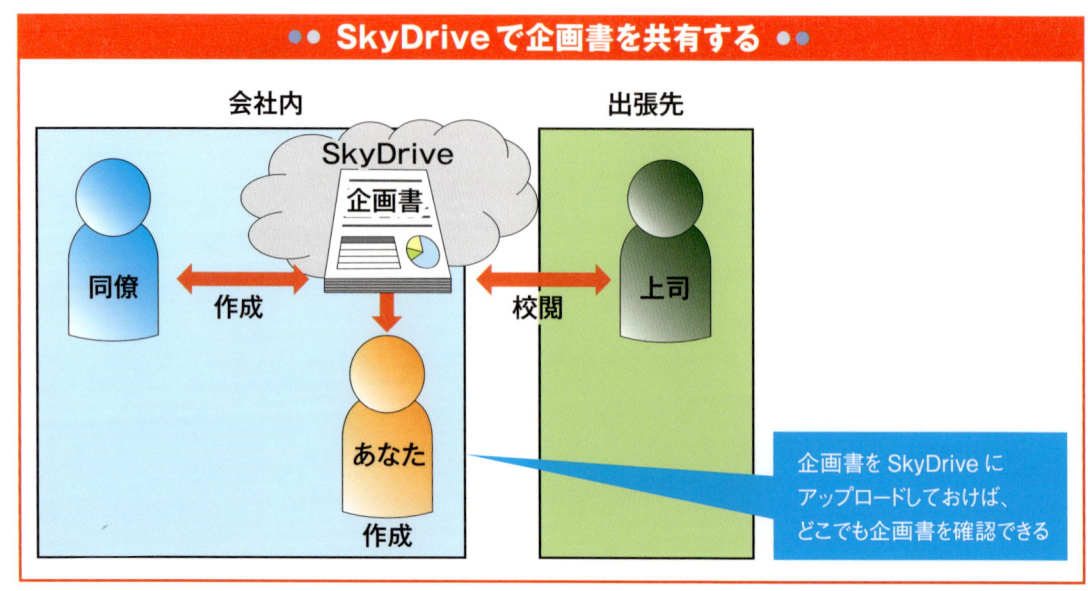

SkyDriveで企画書を共有する

企画書をSkyDriveにアップロードしておけば、どこでも企画書を確認できる

らって修正していたはずです。

しかし、SkyDriveに企画書を保存し、同僚や上司に「チェックしてコメントを書き込んでください」とお願いすれば、**それぞれがSkyDriveの企画書にコメントを書き込んでくれます**。あなたはそれを確認するだけです。

また、外出中に「急いで企画書を修正してほしい」と連絡されたときも、SkyDriveにアクセスすれば、どこでも修正作業ができます。Microsoft Officeが使える端末であれば、スマートフォンでもタブレット端末でもちょっとした修正ができるようになり、ビジネスのスピードを上げることが可能です。

SkyDriveを活用して部署内でファイルを共有する

Microsoft Office 2013を購入してインストールするときに、メールアドレスなどのIDとパスワードを登録すれば、すぐにSkyDriveが使えるようになります。または、「SkyDriveアプリ」(http://windows.microsoft.com/ja-jp/skydrive/download) をダウンロードする方法もあります(使用条件はMicrosoftのWebサイトでご確認ください)。

SkyDriveへの登録が完了すると、パソコンにSkyDriveのフォルダが作られ、**そこにファイルを保存すれば、自動的にクラウド上のSkyDriveと同期されます**。たとえば、自宅や外出先などでも、クラウド上のSkyDriveにアクセスすることで、同じファイルの閲覧や更新ができるようになります。**無料で使用できる容量は7GBもある**ので十分でしょう。

たとえば、部署内で「営業共有」などのフォルダを作っておき、メンバーがSkyDriveを使えるようにしておけば、そのフォルダに企画書を保存するだけで全員に共有されます。

PowerPoint 2013の場合、[ファイル]タブの[名前を付けて保存]を選択すると、一番上に[○○さんのSkyDrive]と表示されます。ここにパソコンのハードディスクと同じ感覚で保存すればよいのです。

クラウドを活用して協働で校正・校閲作業を行う

メンバー同士で内容のチェックや誤字脱字の発見、修正を行うときには、印刷して回覧していたと思います。SkyDriveを活用するなら、**SkyDriveにファイルを保存し、メンバー同士で校正や校閲を行うと便利**です。

PowerPointで校正・校閲を行うときは、気になる部分を選択し、[校閲]タブの[コメントの挿入]をクリックすると、自分の名前でコメントを書き込めるようになります。メンバーがさまざまな意見を述べ、作成者がそれを判断して修正できるでしょう。

また、**最初から企画書を分担して作成することも可能**です。データの部分はマーケティング部、予算の部分は営業部が作成し、最後に合体させるという方法も、メールのやり取りなしでできるようになります。

パスワードの設定や個人情報の削除でセキュリティを強化しておく

クラウドでデータを共有するときは、**情報漏えいの防止を心がけておく必要があります**。たとえば、カフェなどでは不正アクセスやパソコン盗難のリスクもあります。注意していても、盗難や紛失を完全に防止するのは困難でしょう。したがって、万が一のことがあってもある程度は対応できるように、セキュリティをかけておく習慣をつけましょう。

●ファイルにパスワードをかける

PowerPoint 2013の場合、[ファイル]タブの[情報]から[プレゼンテーションの保護]をクリックし、[パスワードを使用して暗号化]を選択します。鍵のマークのアイコンです。パスワードを入力して保存すると、そのファイルを開くときにパスワードの入力が求められるようになります。パスワードを忘れると開けなくなるので、工夫して管理しましょう。

●ファイルから個人情報を削除する

[ファイル]タブの[情報]から[問題のチェック]をクリックし、[ドキュメント検査]を選択します。ファイルには作成者の個人情報が保存されている可能性がありますので、各項目にチェックを付けて削除しましょう。

これは、たとえば企画書のファイルをメールなどで送信するとき、作成者などの名前が残っていると問題がある場合などに活用します。

PDFファイルを作成して誰でも閲覧できるようにする

作成した企画書を提案先に提出するときはPowerPointなどより**PDFにしたほうが、互換性の心配もなくて便利**です。Microsoft Office 2007以降のバージョンなら、簡単にPDFファイルを作成できます。

●PDFのファイル形式で保存する

[ファイル]タブの[名前を付けて保存]をクリックします。[名前を付けて保存]が表示されたら、[ファイルの種類]から[PDF]というファイル形式を選択して保存すると、PDFファイルが作成されます。

●PDFにエクスポートする

[ファイル]タブの[エクスポート]をクリックし、[PDF/XPSドキュメントの作成]をクリックして、[PDF/XPSドキュメントの作成]をクリックすると、PDFを作成できます。

Microsoft Officeでは非常に簡単にPDFを作成できるようになっています。2003以前のバージョンしかインストールされていない環境でも、PDFファイルで送信すれば、たいていの場合、相手は閲覧できます。

これらの機能、さらにはMicrosoft Officeの新機能を活用し、ぜひビジネスをスピードアップさせてください。

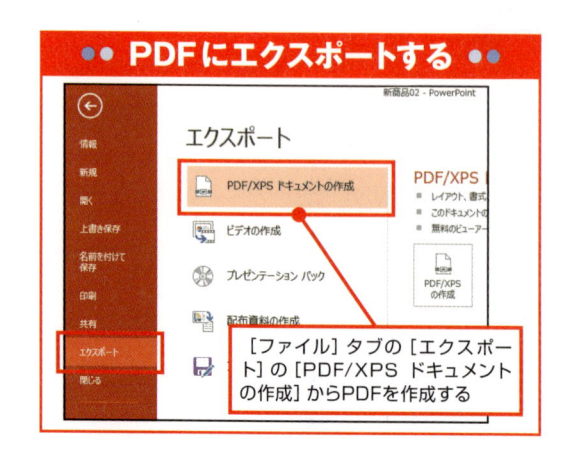

Part 02

「企画書」

ここでは、新商品提案、販売促進、業務改善、
セールスシート、案内資料、社内提案など、
企画書の用途別に多数のテンプレートを紹介しています。
目的や提案内容に合わせ、
好みのテンプレートを選んで書き換えてみましょう。
想定提案先や企画書作成のポイントなども参考にしてください。

CD-ROM 01 企画書_新商品

新商品・新サービス提案に使える
タブレット導入提案①

想定提案先 ▶ 大手企業など
想定提案者 ▶ 営業・渉外・企画担当
提 案 時 期 ▶ 通期
ファイル名 ▶ 新商品01／新商品01M

Part 2 企画書

POINT
導入のメリットをすぐに理解できるように、図解などを使ってポイントを強調します。

インプレスコーポレーション株式会社
特販3部　マネージャー　企画一郎

仕事のためのタブレット「IMPRESS 8」
業務導入プランご案内

いま、ビジネスの現場では**スピード感**がポイント！

- 営業現場ではすばやい対応が可能なプレゼンツールが必要！
- 従来のパソコンでは、持ち運びやバッテリー耐久性などに課題が多い！

- 立ち上がり0.5秒！
- 長時間の20時間駆動！
- プレゼンツール「IMPRESSION」プレインストール済！

IMPRESS 8

| 営業マンの作業効率アップ | 現場でのプレゼン力アップ | グループウェアはもう不要に！ |

- これ1台でビジネス現場に必要な機能をカバー。
- プロジェクター内蔵により、「いつでもどこでも」プレゼン可能。
- クラウドサービスの活用により、スケジュールや情報の共有が可能。

モデル導入プラン

SOHOコース	IMPRESS 8	5台
	クラウドサービスIMPRESS PRO	5名使用権
	セットアップサービス	
ミドルオフィスコース	IMPRESS 8	20台
	クラウドサービスIMPRESS PRO	20名使用権
	セットアップサービス	
ハイパーオフィスコース	IMPRESS 8	100台
	クラウドサービスIMPRESS PRO	100名使用権
	セットアップサービス	

スケジュール
- 今期末までのお申込みの場合、最速5日間で納品いたします。

予算
- ご希望に合わせてお見積りいたします。

POINT
プランの概要を表で整理し、提案先が必要としているプランを選びやすくします。

企画書のテーマ
導入メリットを強調し、具体的なプランやスケジュールも提示することでクロージングを狙います。

 01 企画書_新商品

新商品・新サービス提案に使える
タブレット導入提案②

- 想定提案先 ▶ 官公庁・団体など
- 想定提案者 ▶ 営業・渉外・企画担当
- 提案時期 ▶ 通期とくに予算検討時期
- ファイル名 ▶ 新商品02／新商品02M

Part 2 企画書

POINT
課題を個条書きで提示し、理解しやすくします。

POINT
提案内容に適したビジュアル要素を「つかみ」として最初に見せることで、提案先を検討する気にさせます。

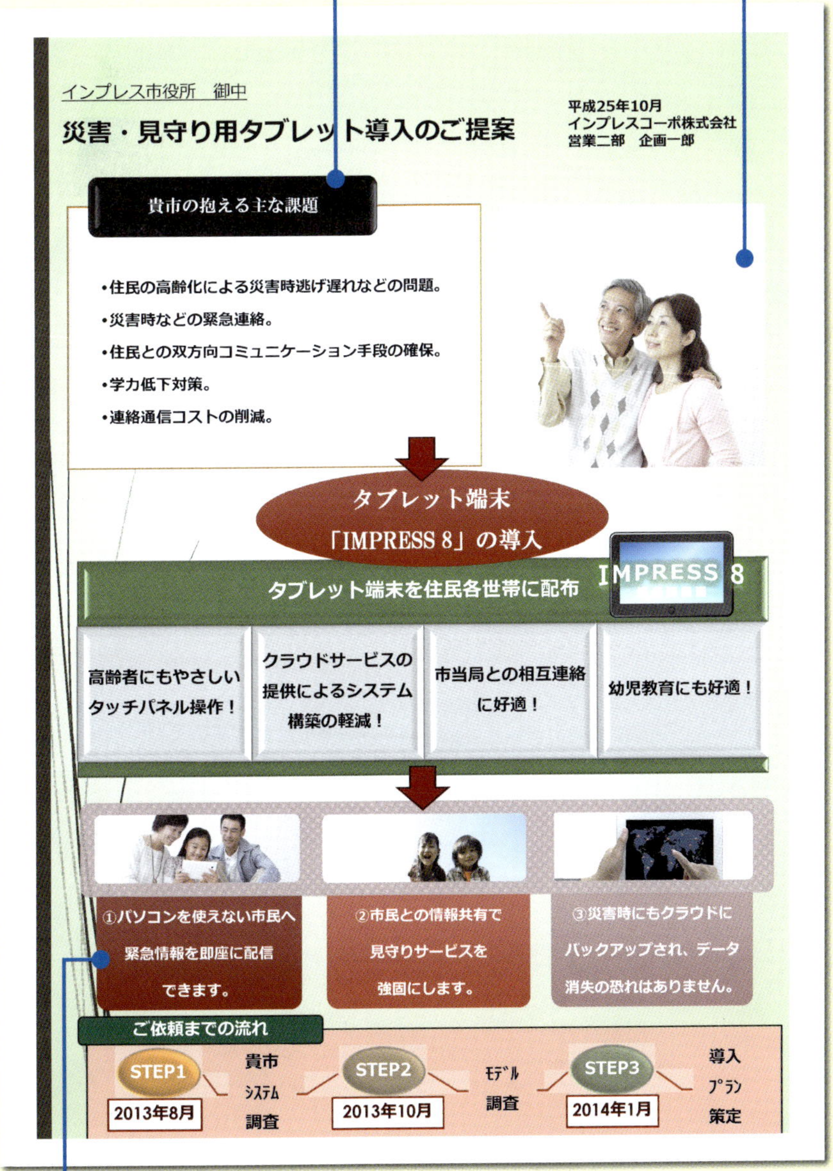

POINT
図解などを使い、ビジュアルで企画内容を理解してもらえるようにします。

企画書のテーマ
自社の商品やサービス、企画を提案するのに適した企画書です。イメージなどを伝えたいアプローチ段階で使うと効果的です。

新商品・新サービス提案に使える
Webサイトリニューアル提案①

想定提案先 ▶ 大手企業など
想定提案者 ▶ 営業・渉外・企画担当
提案時期 ▶ 通期
ファイル名 ▶ 新商品03／新商品03M

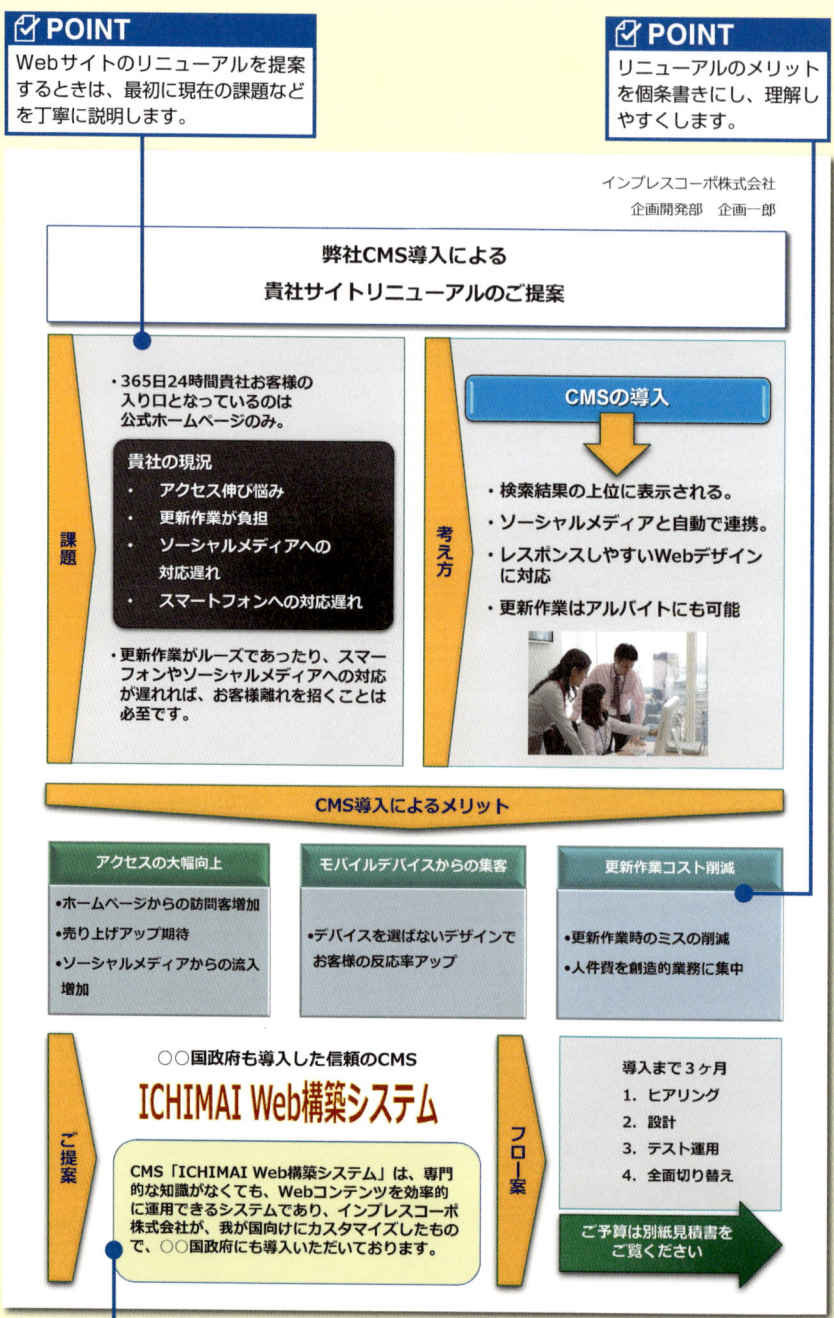

新商品・新サービス提案に使える
Webサイトリニューアル提案②

想定提案先 ▶ 中小・大手企業汎用
想定提案者 ▶ 営業・渉外・企画担当
提案時期 ▶ 通期
ファイル名 ▶ 新商品04／新商品04M

☑ POINT
最初に目的と方針、コンセプトを整理し、それぞれを比較しながら検討できるようにします。

🚩 企画書のテーマ
構成要素など、具体的な内容を紹介しながらのプレゼンに適した企画書です。スケジュールや予算も具体的に提示することで、その場での回答も期待できます。

貴社公式サイト リニューアルのご提案

インプレスコーポ株式会社
企画開発部　企画一郎

●目的
- 社外への情報発信力の強化
- 社内コミュニケーションの活性化
- 人材採用の強化

●方針
- ソーシャルメディアとの連携
- 社内報機能
- 社内で情報更新可能な仕組みの構築

●コンセプト
365日24時間働き続ける「広報スタッフ」「社内モデレーター」としての公式サイト

運用はブログ形式のCMSを活用

●構成要素
| トップメッセージ | 理念沿革会社概要 | 事業内容商品サービス | トピックスプレス情報ソーシャル対応 |
| 社内報機能 | 社内SNS | コンテンツ | 人材採用 |

●スケジュール
STEP1 ヒアリング＆プランニング → STEP2 デモ設計 → STEP3 コンテンツ作成

●予算
- デザイン　●●千円
- コーディング　●●千円
- CMS費用　●●千円

☑ POINT
具体的な構成要素を提示し、提案先の意見を引き出します。

☑ POINT
スケジュールや予算の概要を提示し、その場で返答がもらえるようにします。

01 企画書_新商品

新商品・新サービス提案に使える
新型ディスプレイ導入提案

想定提案先 ▶ 中小・大手企業汎用　　提案時期 ▶ 通期
想定提案者 ▶ 営業（プロダクト）担当　　ファイル名 ▶ 新商品05／新商品05M

POINT
前置きを省き、最初に製品の概要と用途を提示することで、提案先がすぐに購入を検討できるようにします。

POINT
図解などを使ってビジュアル的に整理することで、購入のメリットを理解しやすくします。

クラウドサービスと連携！ 仕事の速度を3倍にする！
超大型マルチタッチディスプレイ「IMPRESS-V」のご案内

概要 Summary
- ◆ 80インチ大型ディスプレイでありながら、マルチタッチパネル
- ◆ 指やペンで自由に書き込み、コンテンツ更新が可能
- ◆ クラウドサービスと連携

用途 Use
- ◆ より創造的なミーティングが可能
- ◆ テレビ会議で遠方のメンバーとの打ち合わせに活用可能
- ◆ 資料の受け渡しや保存、プリントアウトなどに活用可能

具体的効果

時間価値向上 Time Value

創造的な会議運営で時間価値の向上
- ブレーンストーミングに最適な機能
- 会議のアウトプットを一瞬でクラウドに保存

出張コスト削減 Cost Cut

テレビ会議で出張コストの削減
- 「Vボイス」を活用してテレビ会議を開催
- 出張なしで各メンバーとのフェイス・トゥ・フェイスコミュニケーションが可能

ドキュメント管理 Data management

ドキュメント作成のスピードアップ
- ドキュメントはクラウドサービスに保存して共有
- 複合機と連携してスムーズにプリントアウト可能

スペック specifications
- ◆ 最大解像度 Resolution　1,920×1,080
- ◆ 最大輝度 Brightness　280cd/㎡
- ◆ 視野角上下左右 Viewing Angle　150度

納期 Date of Delivery
- ◆ ご好評につき、現在ご発注から約1ヶ月お待ちいただいております。ぜひお早めにご連絡くださいませ。
- ◆ お見積もりについては別紙をご覧くださいませ。

POINT
製品の外観や詳細な仕様、見積りなどは別紙を付け、重要な項目のみ記載します。

企画書のテーマ
大型商品の販売などに適した企画書です。購入のメリットや具体的な利用シーンなどを強調して、提案先にイメージしやすくすることがポイントです。

01企画書_新商品

新商品・新サービス提案に使える
グローバル展開のサポート提案

- 想定提案先 ▶ 中小・大手企業汎用
- 想定提案者 ▶ コンサルティング事業渉外担当
- 提案時期 ▶ 通期
- ファイル名 ▶ 新商品06／新商品06M

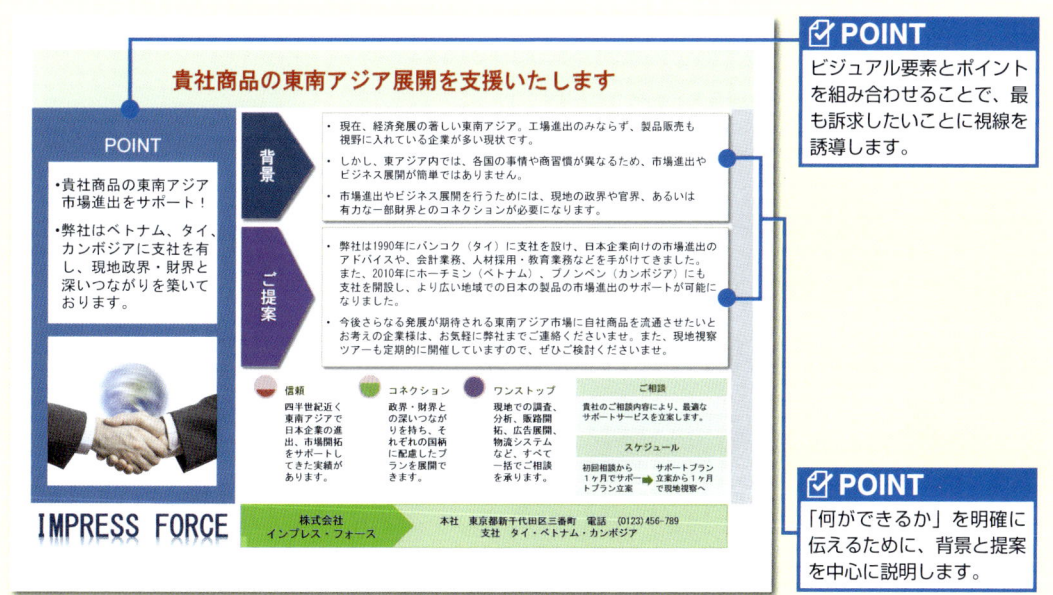

新商品・新サービス提案に使える
サンプリングの新サービス提案

- 想定提案先 ▶ 中小・大手企業汎用（営業や販促など）
- 想定提案者 ▶ 広告代理店、SP事業会社の営業担当
- 提案時期 ▶ 通期
- ファイル名 ▶ 新商品07／新商品07M

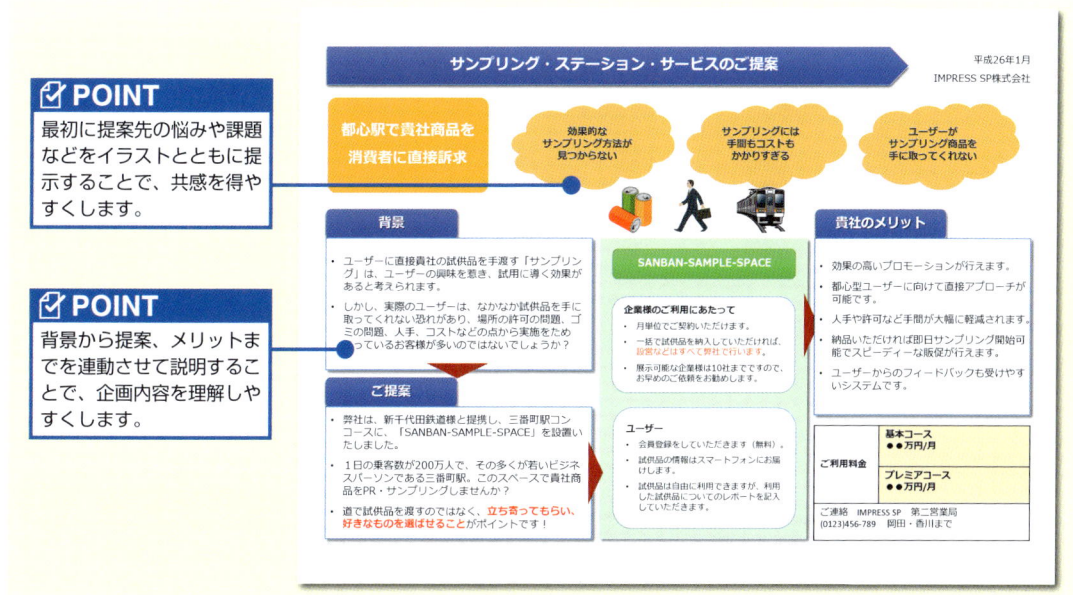

01 企画書_新商品

新商品・新サービス提案に使える

ソーシャルメディア運用提案

想定提案先 ▶ 大手企業など（広報・宣伝など）　　**提 案 時 期** ▶ 通期
想定提案者 ▶ IT関連事業の営業・渉外・企画担当　　**ファイル名** ▶ 新商品08／新商品08M

Part 2　企画書

☑ POINT
背景は上部の前書き部分にまとめ、具体的なソリューションの説明に十分なスペースを割きます。

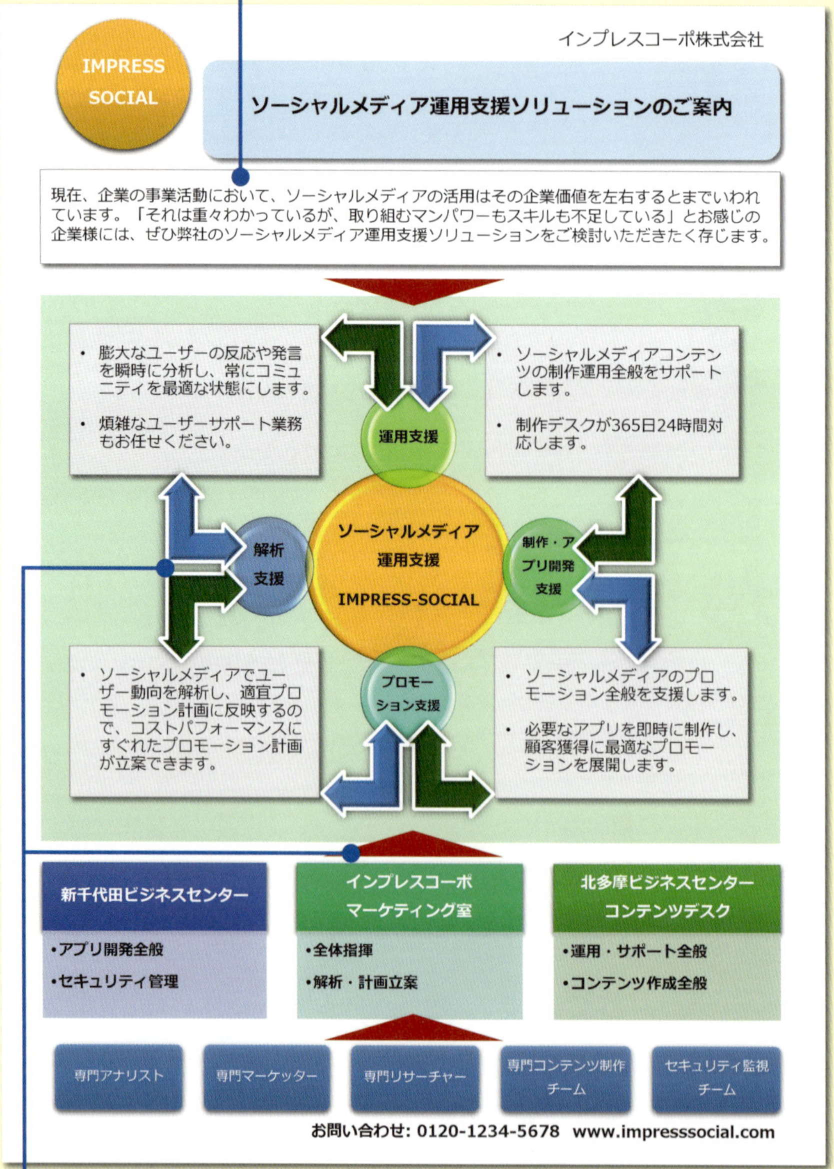

インプレスコーポ株式会社

IMPRESS SOCIAL

ソーシャルメディア運用支援ソリューションのご案内

現在、企業の事業活動において、ソーシャルメディアの活用はその企業価値を左右するとまでいわれています。「それは重々わかっているが、取り組むマンパワーもスキルも不足している」とお感じの企業様には、ぜひ弊社のソーシャルメディア運用支援ソリューションをご検討いただきたく存じます。

運用支援
- 膨大なユーザーの反応や発言を瞬時に分析し、常にコミュニティを最適な状態にします。
- 煩雑なユーザーサポート業務もお任せください。

制作・アプリ開発支援
- ソーシャルメディアコンテンツの制作運用全般をサポートします。
- 制作デスクが365日24時間対応します。

解析支援
- ソーシャルメディアでユーザー動向を解析し、適宜プロモーション計画に反映するので、コストパフォーマンスにすぐれたプロモーション計画が立案できます。

プロモーション支援
- ソーシャルメディアのプロモーション全般を支援します。
- 必要なアプリを即時に制作し、顧客獲得に最適なプロモーションを展開します。

ソーシャルメディア運用支援 IMPRESS-SOCIAL

新千代田ビジネスセンター	インプレスコーポ マーケティング室	北多摩ビジネスセンター コンテンツデスク
・アプリ開発全般 ・セキュリティ管理	・全体指揮 ・解析・計画立案	・運用・サポート全般 ・コンテンツ作成全般

専門アナリスト　専門マーケッター　専門リサーチャー　専門コンテンツ制作チーム　セキュリティ監視チーム

お問い合わせ：0120-1234-5678　www.impresssocial.com

☑ POINT
具体的な支援内容と自社の体制が一体的に理解できるように、矢印を使い分けて視線を誘導します。

🚩 企画書のテーマ
自社のソリューションを短時間で説明するために、図解を活用して理解しやすくしました。文章はシンプルにまとめ、すばやく理解できるようにすることが大切です。

新商品・新サービス提案に使える
不動産投資物件提案

想定提案先 ▶ 一般ユーザー（投資家・富裕層など）　　提案時期 ▶ 通期
想定提案者 ▶ 不動産事業の営業・渉外・企画担当　　　ファイル名 ▶ 新商品09／新商品09M

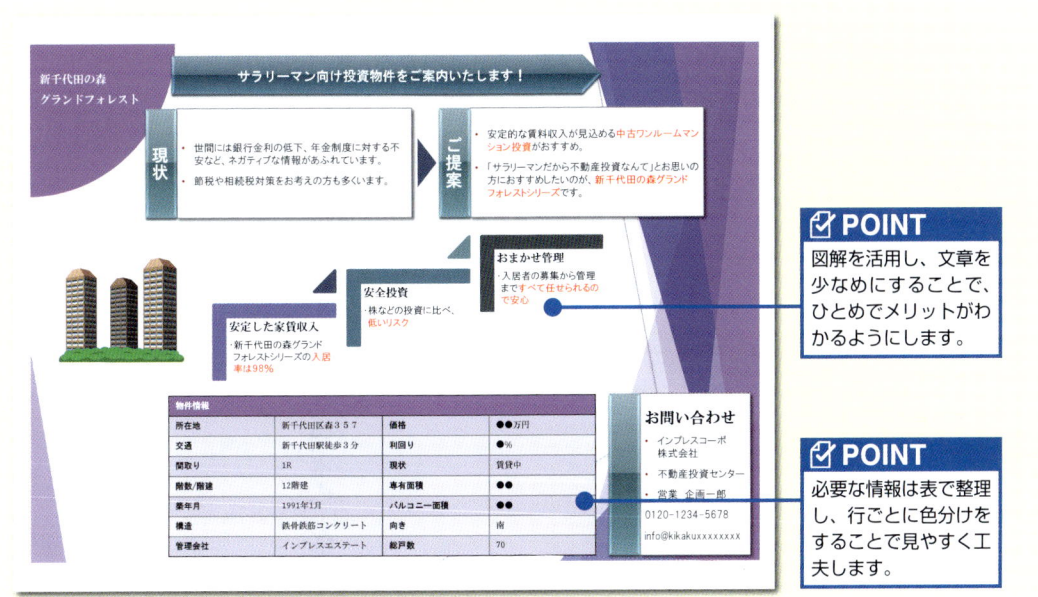

POINT 図解を活用し、文章を少なめにすることで、ひとめでメリットがわかるようにします。

POINT 必要な情報は表で整理し、行ごとに色分けをすることで見やすく工夫します。

新商品・新サービス提案に使える
入居者募集提案

想定提案先 ▶ 一般ユーザー（個人事業主・小規模法人など）　提案時期 ▶ 通期
想定提案者 ▶ 不動産事業の営業・渉外・企画担当　　　　　　ファイル名 ▶ 新商品10／新商品10M

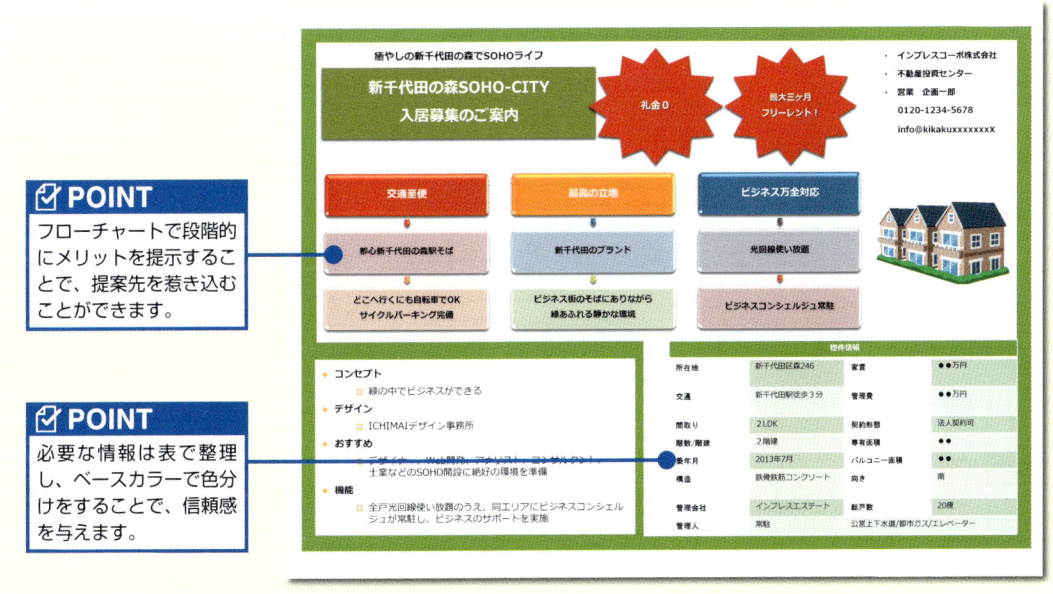

POINT フローチャートで段階的にメリットを提示することで、提案先を惹き込むことができます。

POINT 必要な情報は表で整理し、ベースカラーで色分けをすることで、信頼感を与えます。

01 企画書_新商品

新商品・新サービス提案に使える
新商品販売・ブランディング提案

想定提案先 ▶ 中小・大手企業汎用（流通など）　　**提 案 時 期** ▶ 商戦時期を控えた仕込み時期
想定提案者 ▶ 食品事業の営業・渉外・企画担当　　**ファイル名** ▶ 新商品11／新商品11M

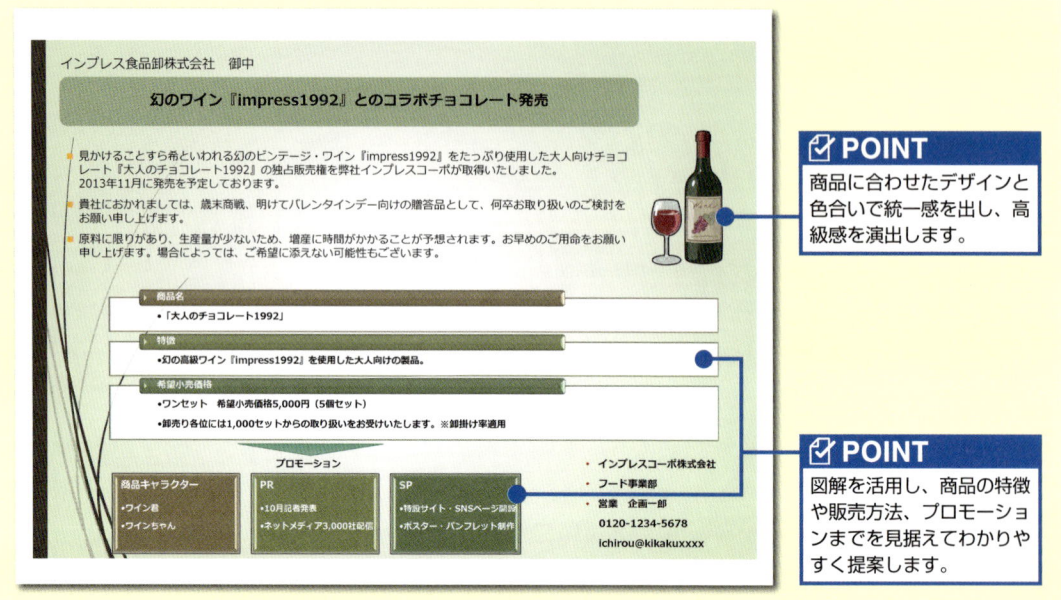

新商品・新サービス提案に使える
店舗向けのシステム導入提案

想定提案先 ▶ 中小・大手企業汎用（流通など）　　**提 案 時 期** ▶ 通期
想定提案者 ▶ メーカーの営業・渉外・企画担当　　**ファイル名** ▶ 新商品12／新商品12M

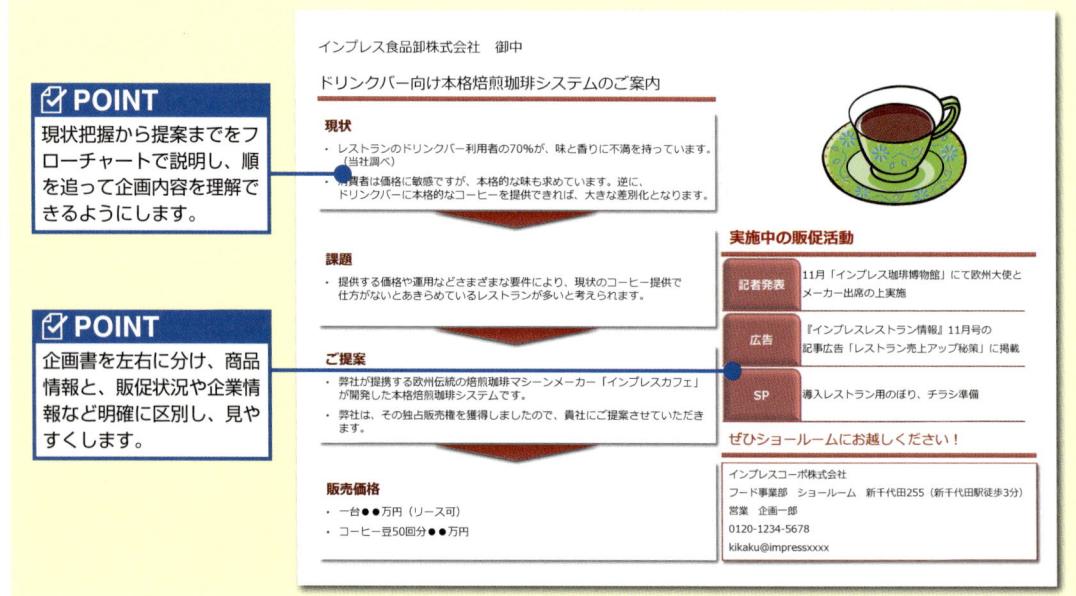

新商品・新サービス提案に使える
フランチャイズの加入提案①

想定提案先 ▶ 一般ユーザー・中小企業
想定提案者 ▶ フランチャイズ事業の営業・渉外・企画担当
提 案 時 期 ▶ 通期
ファイル名 ▶ 新商品13／新商品13M

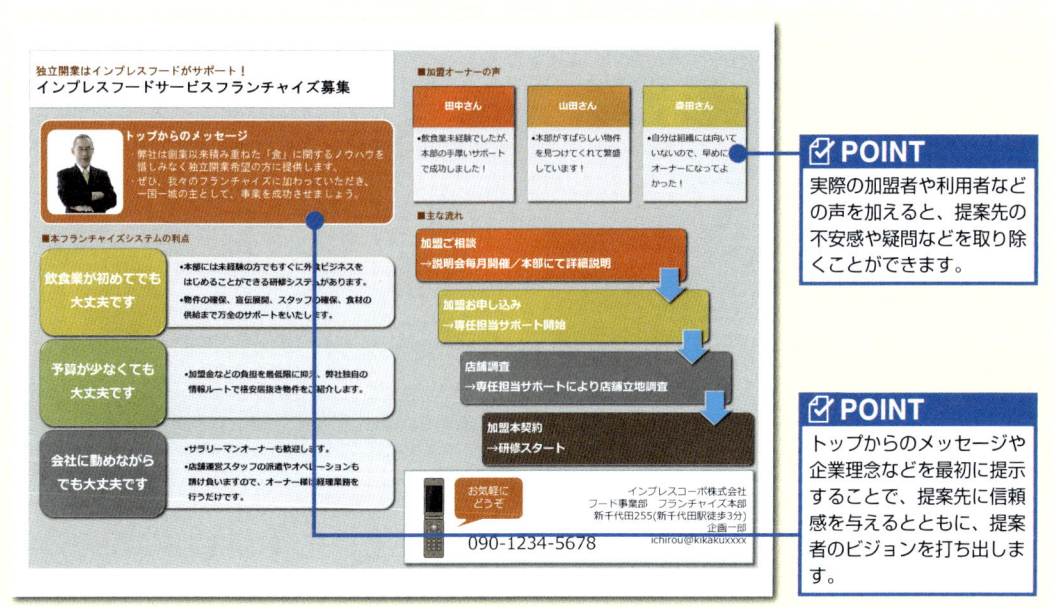

新商品・新サービス提案に使える
フランチャイズの加入提案②

想定提案先 ▶ 一般ユーザー・中小企業
想定提案者 ▶ フランチャイズ事業の営業・渉外・企画担当
提 案 時 期 ▶ 新年、新年度、1月〜4月
ファイル名 ▶ 新商品14／新商品14M

販売促進・プロモーション提案に使える
アプリ活用による販促提案

- 想定提案先 ▶ 中小・大手企業汎用（販促など）
- 想定提案者 ▶ IT関連事業の営業・渉外・企画担当
- 提 案 時 期 ▶ 通期
- ファイル名 ▶ 販促01／販促01M

POINT
ビジュアル要素や図解を使ってプロモーションの仕組みと流れをイメージしやすくします。上から下、左から右へと視線を誘導します。

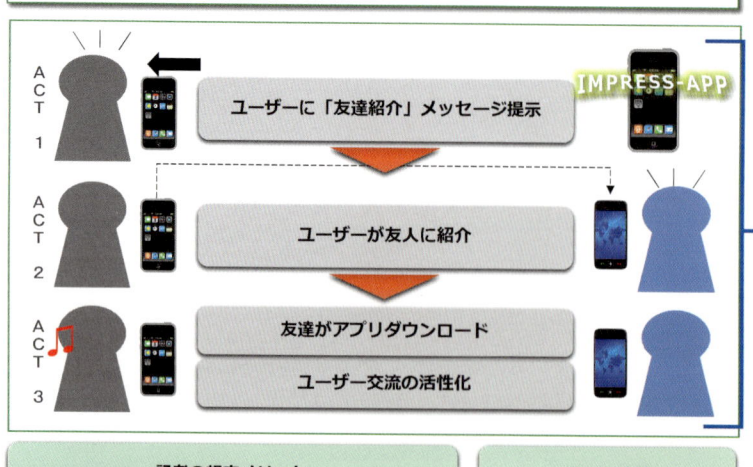

POINT
想定メリットを具体的に挙げることで、提案先の関心を惹き、即決を促します。

企画書のテーマ
プロモーションの仕組みから流れまでを、ひとめで理解させ、即決を促すことが狙いです。想定メリットまでを具体的に提示するようにしましょう。

販売促進・プロモーション提案に使える
SNS活用による宣伝提案

想定提案先 ▶ 中小・大手企業汎用（販促など）
想定提案者 ▶ IT関連事業の営業・渉外・企画担当
提案時期 ▶ 施設オープンなどの準備時期
ファイル名 ▶ 販促02／販促02M

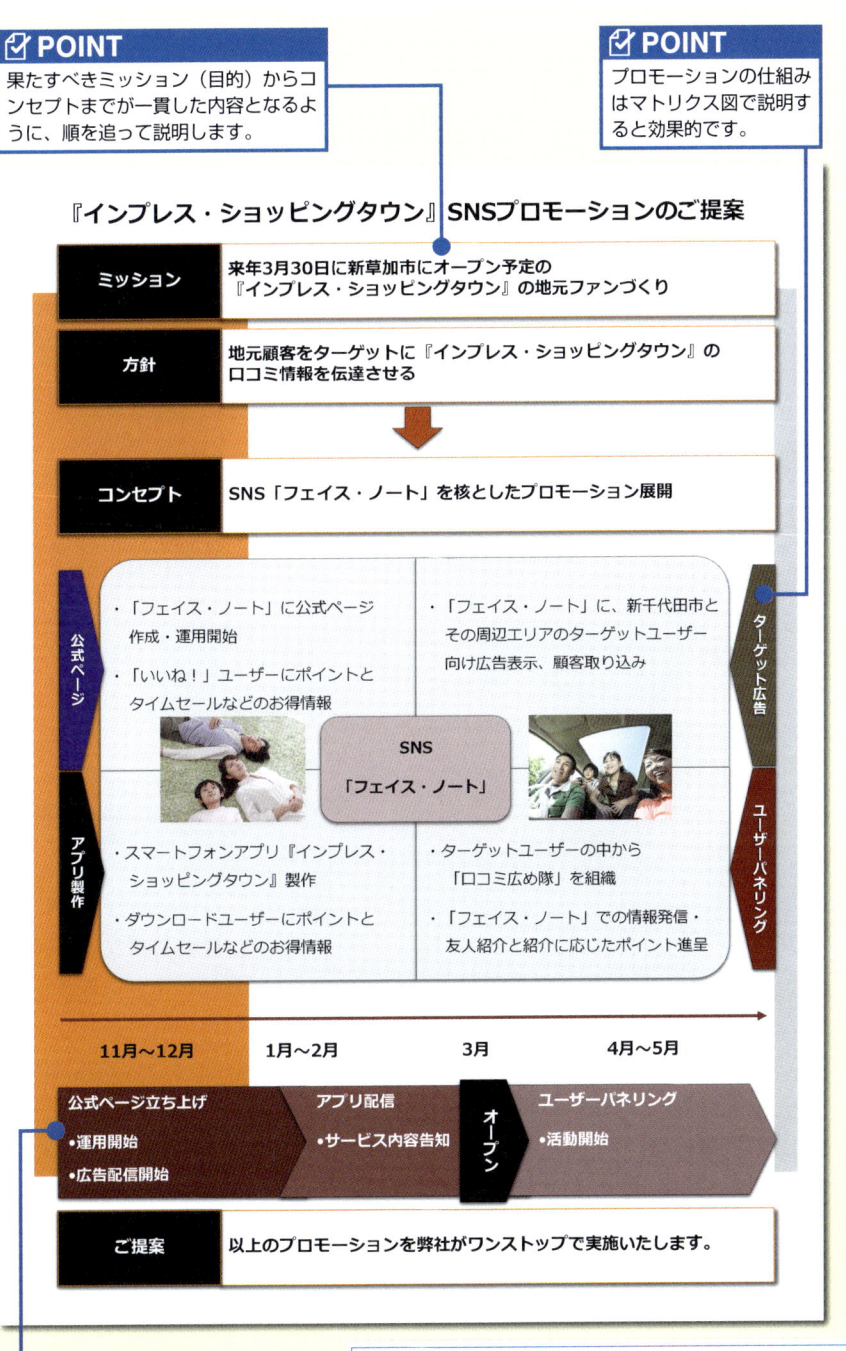

POINT
果たすべきミッション（目的）からコンセプトまでが一貫した内容となるように、順を追って説明します。

POINT
プロモーションの仕組みはマトリクス図で説明すると効果的です。

Part 2 企画書

『インプレス・ショッピングタウン』SNSプロモーションのご提案

ミッション	来年3月30日に新草加市にオープン予定の『インプレス・ショッピングタウン』の地元ファンづくり
方針	地元顧客をターゲットに『インプレス・ショッピングタウン』の口コミ情報を伝達させる
コンセプト	SNS「フェイス・ノート」を核としたプロモーション展開

公式ページ
- 「フェイス・ノート」に公式ページ作成・運用開始
- 「いいね！」ユーザーにポイントとタイムセールなどのお得情報

ターゲット広告
- 「フェイス・ノート」に、新千代田市とその周辺エリアのターゲットユーザー向け広告表示、顧客取り込み

SNS「フェイス・ノート」

アプリ製作
- スマートフォンアプリ『インプレス・ショッピングタウン』製作
- ダウンロードユーザーにポイントとタイムセールなどのお得情報

ユーザーパネリング
- ターゲットユーザーの中から「口コミ広め隊」を組織
- 「フェイス・ノート」での情報発信・友人紹介と紹介に応じたポイント進呈

11月～12月	1月～2月	3月	4月～5月
公式ページ立ち上げ ・運用開始 ・広告配信開始	アプリ配信 ・サービス内容告知	オープン	ユーザーパネリング ・活動開始

ご提案	以上のプロモーションを弊社がワンストップで実施いたします。

POINT
プロモーションの流れも図解で大まかに提示し、提案先が流れをイメージできるようにしておきます。

企画書のテーマ
訴求したい自社の製品やサービスと、その利用イメージを、直感的に理解してもらうことが目的です。そのために、要点を絞ってプロモーションの仕組みと流れを説明しましょう。

販売促進・プロモーション提案に使える
増客のためのシステム導入提案

想定提案先 ▶ 中小・大手企業汎用（流通など）
想定提案者 ▶ メーカー・広告代理店の営業担当者
提案時期 ▶ 施設オープンなどの準備時期
ファイル名 ▶ 販促03／販促03M

POINT
提案先が理解しやすいように、目的と方針をシンプルに提示します。

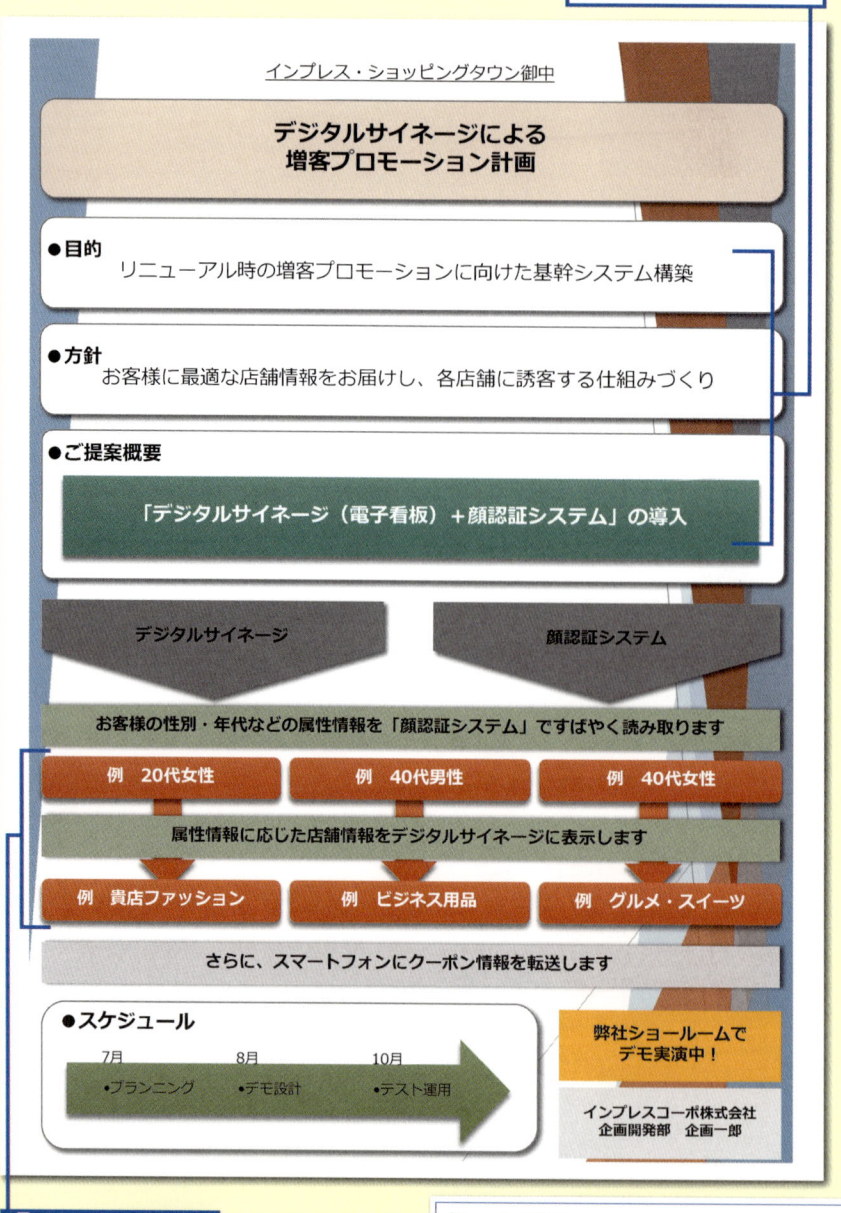

インプレス・ショッピングタウン御中

デジタルサイネージによる増客プロモーション計画

● 目的
リニューアル時の増客プロモーションに向けた基幹システム構築

● 方針
お客様に最適な店舗情報をお届けし、各店舗に誘客する仕組みづくり

● ご提案概要
「デジタルサイネージ（電子看板）＋顔認証システム」の導入

デジタルサイネージ　　顔認証システム

お客様の性別・年代などの属性情報を「顔認証システム」ですばやく読み取ります

| 例　20代女性 | 例　40代男性 | 例　40代女性 |

属性情報に応じた店舗情報をデジタルサイネージに表示します

| 例　貴店ファッション | 例　ビジネス用品 | 例　グルメ・スイーツ |

さらに、スマートフォンにクーポン情報を転送します

● スケジュール
7月：プランニング
8月：デモ設計
10月：テスト運用

弊社ショールームでデモ実演中！

インプレスコーポ株式会社
企画開発部　企画一郎

POINT
具体的な例を挙げて解説することで、提案内容をイメージしやすくします。

企画書のテーマ
ひとつひとつの文章を少なめにし、プロモーションの仕組みと流れを囲みと図解でシンプルに解説することで、導入につなげることが目的です。

販売促進・プロモーション提案に使える
クラブ会員増加プロモーション提案

- 想定提案先 ▶ 中小・大手企業汎用（販促など）
- 想定提案者 ▶ 広告代理店・SP事業会社の営業担当者
- 提 案 時 期 ▶ 通期
- ファイル名 ▶ 販促04／販促04M

POINT
実施のメリットを2点にまとめ、詳細かつわかりやすく提示します。

POINT
提案内容に合ったビジュアル要素を使って内容をイメージしやすくします。

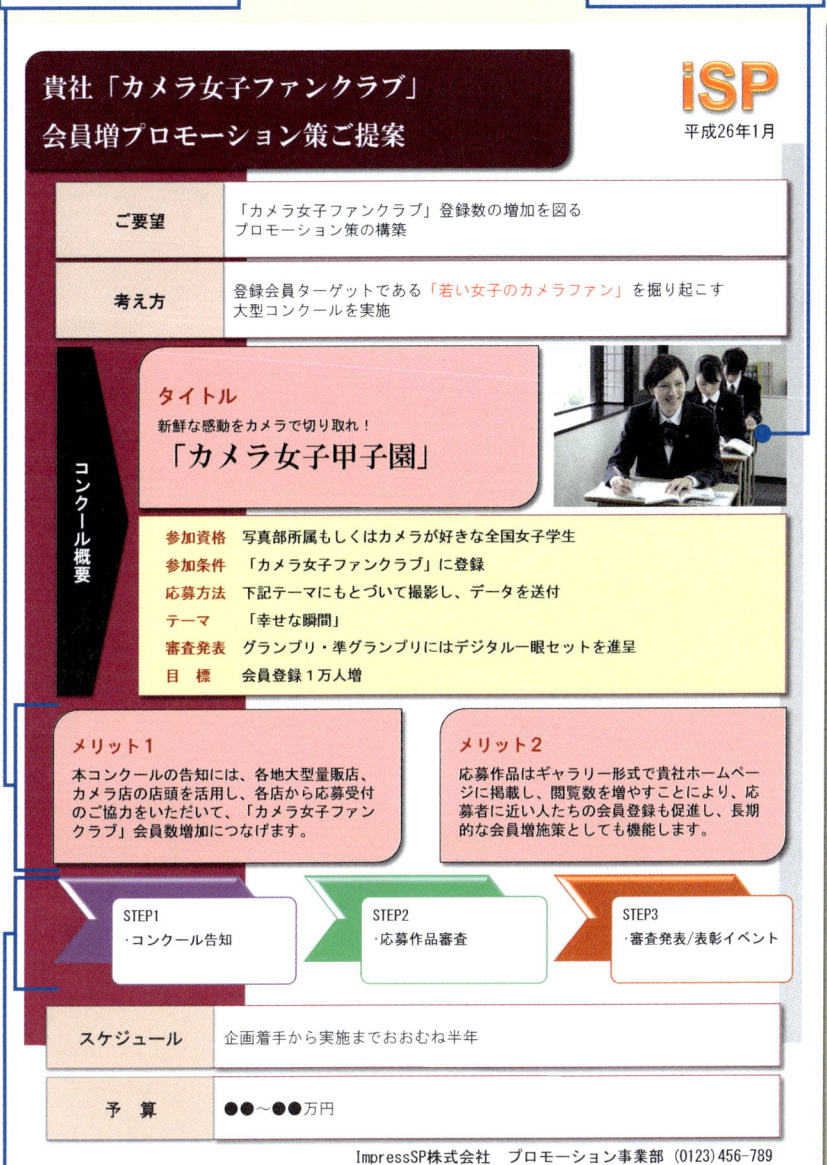

貴社「カメラ女子ファンクラブ」会員増プロモーション策ご提案

iSP 平成26年1月

ご要望	「カメラ女子ファンクラブ」登録数の増加を図るプロモーション策の構築
考え方	登録会員ターゲットである「若い女子のカメラファン」を掘り起こす大型コンクールを実施

コンクール概要

タイトル
新鮮な感動をカメラで切り取れ！
「カメラ女子甲子園」

- 参加資格　写真部所属もしくはカメラが好きな全国女子学生
- 参加条件　「カメラ女子ファンクラブ」に登録
- 応募方法　下記テーマにもとづいて撮影し、データを送付
- テーマ　　「幸せな瞬間」
- 審査発表　グランプリ・準グランプリにはデジタル一眼セットを進呈
- 目　標　　会員登録1万人増

メリット1
本コンクールの告知には、各地大型量販店、カメラ店の店頭を活用し、各店から応募受付のご協力をいただいて、「カメラ女子ファンクラブ」会員数増加につなげます。

メリット2
応募作品はギャラリー形式で貴社ホームページに掲載し、閲覧数を増やすことにより、応募者に近い人たちの会員登録も促進し、長期的な会員増施策としても機能します。

- STEP1　・コンクール告知
- STEP2　・応募作品審査
- STEP3　・審査発表／表彰イベント

スケジュール	企画着手から実施までおおむね半年
予　算	●●～●●万円

ImpressSP株式会社　プロモーション事業部　(0123)456-789

POINT
プロモーションの流れを図解で提示し、どのような段階があるのかがわかるようにします。

企画書のテーマ
会員増加のための具体的なアイデアを提示し、予算獲得を狙うことが目的です。ビジュアル要素を使って直感的に理解してもらえるようにしましょう。

02 企画書_販促

販売促進・プロモーション提案に使える
SNS活用による商品販促提案

- 想定提案先 ▶ 中小・大手企業汎用（販促など）
- 想定提案者 ▶ 広告代理店・SP事業会社の営業担当者
- 提案時期 ▶ 新製品発売時期やその準備時期
- ファイル名 ▶ 販促05／販促05M

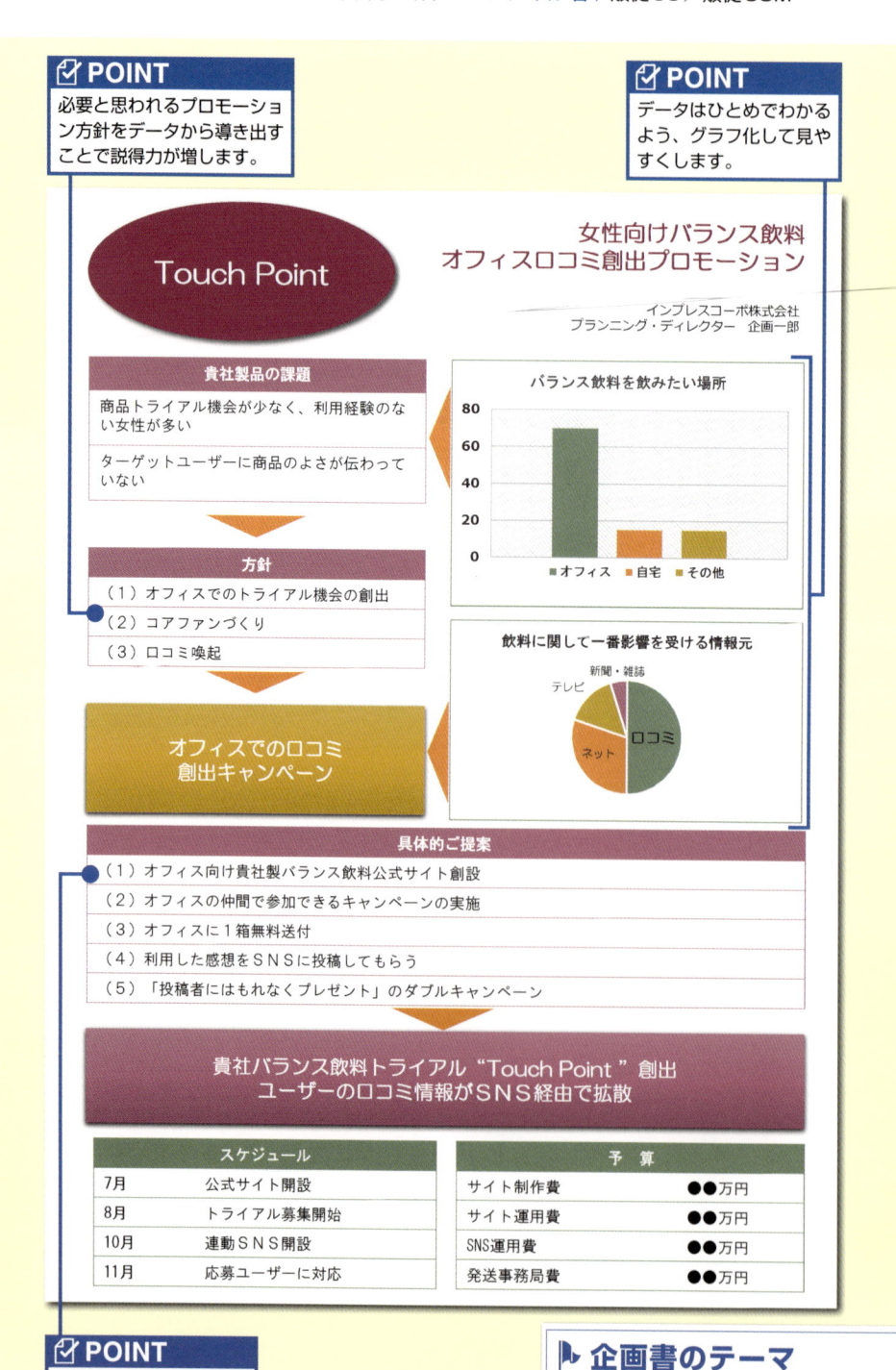

POINT 必要と思われるプロモーション方針をデータから導き出すことで説得力が増します。

POINT データはひとめでわかるよう、グラフ化して見やすくします。

Touch Point

女性向けバランス飲料
オフィス口コミ創出プロモーション

インプレスコーポ株式会社
プランニング・ディレクター　企画一郎

貴社製品の課題
- 商品トライアル機会が少なく、利用経験のない女性が多い
- ターゲットユーザーに商品のよさが伝わっていない

バランス飲料を飲みたい場所（オフィス／自宅／その他）

方針
(1) オフィスでのトライアル機会の創出
(2) コアファンづくり
(3) 口コミ喚起

飲料に関して一番影響を受ける情報元（口コミ／ネット／テレビ／新聞・雑誌）

オフィスでの口コミ創出キャンペーン

具体的ご提案
(1) オフィス向け貴社製バランス飲料公式サイト創設
(2) オフィスの仲間で参加できるキャンペーンの実施
(3) オフィスに1箱無料送付
(4) 利用した感想をSNSに投稿してもらう
(5) 「投稿者にはもれなくプレゼント」のダブルキャンペーン

貴社バランス飲料トライアル"Touch Point"創出
ユーザーの口コミ情報がSNS経由で拡散

スケジュール
7月	公式サイト開設
8月	トライアル募集開始
10月	連動SNS開設
11月	応募ユーザーに対応

予算
サイト制作費	●●万円
サイト運用費	●●万円
SNS運用費	●●万円
発送事務局費	●●万円

POINT 具体的な提案内容は表で整理し、理解しやすくします。

企画書のテーマ
収集したデータを活用してプレゼンを行える企画書です。データはグラフ化して見やすくすることがポイントです。

CD-ROM　02企画書_販促

販売促進・プロモーション提案に使える
ADカー活用による商品販促提案

- 想定提案先 ▶ 中小・大手企業汎用（販促など）
- 想定提案者 ▶ 広告代理店・SP事業会社の営業担当者
- 提 案 時 期 ▶ 通期
- ファイル名 ▶ 販促06／販促06M

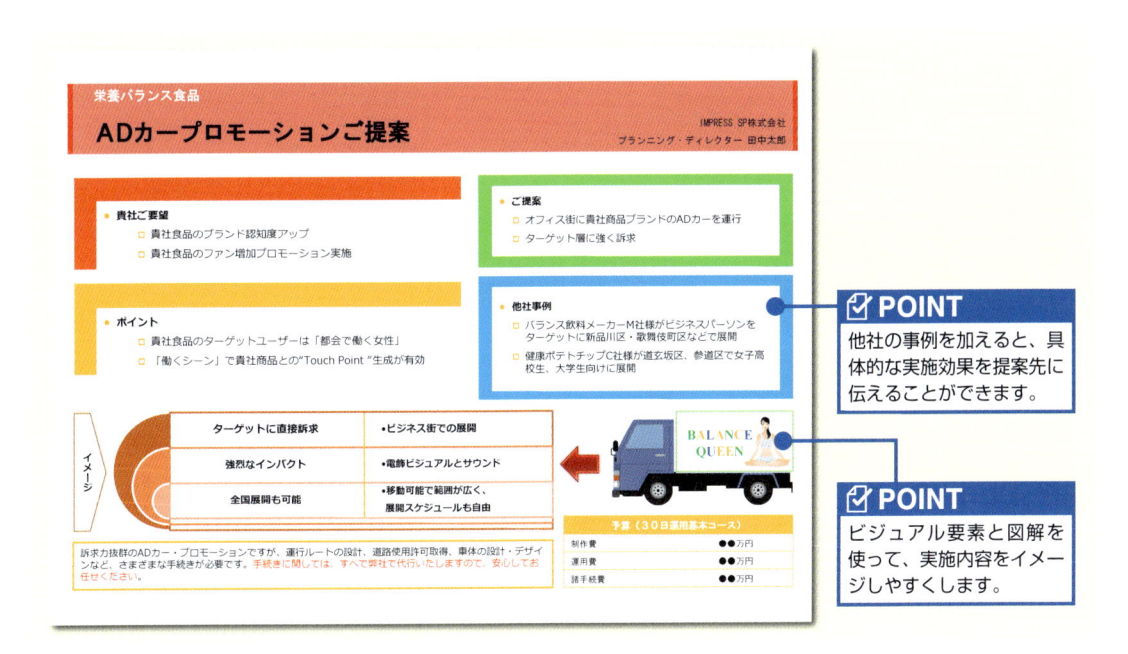

POINT 他社の事例を加えると、具体的な実施効果を提案先に伝えることができます。

POINT ビジュアル要素と図解を使って、実施内容をイメージしやすくします。

Part 2 企画書

販売促進・プロモーション提案に使える
リーフレット制作提案

- 想定提案先 ▶ 中小・大手企業汎用（販促など）
- 想定提案者 ▶ 広告代理店・SP事業会社の営業担当者
- 提 案 時 期 ▶ 通期
- ファイル名 ▶ 販促07／販促07M

POINT ページの要素を掲載し、提案先が具体的に検討できるようにします。

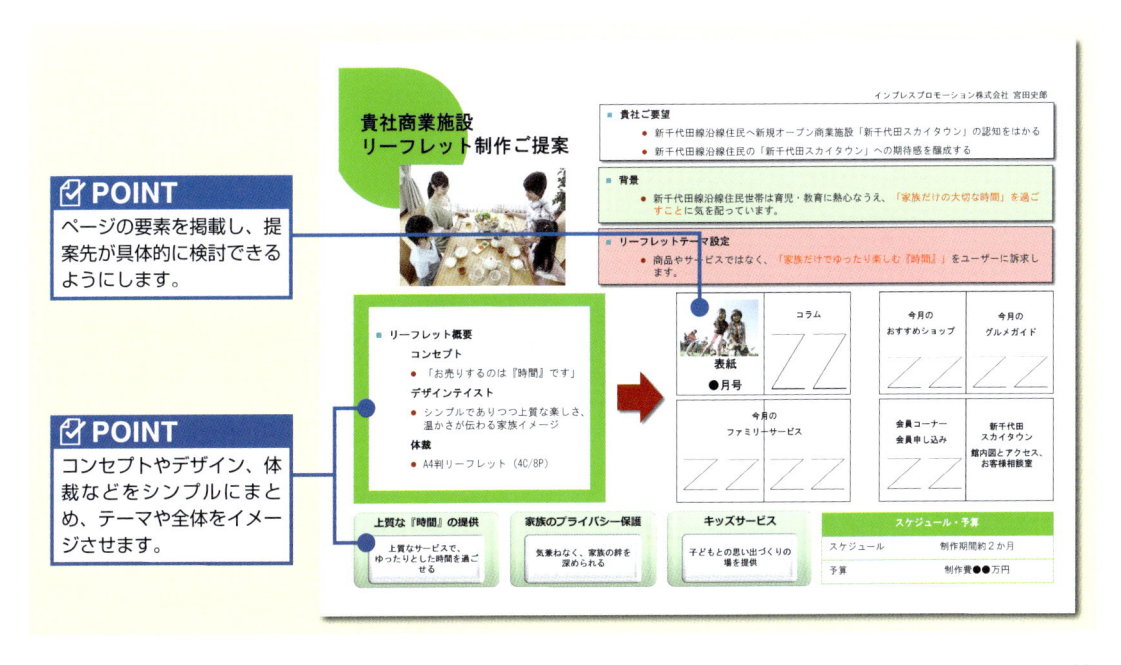

POINT コンセプトやデザイン、体裁などをシンプルにまとめ、テーマや全体をイメージさせます。

41

02 企画書_販促

販売促進・プロモーション提案に使える
キャラクター活用提案

- 想定提案先 ▶ 官公庁・団体など
- 想定提案者 ▶ 広告代理店・SP事業会社の営業担当者
- 提 案 時 期 ▶ 通期
- ファイル名 ▶ 販促08／販促08M

Part 2 企画書

POINT
イラストや写真などのビジュアル要素を活用し、楽しみながら企画を実施できるように演出します。

POINT
準備とプロモーションの各段階を表で整理し、実施の流れを理解しやすくします。

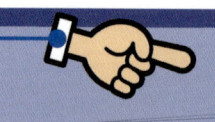

平成26年1月
インプレスプロモーション株式会社
藤波太郎

地域振興キャラクター活用プロモーションのご提案

背景
・現在、全国各地で独自のキャラクターを活用した地域振興プランが脚光を浴びております。

考え方
・新千代田区出身漫画家・山村未来氏にキャラクター作成を依頼し、マスコットとして活用することを提案します。

準備
- STEP1　山村氏と出版社への企画提案と条件すりあわせ
- STEP2　山村氏によるキャラクター作成
- STEP3　同キャラクターの使用条件契約

プロモーション
- STEP1　記者発表①　　キャラクターお披露目と、区民によるネーミングコンクール開催
- STEP2　サイトオープン　新千代田区公式サイトにキャラクターページ公開
- STEP3　記者発表②　　キャラクターネーミング決定
- STEP4　正式公開　　　新千代田公会堂にて、正式お披露目とネーミングコンクール表彰式
- STEP5　展開　　　　　区内事業者開発商品へのキャラクター無料使用許諾
　　　　　　　　　　　　区内公共施設・公共交通機関へのキャラクター使用許諾
　　　　　　　　　　　　ソーシャルメディア・公式サイト運用

期待される効果
・新千代田区への好感度アップ
・新千代田区の観光振興に寄与
・新千代田区内商工事業者の経営改善

スケジュール	
平成26年2月	体制準備
平成26年3月	ネーミング募集開始
平成26年5月	お披露目
平成26年6月	展開

予算	
企画準備費	●●万円
キャラ制作費	●●万円
広報・PR費	●●万円
コンサルテーション費	●●万円

POINT
期待される効果（想定メリット）の配色を変え、とくに強調します。

企画書のテーマ
イラストや写真で雰囲気を演出しつつ、丁寧に各段階を解説し、想定効果を明確にすることで、採用意欲を高めることが狙いです。

販売促進・プロモーション提案に使える
スマートフォンによる誘客提案

想定提案先 ▶ 中小・大手企業汎用（販促など）　　**提案時期** ▶ 通期
想定提案者 ▶ IT関連事業・広告代理店・SP事業会社　　**ファイル名** ▶ 販促09／販促09M

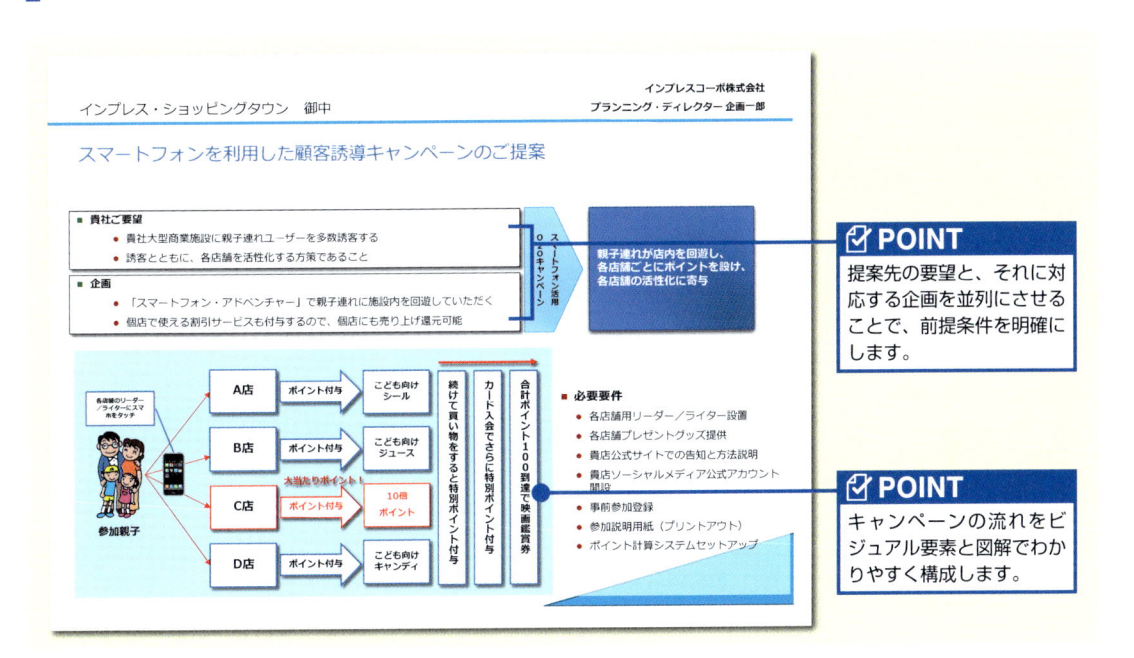

POINT
提案先の要望と、それに対応する企画を並列にさせることで、前提条件を明確にします。

POINT
キャンペーンの流れをビジュアル要素と図解でわかりやすく構成します。

販売促進・プロモーション提案に使える
イベント開催提案

想定提案先 ▶ 中小・大手企業汎用（流通など）　　**提案時期** ▶ 商戦時期を控えた仕込み時期
想定提案者 ▶ 広告代理店・SP事業会社の営業担当者　　**ファイル名** ▶ 販促10／販促10M

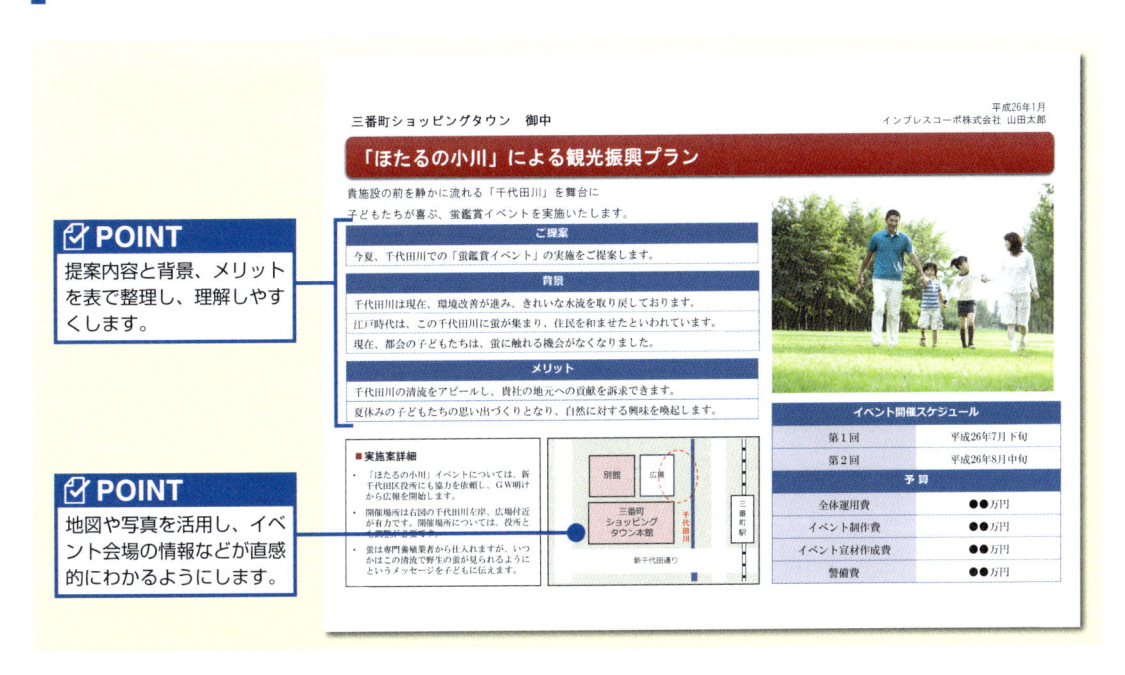

POINT
提案内容と背景、メリットを表で整理し、理解しやすくします。

POINT
地図や写真を活用し、イベント会場の情報などが直感的にわかるようにします。

43

CD-ROM 02企画書_販促

販売促進・プロモーション提案に使える
店舗展開プラン提案

想定提案先 ▶ 中小・大手企業汎用（施設・店舗など）　　提 案 時 期 ▶ 施設オープンなどの準備時期
想定提案者 ▶ 広告代理店・SP事業会社の営業担当者　　　ファイル名 ▶ 販促11／販促11M

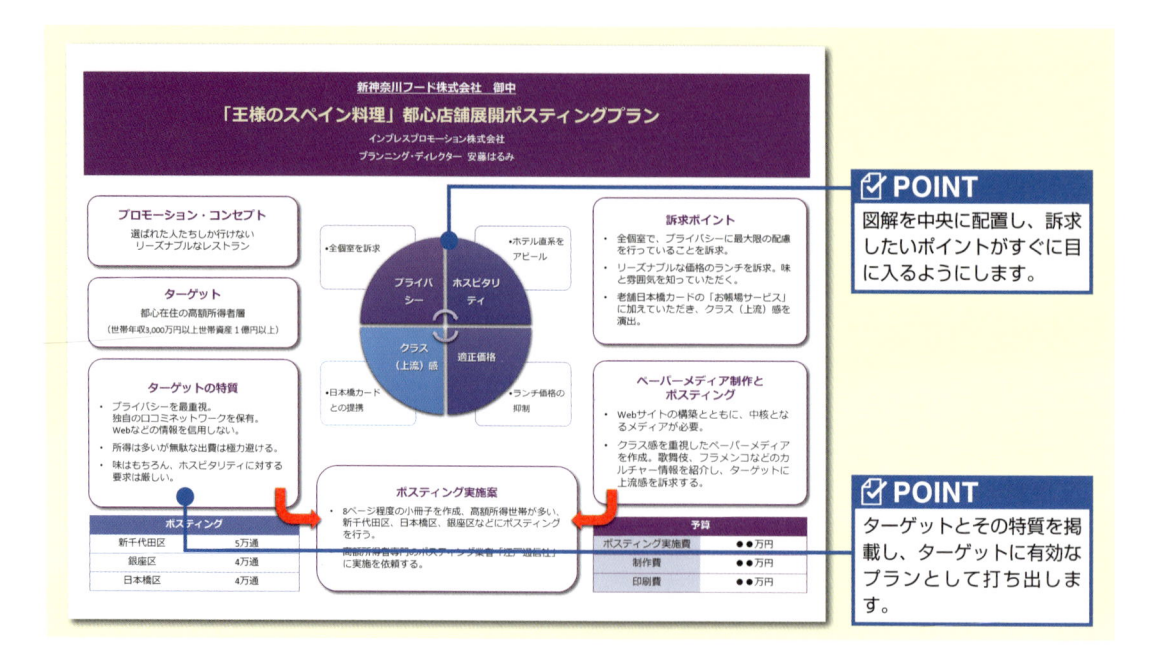

POINT
図解を中央に配置し、訴求したいポイントがすぐに目に入るようにします。

POINT
ターゲットとその特質を掲載し、ターゲットに有効なプランとして打ち出します。

販売促進・プロモーション提案に使える
誘客プラン提案

想定提案先 ▶ 中小・大手企業汎用（施設・店舗など）　　提 案 時 期 ▶ 商戦時期を控えた仕込み時期
想定提案者 ▶ 広告代理店・SP事業会社の営業担当者　　　ファイル名 ▶ 販促12／販促12M

POINT
提案内容に合ったビジュアル要素を配置し、訴求力を高めます。

POINT
横向きの企画書を2分割し、提案先の要望、提案内容、想定効果などと、企画のポイントを読みやすく整理します。

Part 2 企画書

CD-ROM　02企画書_販促

販売促進・プロモーション提案に使える
新規ツアー・プロモーション提案

- 想定提案先 ▶ 旅行会社
- 想定提案者 ▶ メディア・コンサルティング事業会社
- 提案時期 ▶ 通期
- ファイル名 ▶ 販促13／販促13M

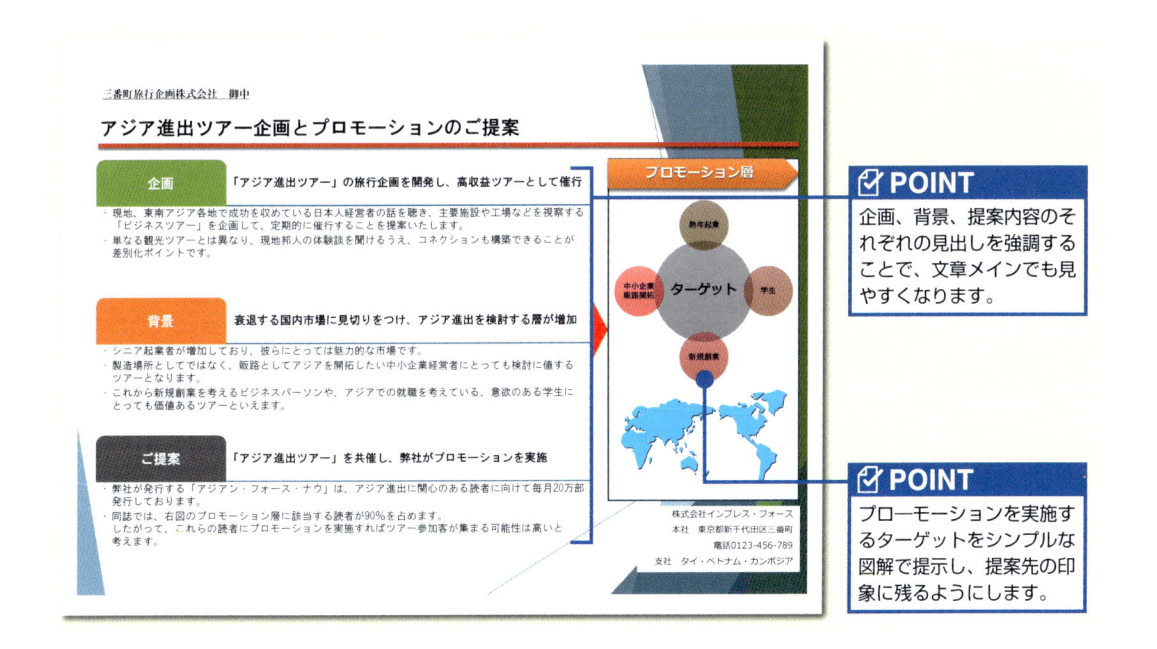

POINT
企画、背景、提案内容のそれぞれの見出しを強調することで、文章メインでも見やすくなります。

POINT
プロ―モーションを実施するターゲットをシンプルな図解で提示し、提案先の印象に残るようにします。

Part 2 企画書

販売促進・プロモーション提案に使える
スマートフォンアプリによる誘客提案

- 想定提案先 ▶ 中小・大手企業汎用（施設・店舗など）
- 想定提案者 ▶ IT関連事業・広告代理店・SP事業会社
- 提案時期 ▶ 商戦時期を控えた仕込み時期
- ファイル名 ▶ 販促14／販促14M

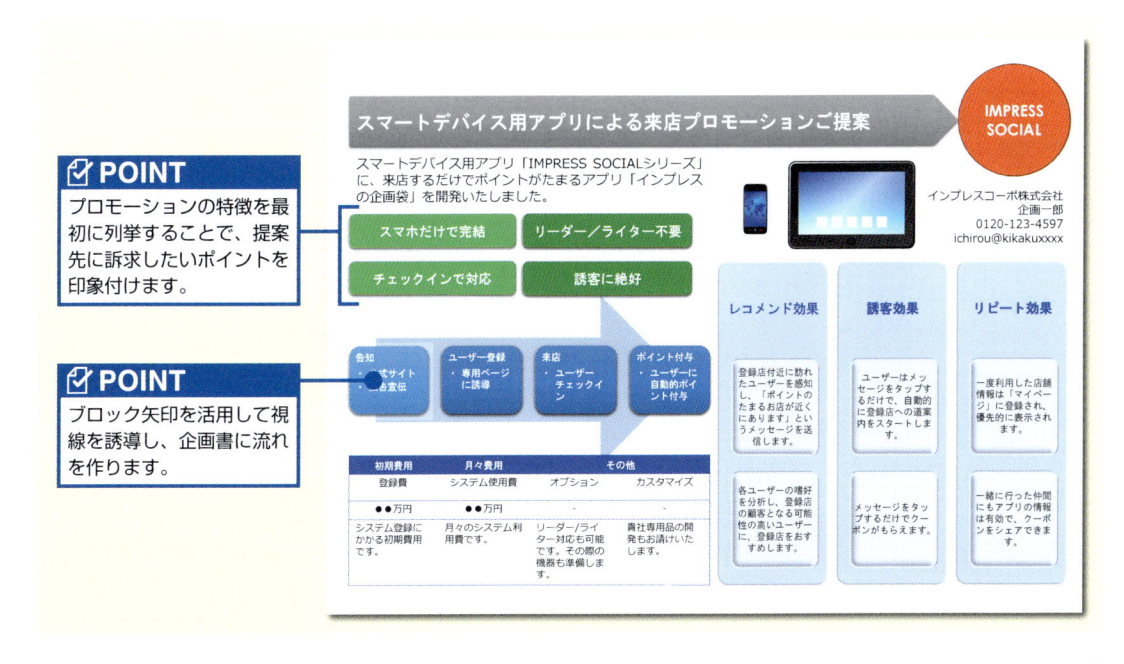

POINT
プロモーションの特徴を最初に列挙することで、提案先に訴求したいポイントを印象付けます。

POINT
ブロック矢印を活用して視線を誘導し、企画書に流れを作ります。

業務改善・問題解決提案に使える

外部委託提案

想定提案先 ▶ 企業の管理職・システム担当者など
想定提案者 ▶ IT関連事業の営業・渉外・企画担当者
提案時期 ▶ 通期
ファイル名 ▶ 業務改善01／業務改善01M

Part 2 企画書

POINT
提案先の背景や現状などを、グラフを使って客観的に説明します。

貴社サーバー/データセンター移管ご提案

インプレスコーポ株式会社
ソリューション営業部 企画一郎

貴社の現状

- 貴社はすべてのサーバーを本社施設にて運用されています。
- システムの負荷は増え続けており、サーバー追加のためのスペース確保が必要です。
- セキュリティ対策が社会全体の課題であり、貴社も対応に追われていると思われます。
- 災害時などにサーバーが破損すると、事業継続が困難です。

増加傾向にあるデータ管理の課題集計
- サーバー設置スペース 26.7%
- サーバー運用のコスト 33.3%
- セキュリティ対策 20.0%
- 災害時の事業継続 13.3%
- その他 6.7%

ご提案
- 弊社データセンターのご利用（サーバーの移管）
- セキュリティ対策を含むサーバー運用をすべて弊社が管理

データセンターの特徴
- 厳格なセキュリティ管理
- 非常用発電により停電時も2日間は安定稼働保証
- 特別な免震システムの採用
- ＩＣＤコーポレーションシステム本部で365日24時間遠隔管理
- 最新冷却システムの採用

メリット
- 貴社施設スペースの適正活用
- 貴社サーバー運用人員の適正活用
- 貴社サーバー購入費・電力費などのコスト削減
- 急なサーバー使用時期にも柔軟に対応可能
- セキュリティ強化
- 災害対策強化

他社導入事例
- ＥＤＩインターナショナル
  データセンターにサーバー移管
  運用受託
- ＰＣＨコーポレーション
  データセンターにサーバー移管

POINT
提案内容、商品・サービス、想定メリットを個条書きで簡潔に提示し、ポイントを理解できるようにします。

企画書のテーマ
提案先に課題を認識してもらうために、データを提示するなどで現状を丁寧に説明し、受注につなげます。

03企画書_業務改善

業務改善・問題解決提案に使える
業務導入提案

- 想定提案先 ▶ 企業の総務・システム担当者など
- 想定提案者 ▶ IT関連事業の営業・渉外・企画担当者
- 提案時期 ▶ 通期
- ファイル名 ▶ 業務改善02／業務改善02M

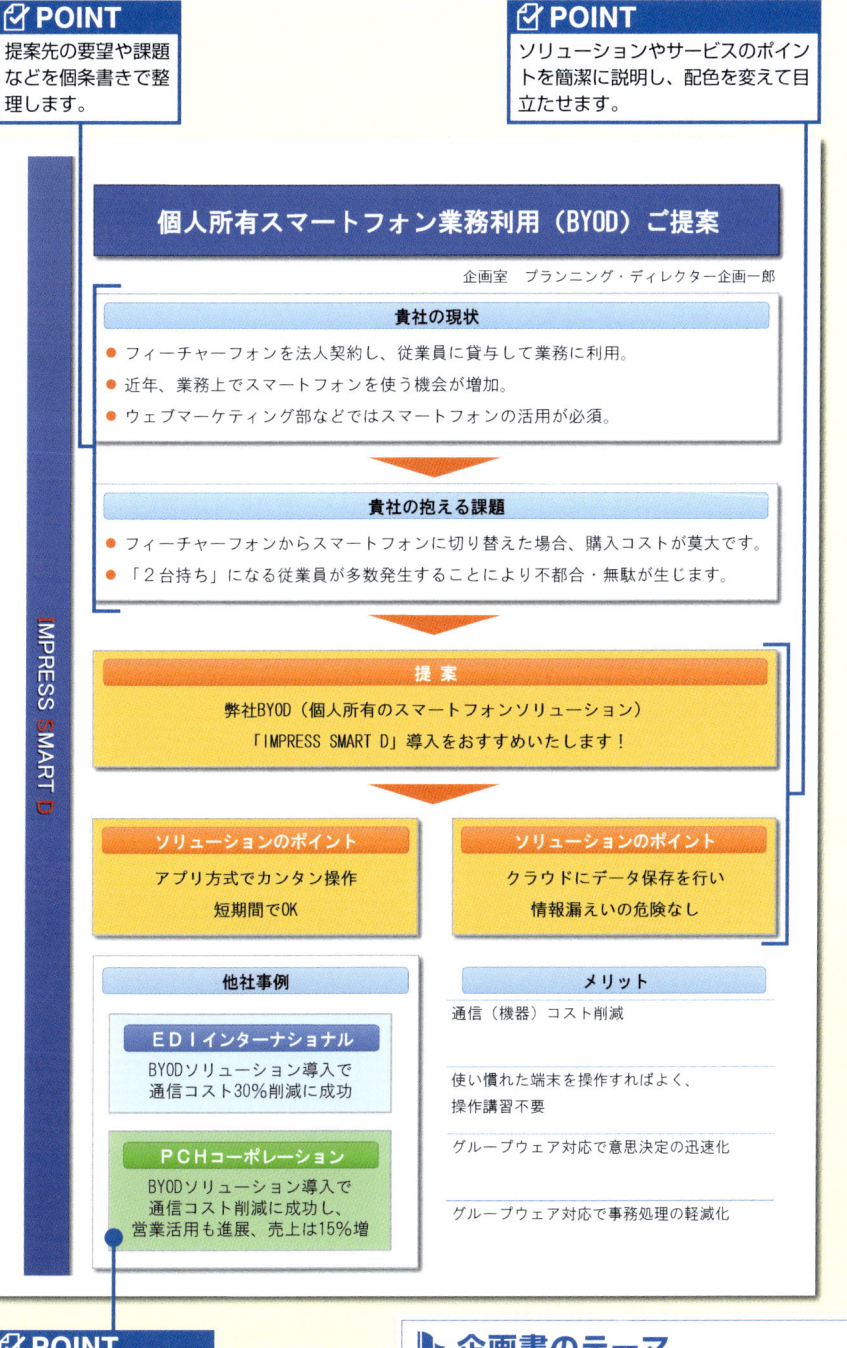

Part 2 企画書

POINT
提案先の要望や課題などを個条書きで整理します。

POINT
ソリューションやサービスのポイントを簡潔に説明し、配色を変えて目立たせます。

個人所有スマートフォン業務利用（BYOD）ご提案

企画室　プランニング・ディレクター企画一郎

貴社の現状
- フィーチャーフォンを法人契約し、従業員に貸与して業務に利用。
- 近年、業務上でスマートフォンを使う機会が増加。
- ウェブマーケティング部などではスマートフォンの活用が必須。

貴社の抱える課題
- フィーチャーフォンからスマートフォンに切り替えた場合、購入コストが莫大です。
- 「2台持ち」になる従業員が多数発生することにより不都合・無駄が生じます。

提案
弊社BYOD（個人所有のスマートフォンソリューション）
「IMPRESS SMART D」導入をおすすめいたします！

IMPRESS SMART D

ソリューションのポイント	ソリューションのポイント
アプリ方式でカンタン操作　短期間でOK	クラウドにデータ保存を行い　情報漏えいの危険なし

他社事例

EDIインターナショナル
BYODソリューション導入で通信コスト30％削減に成功

PCHコーポレーション
BYODソリューション導入で通信コスト削減に成功し、営業活用も進展、売上は15％増

メリット
通信（機器）コスト削減

使い慣れた端末を操作すればよく、操作講習不要

グループウェア対応で意思決定の迅速化

グループウェア対応で事務処理の軽減化

POINT
他社の事例をできるだけ盛り込み、提案先が実際の効果をイメージできるようにします。

企画書のテーマ
提案先の抱える課題を整理し、解決方法を強調することで関心を惹くことが狙いです。実績などを盛り込み、シンプルで信頼感のある企画書にまとめましょう。

47

業務改善・問題解決提案に使える
情報漏えい対策プラン提案

- 想定提案先 ▶ 企業の総務・システム担当者など
- 想定提案者 ▶ IT関連事業の営業・渉外・企画担当者
- 提案時期 ▶ 通期
- ファイル名 ▶ 業務改善03／業務改善03M

Part 2 企画書

POINT
ブロック矢印や三角形などの活用と、図解の色を変えることで強調し、言いたいことがひとめで伝わるようにします。

スマートフォン情報漏えい対策のご提案

インプレスコーポ株式会社
セキュリティ専任執行役員　企画一郎

| 現状 | 貴社は個人所有のスマートフォンの業務利用を予定されておりますが、各人が所有するスマートフォンはメーカーもOSもバラバラです。 |

| 問題 | ・個人所有のスマートフォンのセキュリティ管理の不行き届き
・業務データがスマートフォンに蓄積されると、紛失・盗難時のリスクが高い |

最大の問題はスマートフォンの紛失・盗難による情報漏えい

▼

スマートフォン仮想化ソリューションの導入により問題を解決

| ご提供ソリューション | ・インプレスコーポ「IMPRESS SMART」
・スマホ仮想化ソリューション3.0 |

① 仮想化によりスマホにデータが残らないので安全

② 仮想化によりスマホのOSを選ばないので便利

③ 専用アプリを立ち上げるだけなので操作は簡単

| スケジュール | ご依頼から3ヶ月以内にソリューション運用スタート |

POINT
ビジュアル要素や図解などを使い、ソリューション導入によるメリットに視線を誘導します。

企画書のテーマ
最初に提案先の抱える課題をまとめ、そのあとに課題解決のためのソリューションを強調して提案することで、企画採用を促すことが狙いです。

03 企画書_業務改善

業務改善・問題解決提案に使える
サポートセンター運営改善プラン提案

想定提案先 ▶ 企業の総務担当者・サポートセンターなど
想定提案者 ▶ IT関連事業の営業・渉外・企画担当者
提案時期 ▶ 通期
ファイル名 ▶ 業務改善04／業務改善04M

☑ POINT
提案先の課題と、課題解決を阻害する要件を丁寧に説明します。

貴社サポートセンター運営改善のご提案

インプレスコーポ株式会社
システム営業 企画一郎

貴社の現状
- 平日の午前中や土日にユーザーからの問い合わせが殺到
- ユーザー平均待ち時間1時間
- 業務スタッフや電話回線を増強

問題
- ユーザーからのサービスに対する厳しい評価
- ユーザーの評価がSNSなどで拡散、弊社製品への不信感も拡散
- スタッフ増員、電話回線の強化にかかるコストは限界

サポートセンター運営ソリューション
「IMPRESS SUPPORT」の導入を
ご提案いたします！

ソリューション導入
- サポートセンターの業務効率化
- スタッフ管理費の削減

IMPRESS SUPPORT
- FAQ自動作成機能
- 直感的操作が可能
- セキュリティ堅牢

デモ実施中
- 弊社にてソリューションのデモを行っております。ぜひご見学を！

☑ POINT
ソリューション導入によるメリットをコスト面から提示し、訴求力を高めます。

▶ 企画書のテーマ
単なる業務改善策ではなく、ソリューション導入後にもたらされるコスト削減効果を訴求し、決裁を持ちかけることが目的です。

Part 2 企画書

業務改善・問題解決提案に使える

Webシステム導入提案

- 想定提案先 ▶ 企業のシステム・Web担当者など
- 想定提案者 ▶ IT関連事業の営業・渉外・企画担当者
- 提案時期 ▶ 通期
- ファイル名 ▶ 業務改善05／業務改善05M

Part 2 企画書

POINT
社会のトレンドと提案先の現状を合わせて分析することで、提案先の課題解決への意欲を高めます。

マルチデバイス対応Ｗｅｂ管理システムご提案

インプレスコーポ株式会社
企画室 プランニング・ディレクター 企画一郎

現状
- 現在、Webサイトへのアクセス数は、スマホからのアクセス数が全アクセス数の過半数を超える伸びを見せている。
- 現状では、貴社の通販サイトはスマホ未対応。
- 通販各社は「モバイルファースト」を掲げ、スマホ対応を進めている。

課題
- Webサイトがスマホに対応していないことで、サイト崩れなどが発生したり「見にくい」という声が上がり、ユーザー離れの危険が発生している。
- スマホ対応戦略を早めるべきであり、Webサイトでの対応は急を要する。
- スマホ専用サイトを別に作成し、公式サイトと並行運用するのは、大変な工数が生じる。たとえば、更新時は、両サイトを別々に更新しなければならない。

ご提案
弊社のIMPRESS CMS（コンテンツ・マネジメント・システム）が問題を解決いたします！

導入メリット

マルチデバイス対応	ワープロソフト感覚	高いＳＥＯ効果
・スマホで閲覧した場合、自動的にWebサイトのデザインが対応。	・ワープロソフト感覚で、簡単に情報更新できる。アルバイトでも対応可能。	・ＥＤＩ技研のＣＭＳはＳＥＯ効果が高く、ＳＥＯ費用が削減可能。

スケジュールプラン・見積金額などの資料は別添いたします

POINT
導入メリットを強調することで、提案先の不安を解消し、ソリューションの付加価値をアピールします。

企画書のテーマ
提案先の業務がどれだけ効率化できるかを、導入メリットを中心に表現し、企画採用を促します。

03 企画書_業務改善

業務改善・問題解決提案に使える
管理システム導入提案

想定提案先 ▶ 企業の総務・システム担当者など		**提 案 時 期** ▶ 通期	
想定提案者 ▶ IT関連事業の営業・渉外・企画担当者		**ファイル名** ▶ 業務改善06／業務改善06M	

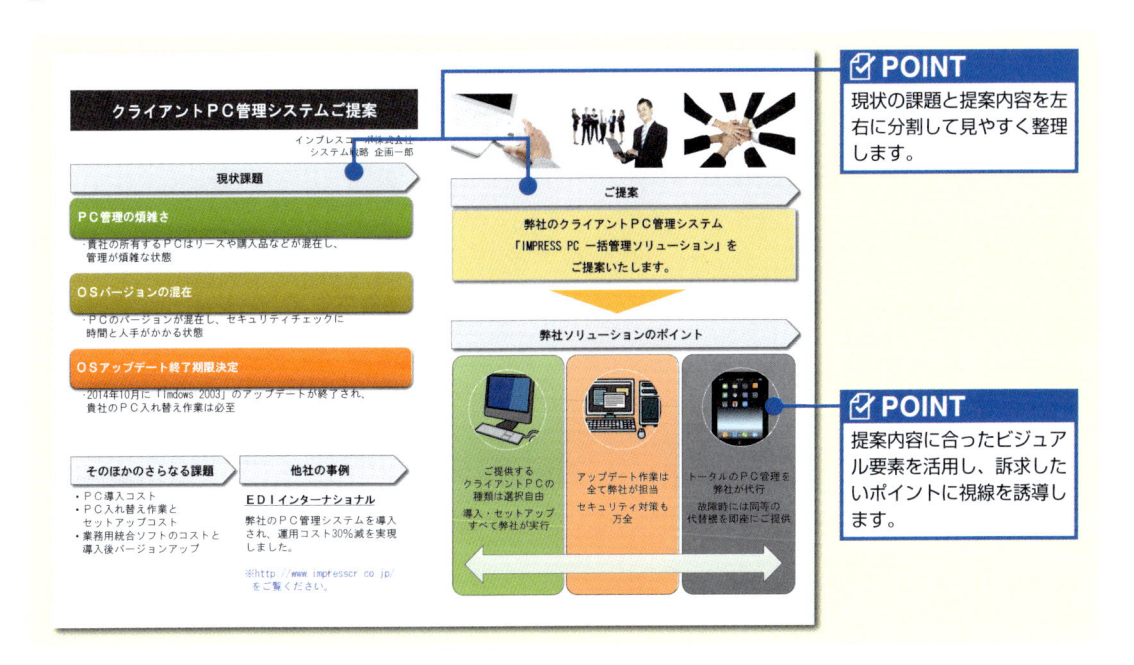

POINT
現状の課題と提案内容を左右に分割して見やすく整理します。

POINT
提案内容に合ったビジュアル要素を活用し、訴求したいポイントに視線を誘導します。

Part 2 企画書

業務改善・問題解決提案に使える
アウトソーシング事業提案

想定提案先 ▶ 企業の総務担当者など		**提 案 時 期** ▶ 通期	
想定提案者 ▶ アウトソーシング事業の営業・渉外・企画担当者		**ファイル名** ▶ 業務改善07／業務改善07M	

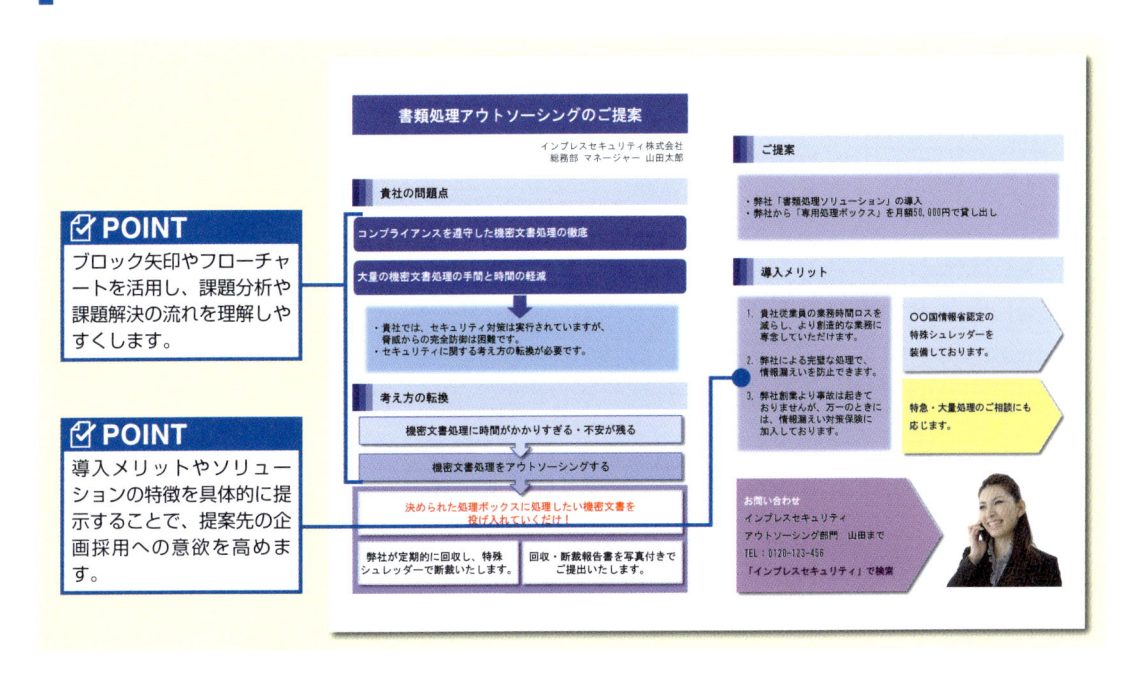

POINT
ブロック矢印やフローチャートを活用し、課題分析や課題解決の流れを理解しやすくします。

POINT
導入メリットやソリューションの特徴を具体的に提示することで、提案先の企画採用への意欲を高めます。

51

03 企画書_業務改善

業務改善・問題解決提案に使える
システム導入提案①

- 想定提案先 ▶ 中小・大手企業汎用
- 想定提案者 ▶ IT関連事業・アウトソーシング事業
- 提 案 時 期 ▶ 通期
- ファイル名 ▶ 業務改善08／業務改善08M

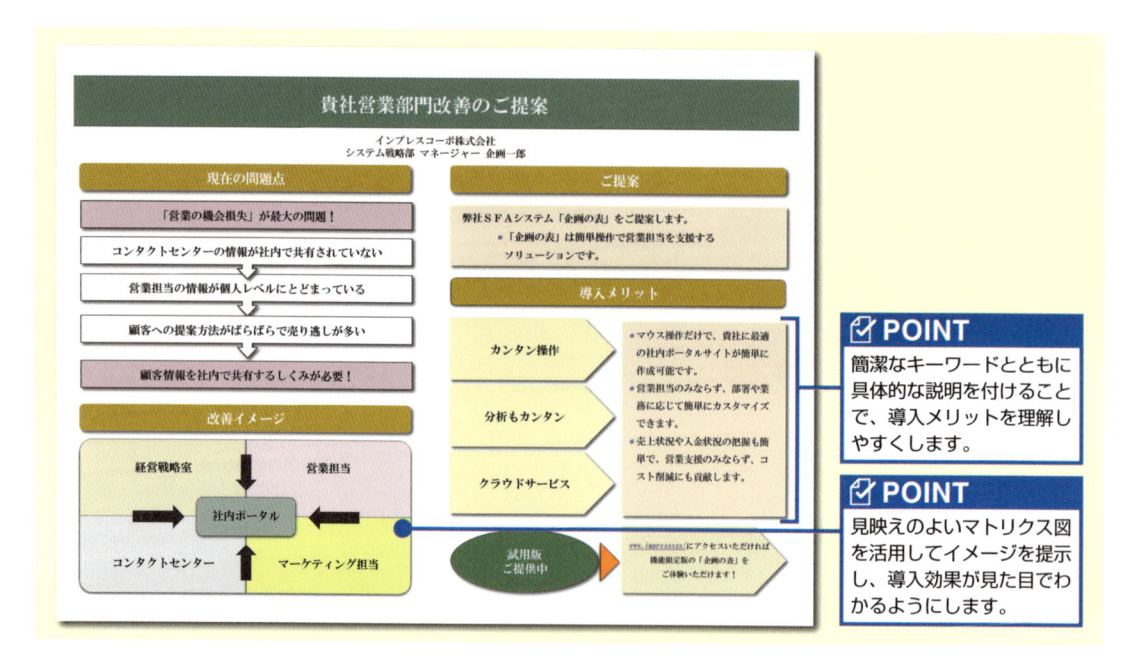

貴社営業部門改善のご提案

インプレスコーポ株式会社
システム戦略部 マネージャー 企画一郎

現在の問題点
- 「営業の機会損失」が最大の問題！
- コンタクトセンターの情報が社内で共有されていない
- 営業担当の情報が個人レベルにとどまっている
- 顧客への提案方法がばらばらで売り逃しが多い
- 顧客情報を社内で共有するしくみが必要！

改善イメージ
経営戦略室／営業担当／社内ポータル／コンタクトセンター／マーケティング担当

ご提案
弊社SFAシステム「企画の表」をご提案します。
・「企画の表」は簡単操作で営業担当を支援するソリューションです。

導入メリット
- カンタン操作：マウス操作だけで、貴社に最適の社内ポータルサイトが簡単に作成可能です。
- 分析もカンタン：営業担当のみならず、部署や業務に応じて簡単にカスタマイズできます。
- クラウドサービス：売上状況や入金状況の把握も簡単で、営業支援のみならず、コスト削減にも貢献します。

試用版ご提供中　www.impressxx にアクセスいただければ機能限定版の「企画の表」をご体験いただけます！

POINT
簡潔なキーワードとともに具体的な説明を付けることで、導入メリットを理解しやすくします。

POINT
見映えのよいマトリクス図を活用してイメージを提示し、導入効果が見た目でわかるようにします。

業務改善・問題解決提案に使える
システム導入提案②

- 想定提案先 ▶ 企業の管理職・システム担当者など
- 想定提案者 ▶ IT関連事業の営業・渉外・企画担当者
- 提 案 時 期 ▶ 通期
- ファイル名 ▶ 業務改善09／業務改善09M

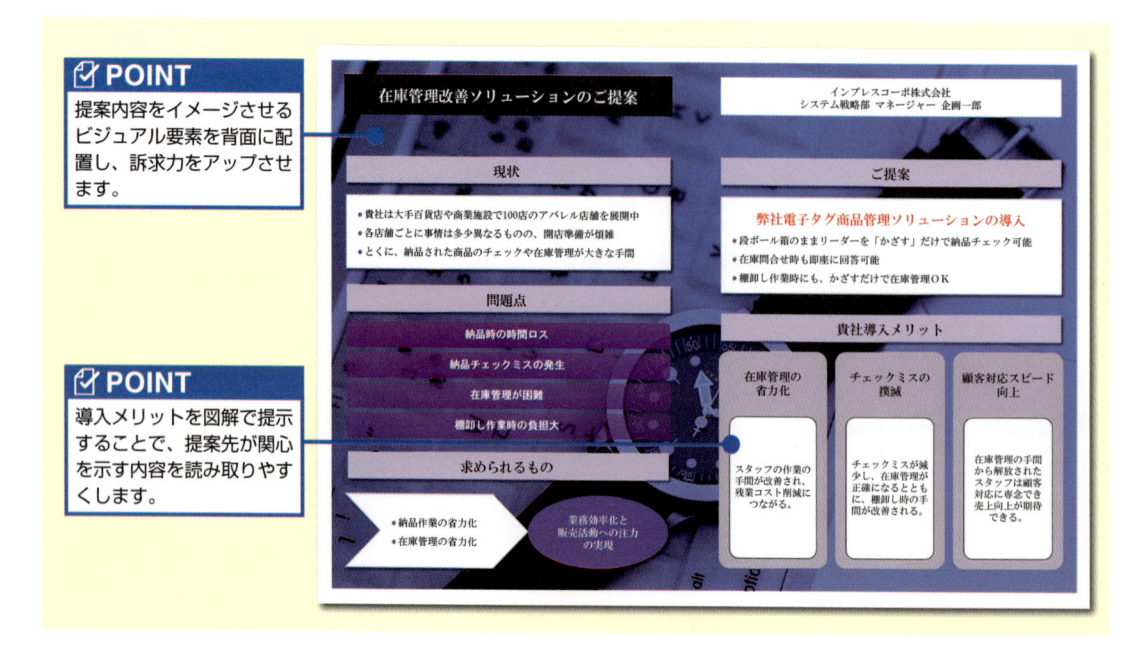

在庫管理改善ソリューションのご提案

インプレスコーポ株式会社
システム戦略部 マネージャー 企画一郎

現状
- 貴社は大手百貨店や商業施設で100店のアパレル店舗を展開中
- 各店舗ごとに事情は多少異なるものの、開店準備が煩雑
- とくに、納品された商品のチェックや在庫管理が大きな手間

問題点
- 納品時の時間ロス
- 納品チェックミスの発生
- 在庫管理が困難
- 棚卸し作業時の負担大

求められるもの
- 納品作業の省力化
- 在庫管理の省力化

業務効率化と販売活動への注力の実現

ご提案
弊社電子タグ商品管理ソリューションの導入
- 段ボール箱のままリーダーを「かざす」だけで納品チェック可能
- 在庫問合せ時も即座に回答可能
- 棚卸し作業時にも、かざすだけで在庫管理OK

貴社導入メリット
- 在庫管理の省力化：スタッフの作業の手間が改善され、残業コスト削減につながる。
- チェックミスの撲滅：チェックミスが減少し、在庫管理が正確になるとともに、棚卸し時の手間が改善される。
- 顧客対応スピード向上：在庫管理の手間から解放されたスタッフは顧客対応に専念でき、売上向上が期待できる。

POINT
提案内容をイメージさせるビジュアル要素を背面に配置し、訴求力をアップさせます。

POINT
導入メリットを図解で提示することで、提案先が関心を示す内容を読み取りやすくします。

業務改善・問題解決提案に使える

情報共有および交流活性化提案

想定提案先 ▶ 企業の管理職・システム担当者など
想定提案者 ▶ IT関連事業・アウトソーシング事業
提 案 時 期 ▶ 通期
ファイル名 ▶ 業務改善10／業務改善10M

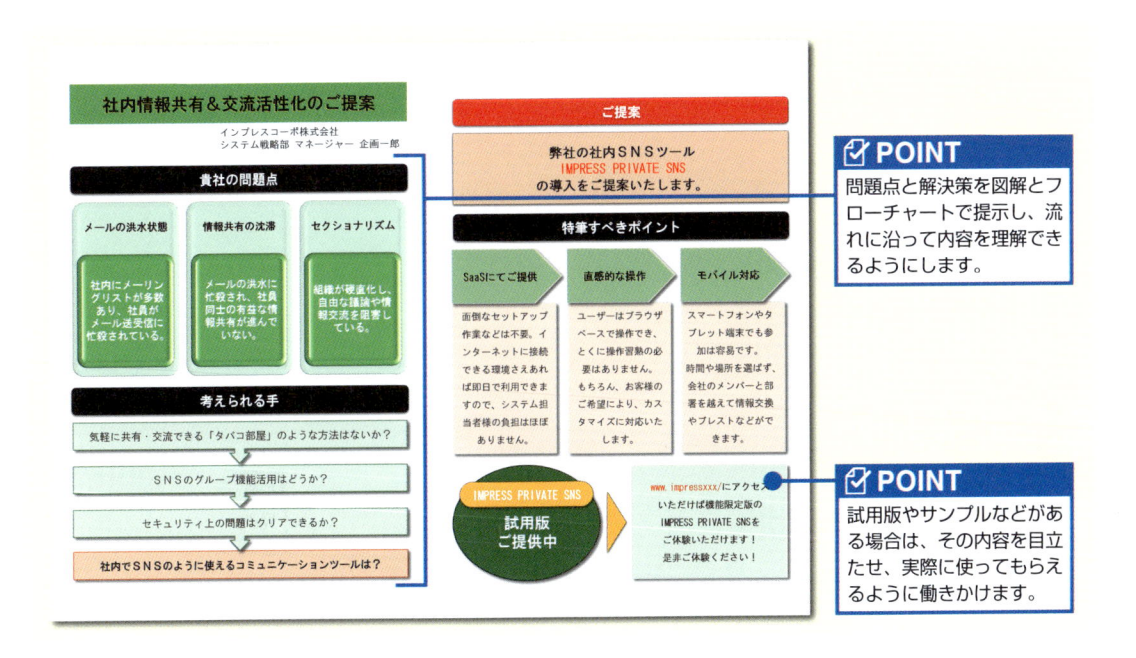

POINT
問題点と解決策を図解とフローチャートで提示し、流れに沿って内容を理解できるようにします。

POINT
試用版やサンプルなどがある場合は、その内容を目立たせ、実際に使ってもらえるように働きかけます。

業務改善・問題解決提案に使える

データベース導入提案

想定提案先 ▶ 企業の管理職・マーケティング担当者など
想定提案者 ▶ IT関連事業・コンサルティング事業
提 案 時 期 ▶ 通期
ファイル名 ▶ 業務改善11／業務改善11M

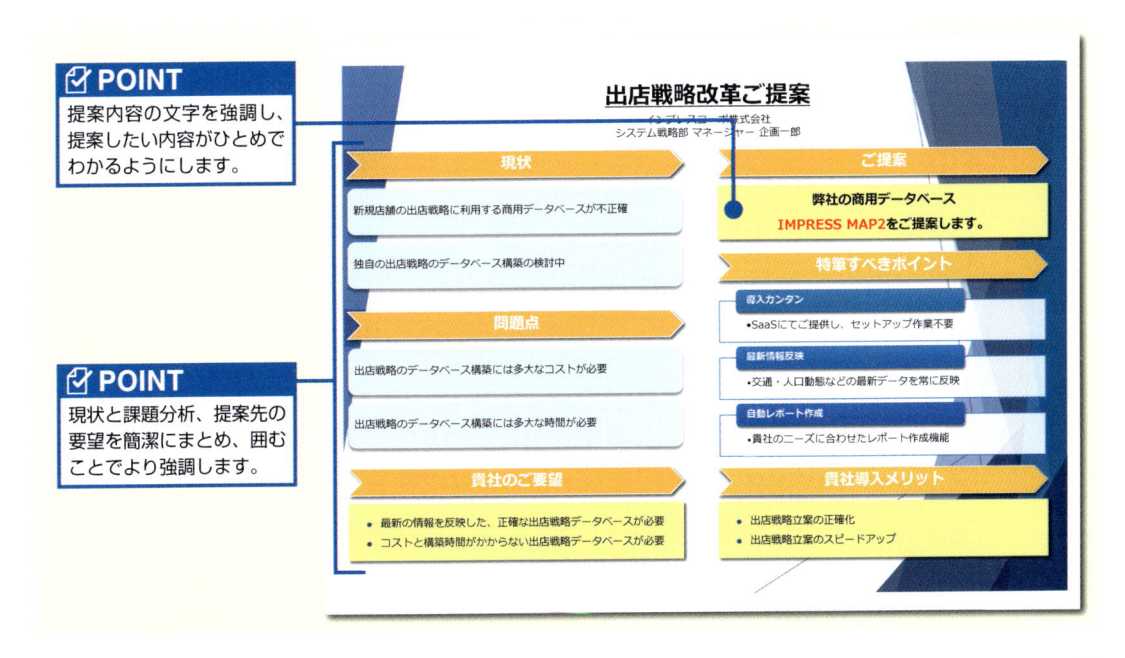

POINT
提案内容の文字を強調し、提案したい内容がひとめでわかるようにします。

POINT
現状と課題分析、提案先の要望を簡潔にまとめ、囲むことでより強調します。

04企画書_PR

PR・セールスシートに使える
Webサイトへの広告出稿提案

| 想定提案先 ▶ 中小・大手企業汎用（広報部など） | 提案時期 ▶ 通期 |
| 想定提案者 ▶ インターネット媒体広告営業担当者・広告代理店 | ファイル名 ▶ PR01／PR01M |

Part 2 企画書

POINT
データを活用してWebサイトの特性を丁寧に説明し、具体的な数値を挙げて訴求します。

ビジネス情報サイト「IMPRESS BIZ」
広告出稿のご提案

IMPRESS corpo
インプレスコーポ　営業開発部

弊社運営のビジネスパーソン向け情報サイトIMPRESS BIZは、50万人のアクティブ登録会員に閲覧されております。しかも、その**登録会員の80%は上場企業役員・勤務者**であり、その中には「意志決定者」が多数含まれております。ぜひ、貴社製品・サービスの訴求や告知にIMPRESS BIZをご利用ください。

アクティブ登録会員 50万人

サイト登録読者の80%が上場企業役員・勤務者

- 上場企業役員　- 上場企業勤務
- 中小企業役員　- 中小企業勤務

30%／50%／10%／10%

IMPRESS BIZ　トップページ　50,000,000PV/月
同 UU　合計10,000,000人（2013年調査）

■IMPRESS BIZ トップページ

IMPRESS BIZ
企画力の違いでビジネスに勝つ
A / B

入稿形式	200KB以内（gifもしくはjpeg、Flash）
更新	平日任意
締切日	掲載5営業日前

IMPRESS BIZ　記事広告企画
専門のライターが取材をさせていただき、貴社の商品・サービスなどを読者にお伝えします。

| 締切日 | 掲載5営業日前 |

メニュー	想定imp	料金	imp単価
A レクタングル	●●●	●●●	●●●
B バナー	●●●	●●●	●●●

お問い合わせ
「IMPRESS BIZ」で検索
info@IMPRESS_BIZ.×××
TEL (0123) 456-789

POINT
Webサイトへの出稿イメージを図解やビジュアル要素を活用してわかりやすく提示し、提案先が決裁しやすくします。

企画書のテーマ
Webサイトの特性と具体的なデータ、直感的な出稿イメージを提案先に伝え、受注につなげることが目的です。提案先が気になる情報を漏れなく掲載するようにしましょう。

04 企画書_PR

PR・セールスシートに使える
Webサイトへの記事広告出稿提案

想定提案先 ▶ 中小・大手企業汎用（広報部など）
想定提案者 ▶ インターネット媒体広告営業担当者・広告代理店
提案時期 ▶ 通期
ファイル名 ▶ PR02／PR02M

POINT
Webサイトの読者や会員などの特性を丁寧に伝えるとともに、記事広告の企画を魅力的に提示することがポイントです。

Part 2 企画書

記事広告出稿のご提案
新富裕層向けサイト「IMPRESS LIFE」
金融サービス特集

IMPRESS corpo
インプレスコーポ　営業開発部

比較的若く年収が高い会員が読者
・会員資格は年収3,000万円以上の50歳以下に限定しております。主な職業は医師、弁護士、会社経営者などであり、現代の新富裕層と位置づけられます。

投資意欲が高くアグレッシブな意識
・上昇志向が強く、チャレンジングな会員意識
・現状に満足することのない彼らは、常に役立つ情報を探しています。

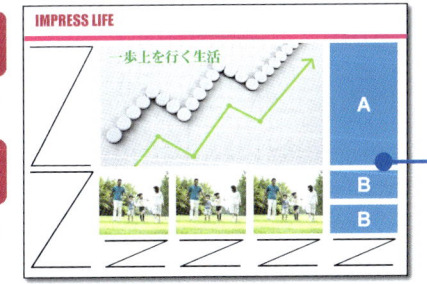

IMPRESS LIFE　会員数　50万人／PV 5,000,000（月間）
平均年収　●●●万円　平均年齢42歳　一番の興味「投資」60%

2014年1月新年特集「できる資産投資」3社限定記事広告企画

企画例
「不動産投資のすすめ」

企画例
「プライベート金融コンシェルジュのすすめ」

企画例
「東南アジアファンドのご紹介」

スケジュール
締め切り　　11月15日
貴社校正　　12月15日
掲載　　　　1月1日から1ヶ月間

ご予算
記事作成・掲載料一式　　●●万円

【取材・撮影・構成】
・貴社トップ、またはご担当責任者の方に弊社専属の金融ライターがインタビューし、構成いたします。
・弊社カメラマンが同行し、撮影します。
・本コンテンツは貴社サイトでも流用できます。

お問い合わせ
「IMPRESS LIFE」
で検索

info@IMPRESS LIFE.com
TEL（0123）456-789

POINT
具体的な企画例と手順などを丁寧に説明し、提案先の心理的負担を減らします。

企画書のテーマ
記事広告の企画性とイメージを丁寧に伝え、提案先の出稿意欲を高めることが目的です。企画例を強調するなどして記事の魅力をアピールしましょう。

55

CD-ROM　04企画書_PR

PR・セールスシートに使える
雑誌への広告出稿提案

- **想定提案先** ▶ 中小・大手企業汎用（広報部など）
- **想定提案者** ▶ 紙媒体広告営業担当者・広告代理店
- **提案時期** ▶ 通期
- **ファイル名** ▶ PR03／PR03M

POINT
雑誌のコンセプトとともに、発行部数や仕様、販売エリアなど必要な情報を漏れなく掲載し、提案先が想定効果をイメージできるようにします。

POINT
写真などのビジュアル要素を活用し、雑誌のコンセプトを直感的に伝え、提案先に雑誌の特徴を印象付けます。

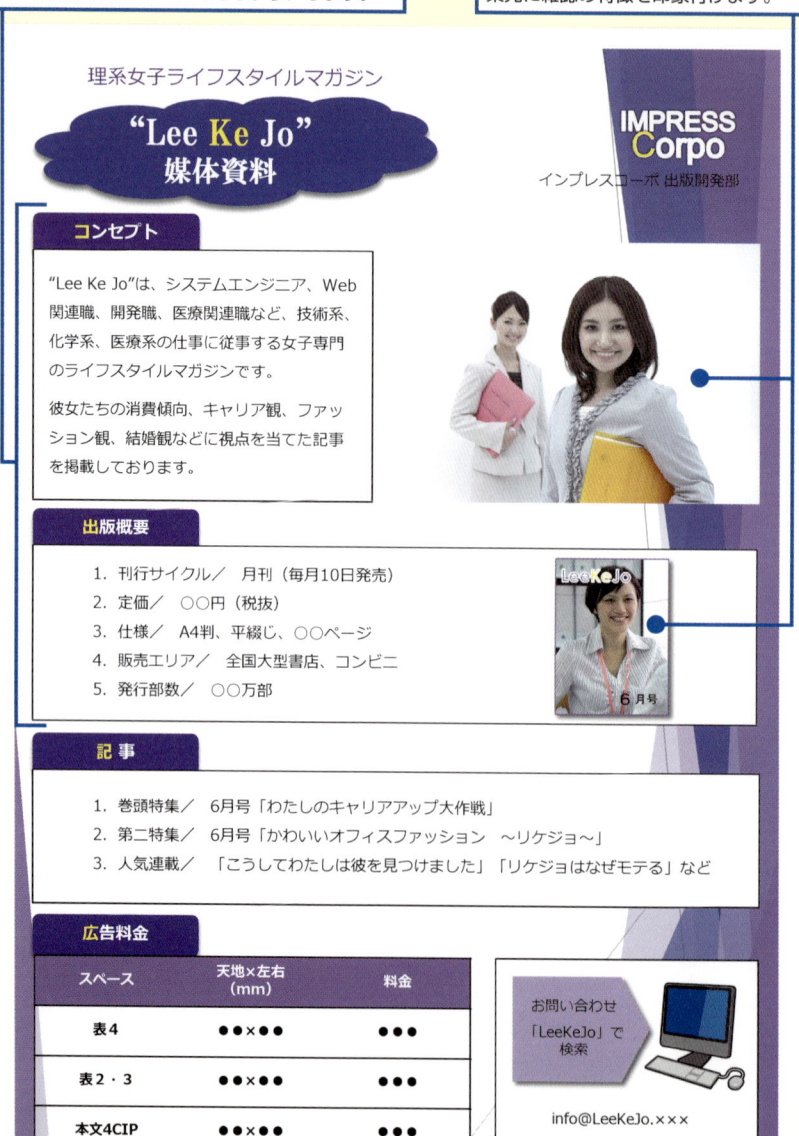

理系女子ライフスタイルマガジン
"Lee Ke Jo" 媒体資料

IMPRESS Corpo
インプレスコーポ 出版開発部

コンセプト
"Lee Ke Jo"は、システムエンジニア、Web関連職、開発職、医療関連職など、技術系、化学系、医療系の仕事に従事する女子専門のライフスタイルマガジンです。

彼女たちの消費傾向、キャリア観、ファッション観、結婚観などに視点を当てた記事を掲載しております。

出版概要
1. 刊行サイクル／　月刊（毎月10日発売）
2. 定価／　〇〇円（税抜）
3. 仕様／　A4判、平綴じ、〇〇ページ
4. 販売エリア／　全国大型書店、コンビニ
5. 発行部数／　〇〇万部

記事
1. 巻頭特集／　6月号「わたしのキャリアアップ大作戦」
2. 第二特集／　6月号「かわいいオフィスファッション　〜リケジョ〜」
3. 人気連載／　「こうしてわたしは彼を見つけました」「リケジョはなぜモテる」など

広告料金

スペース	天地×左右 (mm)	料金
表4	●●×●●	●●●
表2・3	●●×●●	●●●
本文4CIP	●●×●●	●●●

お問い合わせ
「LeeKeJo」で検索
info@LeeKeJo.×××
TEL (0123) 456-789

企画書のテーマ
雑誌のデータを個条書きで簡潔に説明し、ビジュアル要素を活用して雑誌のイメージを直感的に伝え、出稿を促します。

CD-ROM 04企画書_PR

PR・セールスシートに使える
ガイドブックへの広告出稿提案

- 想定提案先 ▶ 観光施設・観光団体など
- 想定提案者 ▶ 紙媒体広告営業担当者・広告代理店
- 提案時期 ▶ 通期
- ファイル名 ▶ PR04／PR04M

Part 2 企画書

POINT
ガイドブックの概要や、配布場所、フリーペーパーであることなどを最初に提示し、提案先に媒体の特性を伝えます。

POINT
ビジュアル要素を活用し、媒体を印象づけることで訴求力を高めます。

MediaGuide
ペーパー＆スマートフォンアプリ
「インプレスマンスリー」

IMPRESS Corpo
インプレスコーポ 出版開発部

● 「インプレスマンスリー」とは
- 観光客向けに毎月発行している、○○エリアの名所、旧跡、グルメガイド、イベントカレンダーを掲載したガイドブックです。
- 主要観光案内所、空港、駅、主要公共施設などで配布されています。
- 飛行機機内の座席に100％配布されており、**必ず観光客の目にとまり**、訴求効果は抜群です。
- ◇◇駅の鉄道グリーン席にも100％配布されております。
- 同時にスマートフォン向けアプリ「IMPRESS SMART」を作成し、無料で配布しております。日本語版、英語版、中国語版があり、ダウンロードしたユーザーには、無料特典や、○○エリアでのプレゼントサービスなどが準備されています。

冊子
- 判型：B5変形
- 仕様：4C、48ページ
- 配布数：100万部／月間
- 認知度：観光客の100％

アプリ
- OS：全対応
- ランキング：メディア5位
- DL数：5万／月間（全合計）累計100万DL

「インプレスマンスリー」に貴施設・サービスなどの広告を掲載しませんか？

スペース	天地×左右 (mm)	料金
表4	●●×●●	●●●
表2・3	●●×●●	●●●
本文4CIP	●●×●●	●●●

「インプレスマンスリー」に広告を掲載されたお客様には、無料で同アプリへ広告を掲載いたします（半年間）。誘客効果は抜群です！

お問い合わせ
「インプレスマンスリー」で検索

POINT
出稿特典を付けるなど工夫し、スピード感のあるクロージングにつなげます。

企画書のテーマ
媒体の特性とともに企画参加のメリットを最初に提示し、提案先の関心を惹きます。重要なことを先出しすることで前向きな交渉が行えます。

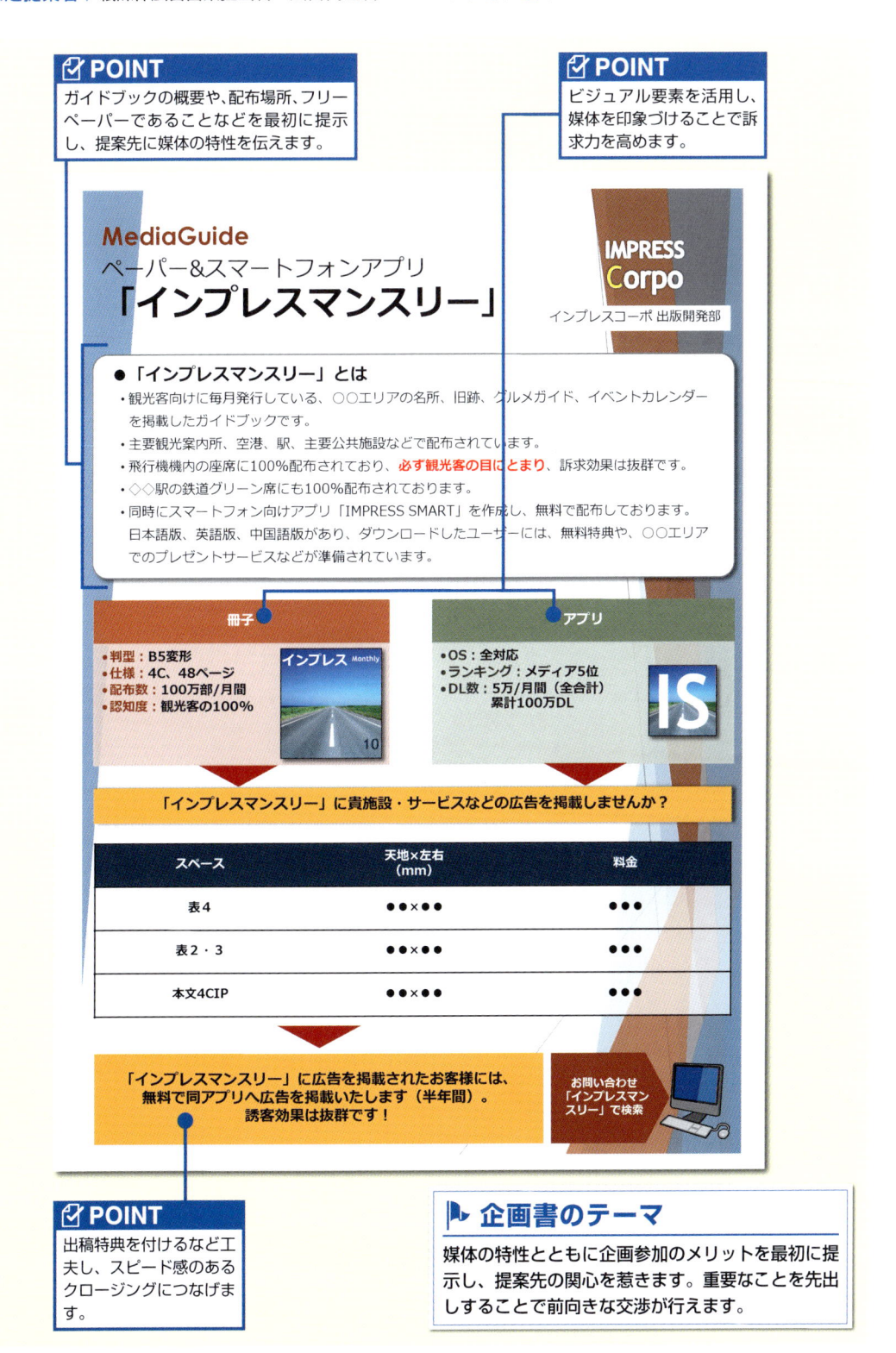

CD-ROM　04企画書_PR

PR・セールスシートに使える
スポンサー協賛提案

想定提案先 ▶	企業・団体などスポンサー候補	提 案 時 期 ▶	通期またはオフシーズン
想定提案者 ▶	スポーツチームの営業・渉外・企画担当者	ファイル名 ▶	PR05／PR05M

Part 2　企画書

✓ POINT
動員実績や観客層など、判断材料としやすいデータを詳細に提示し、提案先に検討を促します。

KIKAKU@SUPERSTARS
2015年 スポンサーご協賛のお願い

アイスホッケーチーム
企画スーパースターズ
をご支援ください！

観客動員 ▶▶▶
- 2014年 チーム観客動員実績
  平均50,000人／試合（合計1,000,000人）
- 2014年 アイスリーグ観客動員実績
  平均45,000人／試合（合計8,000,000人）

KIKAKU@SUPERSTARS

観客層 ▶▶▶
- 男女比　　45：55
- 平均年齢　30歳
- 居住地　　95%が企画市

→ 企画市の地域に生活する、幅広い年代のファンに支持されています。

ご協賛コース ▶▶▶

	プレミアスポンサー	公式スポンサー	公式メイト
契約者数	1	10	100
球場命名権	○	−	−
ヘルメット名入れ権利	○	−	−
ユニホーム名入れ権利	○	○	−
名刺、会社案内、ホームページなどにチームロゴ記載権利	○	○	○
球団広報誌「インプレス」への記載	○	○	○
お申込資格	企画市に本社・支社などがある企業・団体様	企画市に本社・支社などがある企業・団体様	企画市に本社・支社などがある企業・団体様・個人事業主様
協賛金	●●万円/年	●●万円/年	●●万円/年

最大のメリットは、**企画スーパースターズのチームロゴを、貴社ホームページや、看板、のぼり、ポスター、名刺などに自由にお使いいただけること**です。地域密着をアピールでき、地元ファンからの支持も受けやすくなります！

▶▶▶ お問い合わせ
企画スーパースターズ
運営事務局

✓ POINT
スポンサーとなるメリットやスポンサー料など、提案先が気になる情報を表で整理して訴求します。

🚩 企画書のテーマ
提案先が協賛の是非を判断しやすくなるよう、詳細なデータを提示し、協賛メリットを明解に伝えて決裁を迫ることが目的です。提案先が知りたい内容を漏れなく記載することがポイントです。

PR・セールスシートに使える
イベントへの出展提案

- 想定提案先 ▶ 中小・大手企業汎用
- 想定提案者 ▶ イベント事業営業・渉外・企画担当者
- 提案時期 ▶ イベント開催準備期間
- ファイル名 ▶ PR06／PR06M

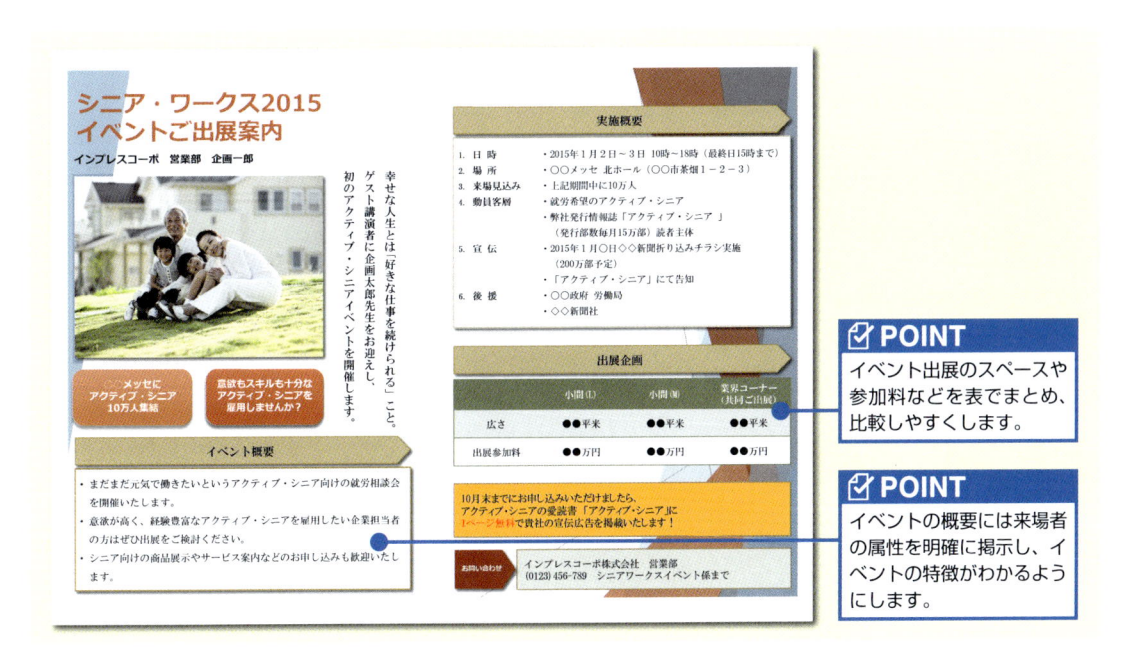

POINT
イベント出展のスペースや参加料などを表でまとめ、比較しやすくします。

POINT
イベントの概要には来場者の属性を明確に掲示し、イベントの特徴がわかるようにします。

PR・セールスシートに使える
コンサートへの協賛提案

- 想定提案先 ▶ 中小・大手企業汎用
- 想定提案者 ▶ イベント事業営業・渉外・企画担当者
- 提案時期 ▶ イベント開催準備期間
- ファイル名 ▶ PR07／PR07M

POINT
イベントのターゲットをイメージした配色で統一することで雰囲気が伝わり、信頼感を与えます。

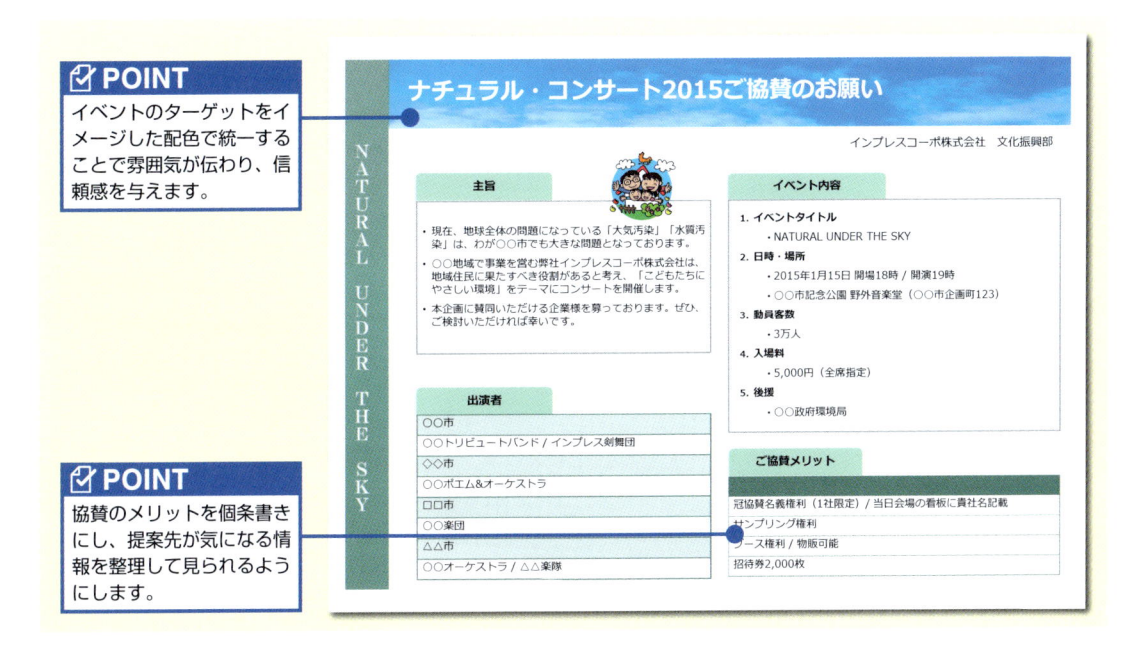

POINT
協賛のメリットを個条書きにし、提案先が気になる情報を整理して見られるようにします。

04企画書_PR

PR・セールスシートに使える
コンテストへの協賛提案

想定提案先 ▶ 中小・大手企業汎用　　　**提 案 時 期** ▶ イベント開催準備期間
想定提案者 ▶ イベント事業営業・渉外・企画担当者　　**ファイル名** ▶ PR08／PR08M

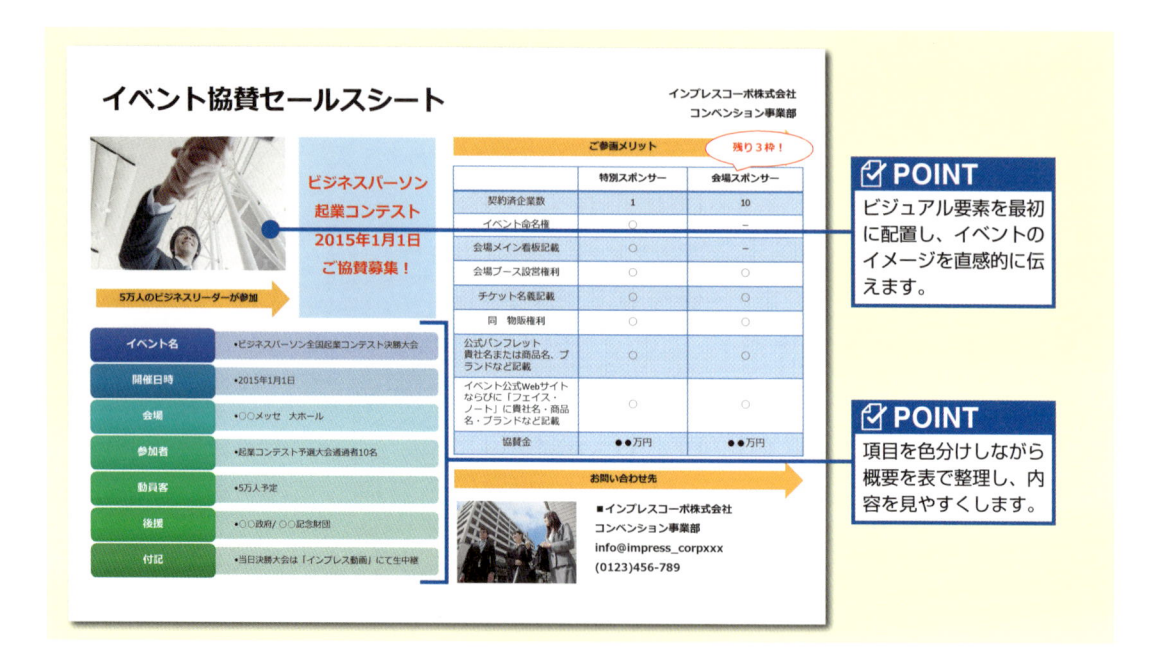

POINT
ビジュアル要素を最初に配置し、イベントのイメージを直感的に伝えます。

POINT
項目を色分けしながら概要を表で整理し、内容を見やすくします。

PR・セールスシートに使える
ネーミング募集の提案

想定提案先 ▶ 中小・大手企業汎用　　　**提 案 時 期** ▶ 通期
想定提案者 ▶ 官公庁の渉外・企画担当者　　**ファイル名** ▶ PR09／PR09M

POINT
ビジュアル要素を活用し、カラーリングを工夫して、施設の情報を直感的に伝えます。

POINT
契約に必要な情報やスケジュール、注意点などは表で整理し、見やすくします。

04 企画書_PR

PR・セールスシートに使える
ショップへのセールス・プロモーション提案

想定提案先	▶ 中小・大手企業汎用（広報部など）	提案時期	▶ 通期
想定提案者	▶ SP事業会社の営業・渉外・企画担当者	ファイル名	▶ PR10／PR10M

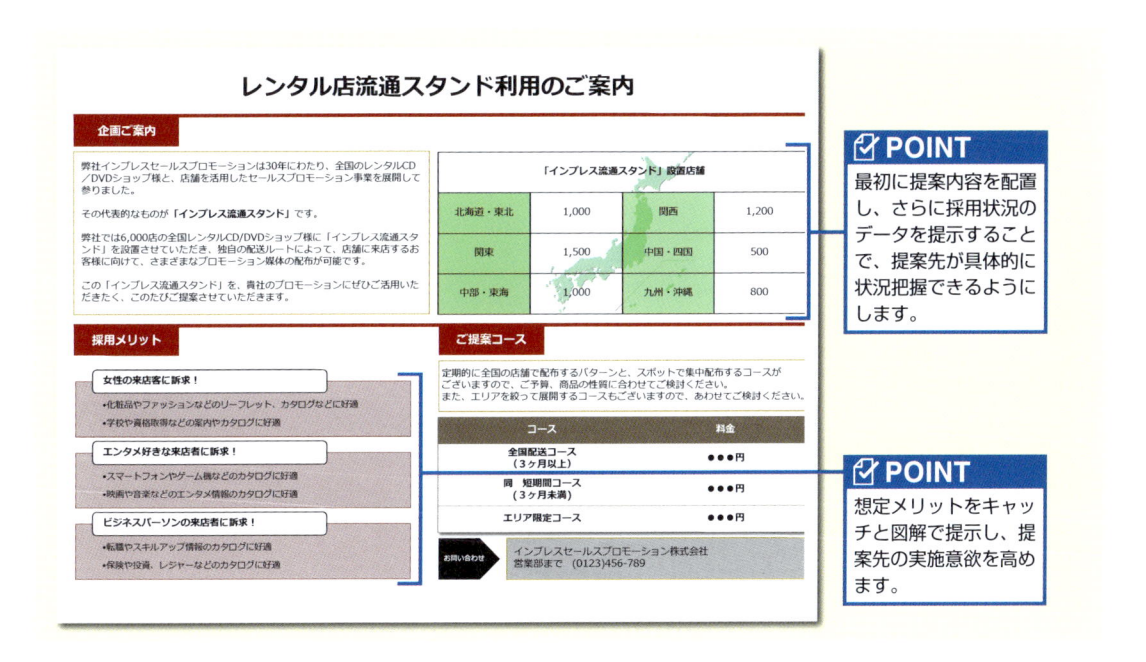

POINT
最初に提案内容を配置し、さらに採用状況のデータを提示することで、提案先が具体的に状況把握できるようにします。

POINT
想定メリットをキャッチと図解で提示し、提案先の実施意欲を高めます。

Part 2 企画書

PR・セールスシートに使える
新サービスの利用提案

想定提案先	▶ 一般ユーザー	提案時期	▶ 通期
想定提案者	▶ サービス事業会社の営業・渉外・企画担当者	ファイル名	▶ PR10／PR10M

POINT
メディアでの掲載情報などがあれば簡潔に説明し、サービスの信頼感を高めます。

POINT
図解を活用してサービスの概要を見映えよく配置し、ポイントごとに特徴を理解できるようにします。

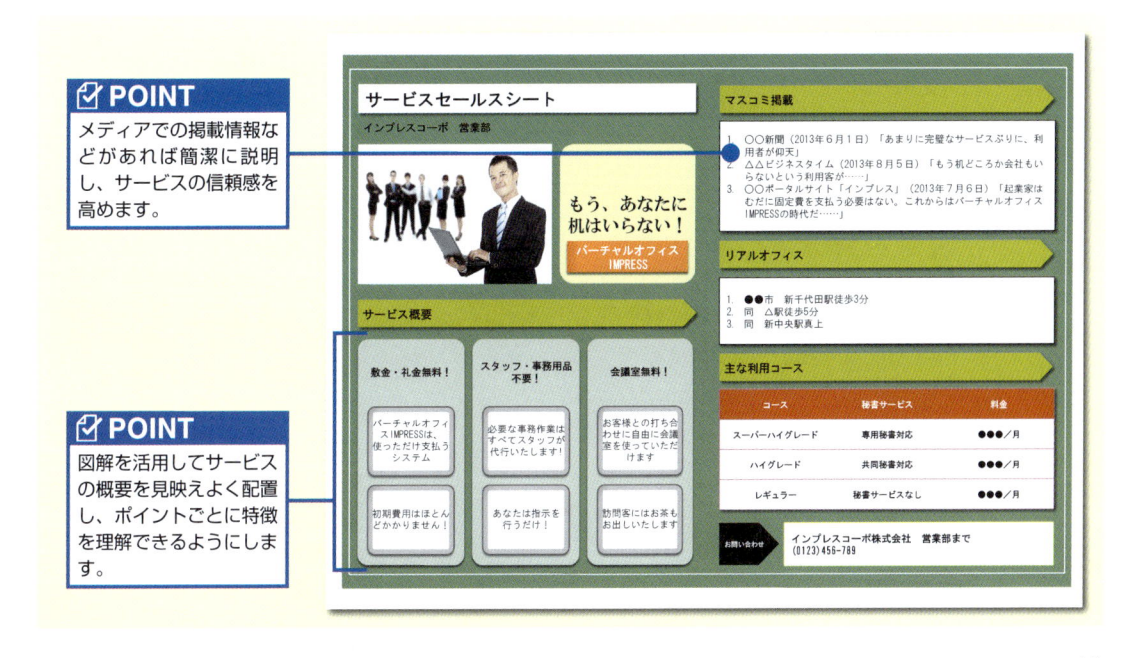

61

CD-ROM 05企画書_案内資料

案内資料に使える
会社案内資料①

- **想定提案先** ▶ 企業・一般ユーザー・学生など
- **想定提案者** ▶ 企業全般
- **提 案 時 期** ▶ 従業員採用時期など
- **ファイル名** ▶ 案内資料01／案内資料01M

POINT
三つ折りにできるようにレイアウトし、郵送による使用も視野に入れています。

POINT
中央に事業内容に合ったビジュアル要素と事業内容を配置します。文字サイズを大きめにして目立たせることで、視線を誘導します。

※印刷するプリンターの種類によっては折り目の位置が多少ずれることがあります。

IMPRESS corpo

LOVE LiFE WiTH iCT

株式会社インプレスコーポ 会社案内

○○市新千代田123-456
電話 （0123）456-789
FAX0123-456789

ICT総合力で生活を支える企業です

- **ソリューション事業**
  - ICT総合ソリューション
  - ICTミドルウェア開発
- **スマートデバイス事業**
  - スマートデバイス導入・運用
  - スマートデバイス用アプリ開発
- **メディア事業**
  - Webメディア
  - リアルメディア・イベント

沿革

2001	インプレス太郎（現会長）、次郎、三郎3兄弟により○○市で創業
2003	○○政府よりICT事業受託、インプレスコーポ株式会社に社名変更
2008	ICTソリューション事業を開始
2010	メディア事業を開始
2013	スマートデバイス事業開始、○○市に本社移転

企業理念

LOVE LiFE WiTH iCT
持続的発展 ICTによる生活向上

弊社は、株主、地域住民、従業員、取引先など、すべてのステイクホルダーの利益を考えて企業活動を展開しております。
社内にCSR委員会を設置し、外部有識者のメンバーに加え、真の地域貢献を検討しています。

アクセス/お問い合わせ

代表取締役
企画太郎
本社
○○市新千代田123-456
○○鉄道 新千代田駅 徒歩3分
※企画書をかたどったモニュメントが目印です
Mail
otoiawase@impresscorp.com
URL
www.impresscorp.com

POINT
沿革や企業理念、問い合わせ先などは図解を使って整理し、必要な情報を読み取りやすくします。

企画書のテーマ
自社と取引のない相手が、自社の事業内容や会社情報などをすばやく理解できるように、余白をとった読みやすいレイアウトを意識しています。

CD-ROM 05企画書_案内資料

案内資料に使える
会社案内資料②

想定提案先 ▶ 企業・一般ユーザー・学生など　　提案時期 ▶ 従業員採用時期など
想定提案者 ▶ 企業全般　　　　　　　　　　　　ファイル名 ▶ 案内資料02／案内資料02M

POINT
中央に事業内容や事業事例を配置します。具体的な事例を紹介することで、信頼感が増します。

株式会社インプレススマートエナジー
会社案内

Smart Energy

インプレスコーポ株式会社の100%子会社として
スマートエネルギー・ソリューション事業を
全国に展開しています。

事業案内

スマートシティ推進事業
・地域のエネルギー計画を立案・運営いたします。
・エネルギーコスト削減のソリューションを提供いたします。

スマートハウス推進事業
・「エネルギーを賢く使う家」のプロデュースを行います。
・「エネルギーを賢く使う家」を実現するソリューションを提供いたします。

EVソリューション事業
・電気自動車の運用を推進する街づくり計画を立案・実践いたします。
・電気自動車の充電システム運用ソリューションを提供いたします。

事例

スマートシティ推進事業事例
・○○市のスマートシティ計画実証実験受託（2012）

EVソリューション事業事例
・『インプレスショッピングタウン』EVパーキング事業一括受託（2013）

売上推移

■ 経常利益　■ 売上高

(年)
2013　3000 / 20000
2014　5000 / 30000
2015(見込)　10000 / 50000

沿革

2012　インプレスコーポ株式会社にてスマートエネルギー事業準備室設立
同年 △△市より実証実験受託

2013　インプレスコーポ株式会社100%出資にて株式会社インプレススマートエネルギー株式会社設立
同年 代表取締役に企画太郎就任

アクセス/お問い合わせ

代表取締役　企画太郎
○○市長坂123-456
△△鉄道「新長坂」駅徒歩5分
※企画書のモニュメントが目印です
Mail
otoiawase@kikakuxxx
URL
www.impresssmartxxx

POINT
売上推移などのデータを加えることで、業績が安定していることを提案先にアピールします。

企画書のテーマ
余白を活かし、全体の配色をコーポレートカラーで統一。また、実績を紹介することで、提案先に信頼感を与えられます。

案内資料に使える
シンポジウム案内資料

想定提案先 ▶ 企業・一般ユーザー・学生など
想定提案者 ▶ 企業全般
提案時期 ▶ 記念式典などの開催準備期間
ファイル名 ▶ 案内資料03／案内資料03M

POINT
写真などのビジュアル要素を配置し、開催内容をイメージしやすくします。

POINT
中央に概要とプログラムを表で掲示し、具体的な開催内容がわかるようにします。

インプレスコーポ株式会社
創立30周年記念シンポジウムのご案内

IMPRESS corpo
インプレスコーポ 社長室

すべてのお取引先様に感謝をお届けしたい

おかげさまで本年、弊社は創立30周年を迎えることができました。これもひとえに平素お世話になっているお取引先様のおかげです。
弊社では30周年を記念し、下記のように記念シンポジウムを開催することとしました。心からお待ち申し上げます。

●企画太郎氏の講演は必聴です！

開催概要

開催日	2015年5月1日
開催時間	10時～18時
会場	○○記念ホテル△△の間
主催	インプレスコーポ株式会社
共催	△△インターナショナル

プログラム

ご挨拶	インプレスコーポ株式会社 代表取締役 企画太郎
基調講演	○○大臣 ××氏 テーマ「ICTと戦略」
セミナー	××インターナショナル ○○氏 テーマ「ICTで風を知る」
セミナー	××インターナショナル △△氏 テーマ「リーダー学」
セミナー	インプレスコーポ株式会社 企画十郎「ビジネスの極意」

展示&プレゼンテーション

Aエリア	Bエリア	Cエリア	Dエリア	Eエリア	Fエリア	Gエリア
ビッグデータ	BCP	クラウド	スマートデバイス	スマートエネルギー	通信	セキュリティ

参加ご希望の方は弊社営業担当までお声をおかけください。
なお、ご来場者には次のようなドリームプレゼントを用意しております。
● ご来場者にもれなく『30周年記念インプレスワイン』プレゼント！
● 抽選により、1名様にシルクロード旅行プレゼント！
● 抽選により、10名様に弊社スマートデバイス『IMPRESS TAB 4S』10名様にプレゼント！

ご来場を心からお待ちいたしております！

POINT
特徴となるポイントを見出しとして入れ、提案先を訪れてみたい気にさせます。

企画書のテーマ
イメージに関連するビジュアル要素と、会社からのメッセージを配置し、好感度を上げることが狙いです。信頼感のある明朝体のフォントを活用しましょう。

案内資料に使える
代理店募集の案内資料

想定提案先 ▶ 中小・大手企業汎用・個人事業主
想定提案者 ▶ 営業・渉外・企画担当者
提案時期 ▶ 通期
ファイル名 ▶ 案内資料04／案内資料04M

CD-ROM　05企画書_案内資料

Part 2　企画書

POINT
サービスの説明と想定メリット、説明の概要を図解で整理することで、情報を読み取りやすくします。

IMPRESS corpo

IMPRESS WEB サービス代理店募集

特別説明会開催のお知らせ

販売しやすく、アフターフォローの必要もほとんどありません！
総代理店募集は今年度いっぱいで締め切ります！

IMPRESS WEB サービスは、**IT投資が困難で、専任のIT担当者がいない中小企業**に使いやすいクラウド型のサービスです！

IMPRESS WEB サービスとは
このサービスだけで、文書作成、スケジュール管理、グループでの情報管理、コンテンツ管理、社内SNSなどがすべて利用できる画期的なグループウェアです。
経費精算や出張申請システムなども、カスタマイズしてかんたんに作成できます。
使用料金は従業員1人あたり、わずか○○費／月。
セットアップの必要もありません。

代理店メリット
当インプレスコーポ株式会社は、全国を20のエリアに分割し、それぞれのエリアの「総代理店」を募集いたします。
総代理店には、お取引先を開拓いただくだけで、制約の場合特約マージンをお支払いいたします。
総代理店募集は2015年1月末日で締め切らせていただきますので、チャンスは今です！

特別説明会概要
開催日
- 2015年1月15日
- 10時～12時

場所
- ○○商業プラザ505
- ○○市企画町1234
- △△鉄道企画駅徒歩15分

参加費
● **無料！**

参加申し込みは下記にご記入のうえ、FAX（0123）456-789まで

		氏名
貴社名		
	ご参加者	1
所在地		2
		3
TEL	ご質問など	
FAX		

代理店募集特別説明会事務局　インプレスコーポ株式会社　フランチャイズ事業部（0123）459-789
□今後このようなご案内が不要の方は、左の□にチェックを付け、FAX（0123）456-789にご送信ください。

POINT
下部にFAX申し込み用の記入欄を作成し、FAXでの申し込みを視野に入れます。

企画書のテーマ
企業や個人を問わず幅広く募集したい場合によく使われる、FAXを活用した案内や申し込み受付も視野に入れたレイアウトです。FAX番号や問い合わせ先などを必ず入れるようにします。

05企画書_案内資料

案内資料に使える
セミナー案内資料①

想定提案先	▶中小・大手企業汎用・個人事業主	提案時期	▶通期
想定提案者	▶セミナー企画担当者	ファイル名	▶案内資料05／案内資料05M

POINT
セミナーへの興味を持たせるために、最初にセミナーの内容を表すキャッチコピーを入れます。

ソーシャルメディア活用セミナーご招待
2015年3月1日・2日・3日

IMPRESS SOCIAL
インプレスソーシャル株式会社
東京都新千代田区中央
電話 (0123) 456-789
www.impresscorp.com

小さな企業やお店こそ
ソーシャルメディアを活用

・ソーシャルメディアをマーケティングに使いたい
・店舗への誘客に活用したい

このようにお考えの経営者様やお店のオーナー様の声にお答えし、
このたび弊社では「**小規模企業・個店**」のためのソーシャルメディア活用セミナーを
企画いたしました。
ぜひ、ご来場をお待ちしております。

日時	内容		講師
2015年3月1日 19時～21時	ソーシャルメディア 基礎講座	ソーシャルメディア それぞれの特性と使い方	網軽先生
2015年3月2日 19時～21時	ソーシャルメディア 応用講座	「フェイス・ノート」で ページを作成	網軽先生
2015年3月3日 19時～21時	ソーシャルメディア 活用講座	「フェイス・ノート」で 広報体験	須磨保先生

会場	インプレスソーシャル第三セミナーホール（東京都新千代田区中央）「新三番町」駅 3番出口下車 徒歩5分
定員	各回50人　無料 ※パソコンなどの端末は弊社で用意いたします。
ご来場	本状を受付にてお見せください。その際、名刺を一枚、頂戴いたします。

講師略歴

網軽先生
新千代田大学
メディア学科卒業
著書に『誰にでもできる！ソーシャルメディア』など

須磨保先生
新千代田大学
工学部卒業
著書に『OK！つながるメディア』など

POINT
ビジュアル要素などを使って講師の略歴を入れることで、セミナーの信頼性を高めます。

企画書のテーマ
セミナーの開催内容と講師の情報を表や図解などでわかりやすく伝え、参加意欲を高めることが狙いです。セミナーの案内には講師の情報を必ず入れましょう。

CD-ROM　05企画書_案内資料

案内資料に使える
セミナー案内資料②

- **想定提案先** ▶ 中小・大手企業汎用・個人事業主
- **想定提案者** ▶ セミナー企画担当者
- **提案時期** ▶ 通期
- **ファイル名** ▶ 案内資料06／案内資料06M

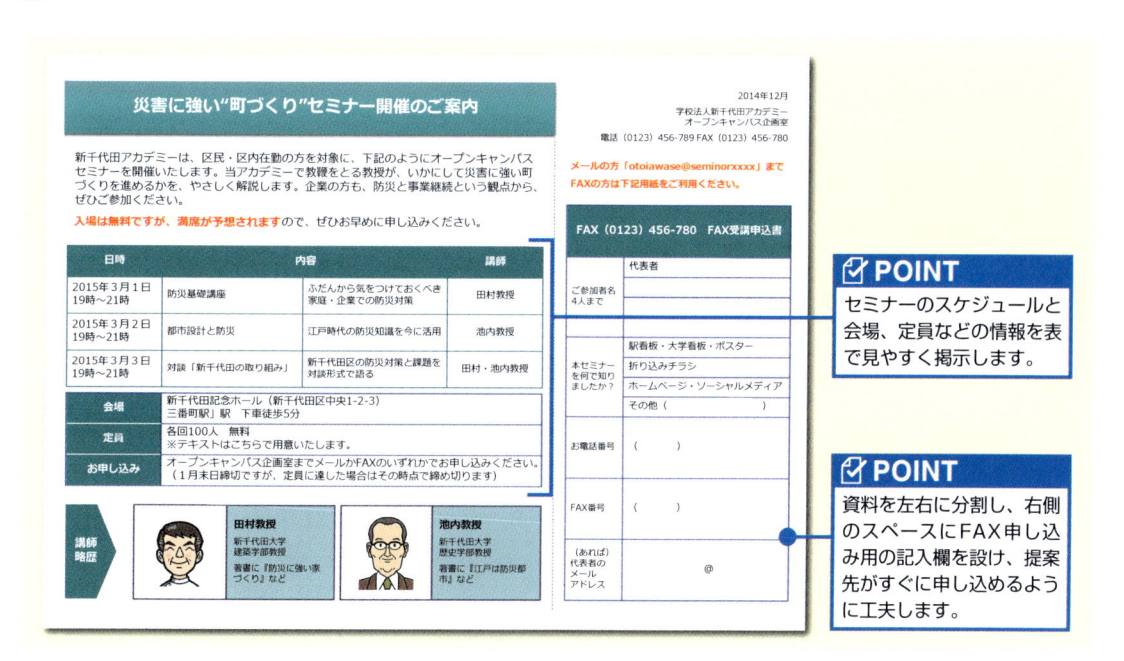

POINT
セミナーのスケジュールと会場、定員などの情報を表で見やすく掲示します。

POINT
資料を左右に分割し、右側のスペースにFAX申し込み用の記入欄を設け、提案先がすぐに申し込めるように工夫します。

Part 2 企画書

案内資料に使える
セミナー案内資料③

- **想定提案先** ▶ 一般ユーザー（ビジネスパーソン）
- **想定提案者** ▶ セミナー企画担当者
- **提案時期** ▶ 通期
- **ファイル名** ▶ 案内資料07／案内資料07M

POINT
タイムテーブルを詳細に記載することで、参加を促します。

POINT
ビジュアル要素を配置してセミナーの内容をイメージしやすくします。

67

CD-ROM　05企画書_案内資料

案内資料に使える
新製品発表会の案内資料①

想定提案先 ▶ 中小・大手企業汎用・個人事業主　　**提案時期** ▶ 通期
想定提案者 ▶ 営業・渉外・企画担当者　　**ファイル名** ▶ 案内資料08／案内資料08M

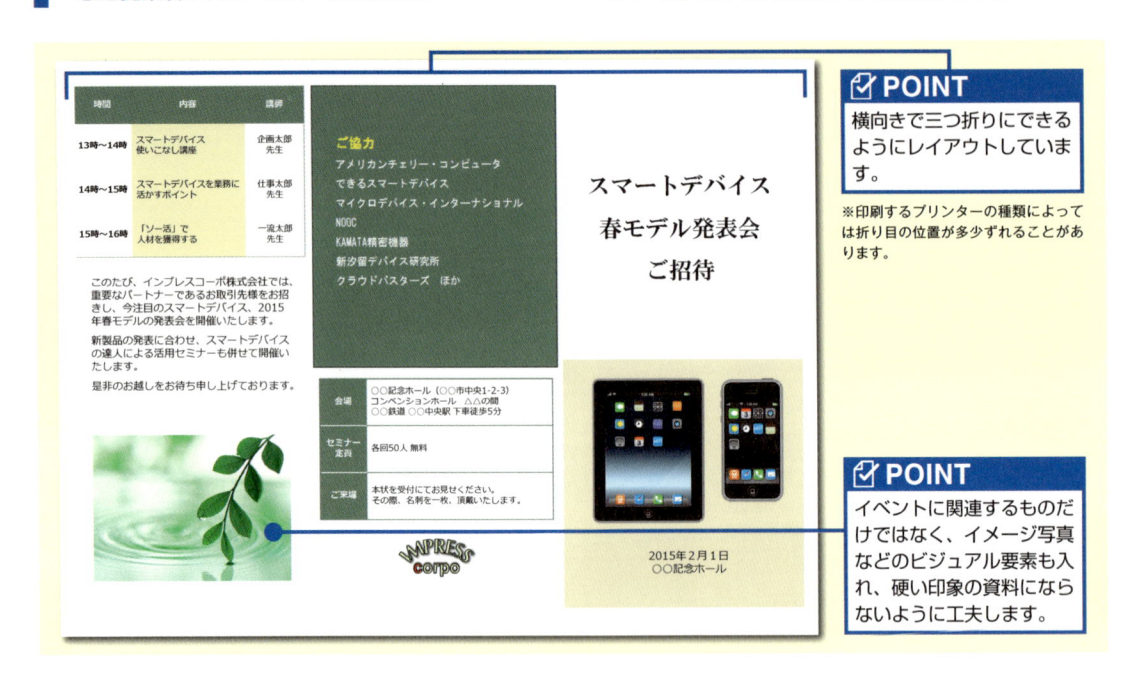

POINT
横向きで三つ折りにできるようにレイアウトしています。

※印刷するプリンターの種類によっては折り目の位置が多少ずれることがあります。

POINT
イベントに関連するものだけではなく、イメージ写真などのビジュアル要素も入れ、硬い印象の資料にならないように工夫します。

案内資料に使える
新製品発表会の案内資料②

想定提案先 ▶ 中小・大手企業汎用・個人事業主　　**提案時期** ▶ 通期
想定提案者 ▶ 営業・渉外・企画担当者　　**ファイル名** ▶ 案内資料09／案内資料09M

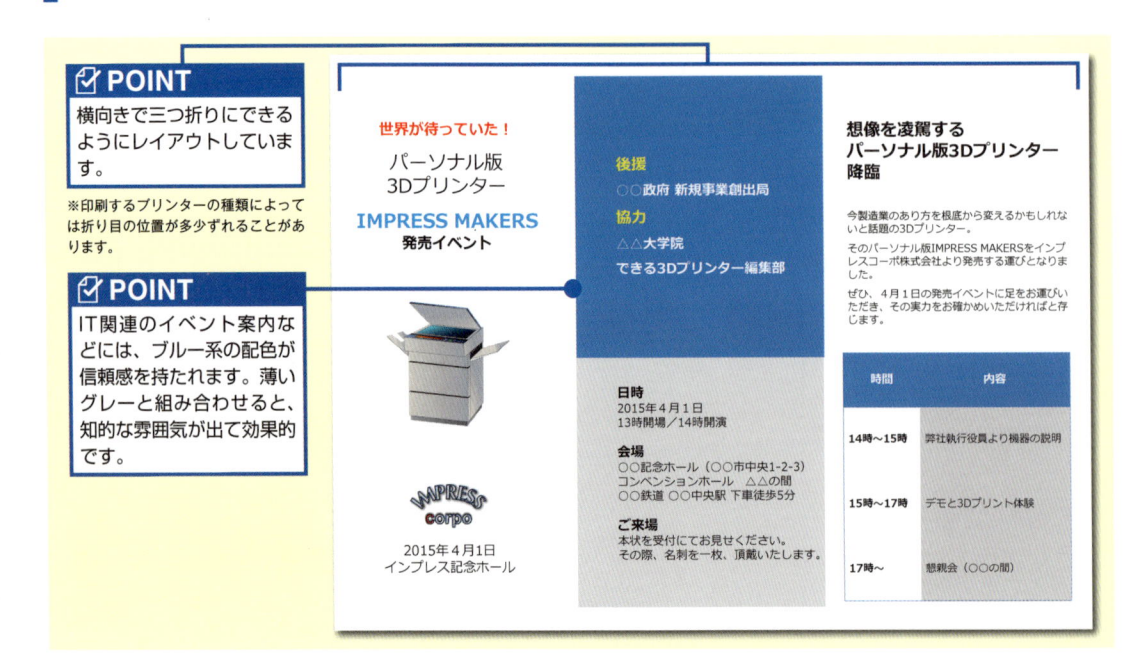

POINT
横向きで三つ折りにできるようにレイアウトしています。

※印刷するプリンターの種類によっては折り目の位置が多少ずれることがあります。

POINT
IT関連のイベント案内などには、ブルー系の配色が信頼感を持たれます。薄いグレーと組み合わせると、知的な雰囲気が出て効果的です。

Part 2　企画書

68

CD-ROM　05企画書_案内資料

案内資料に使える
新施設オープンの案内資料

想定提案先	▶ 一般ユーザー	提 案 時 期	▶ 施設オープンの準備時期など
想定提案者	▶ 営業・渉外・企画担当者	ファイル名	▶ 案内資料10／案内資料10M

POINT
横向きで三つ折りにできるようにレイアウトしています。

※印刷するプリンターの種類によっては折り目の位置が多少ずれることがあります。

POINT
施設の設備や料金、立地などの情報は表で整理し、読み取りやすくします。

Part 2 企画書

案内資料に使える
新店舗オープンの案内資料

想定提案先	▶ 一般ユーザー	提 案 時 期	▶ 施設オープンの準備時期など
想定提案者	▶ 店舗責任者・広報担当者	ファイル名	▶ 案内資料11／案内資料11M

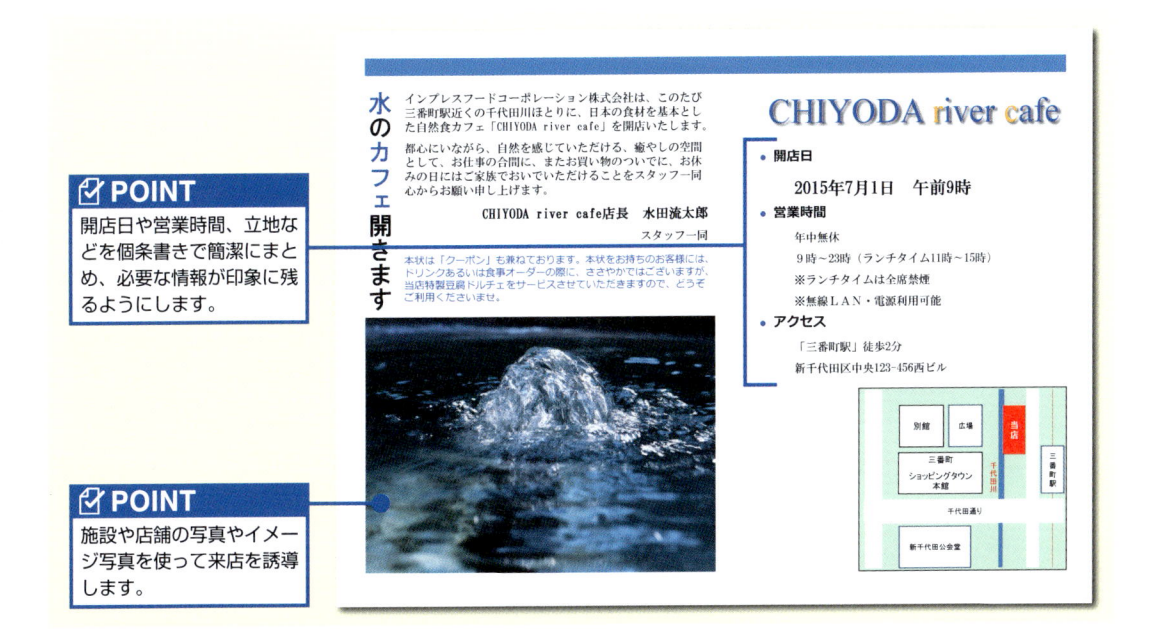

POINT
開店日や営業時間、立地などを個条書きで簡潔にまとめ、必要な情報が印象に残るようにします。

POINT
施設や店舗の写真やイメージ写真を使って来店を誘導します。

69

CD-ROM 06企画書_社内提案

社内提案に使える
新規事業提案①

想定提案先 ▶ 自社経営幹部・提携先投資家など
想定提案者 ▶ 新規事業立案者
提案時期 ▶ 通期
ファイル名 ▶ 社内提案01／社内提案01M

Part 2 企画書

✅ POINT
最初にテーマとトレンドを提示し、仮説を検証する流れで新規事業の説明をすることで、トレンドに適した企画であることを印象付けます。

✅ POINT
自社の資産（リソース）を提示し、実現可能な提案であることをアピールします。

新規事業提案
パーソナル医療コンサルティング事業

平成25年10月1日
社長室 企画太郎

テーマ
自社事業とのシナジー効果の高い新規事業の開発

トレンド
【社会】現在の少子高齢化の流れから、社会にとってもっとも重要な問題は「健康」である。
【一般消費者】健康のための支出は最優先すると思われるが、TPPの流れや、社会保険制度の現状からみて不安が募るはず。
【医療機関】医療機関もまた、経営が厳しさを増すことが予想される。さらに外資の参入も考えられ競争にさらされる。

▼

仮説
一般消費者と医療機関を新しい形でつなぐ新規事業が考えられないか？

弊社の事業資産
医療機器製作による医療機関とのネットワーク
医療機関とのネットワークをもつ営業スタッフ
ITサービス開発と運営

新規事業コンセプト
高所得者層をターゲットとしたパーソナル医療コンサルティング事業

1年目売上見込み	2年目売上見込み	3年目売上見込み
●●億円	●●億円	●●億円

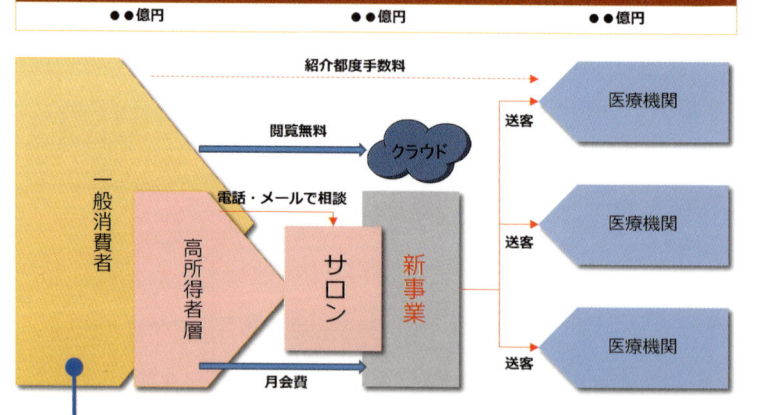

（事業スキーム図：一般消費者〈高所得者層〉→サロン→新事業→送客→医療機関、紹介都度手数料、閲覧無料、クラウド、電話・メールで相談、月会費）

✅ POINT
図解で事業スキームを提示し、提案したい新規事業のニーズの高さを読み取りやすくします。

📖 企画書のテーマ
企画背景をもとに、新規事業のコンセプトから売上見込み、スキームまでを一貫した流れで説明することで、決裁を迫ることが狙いです。事業資産をデータとして組み込み、実現性を高めましょう。

70

社内提案に使える

新規事業提案②

想定提案先	▶ 自社経営幹部・提携先投資家など	提案時期	▶ 通期
想定提案者	▶ 新規事業立案者	ファイル名	▶ 社内提案02／社内提案02M

POINT
トレンドに加え、ライバル各社の動向を説明すると、説得力が増します。

新規事業提案
「3Dプロジェクション・マッピング」運用支援事業

2013年12月1日
広告事業顧問　企画太郎

テーマ
今後隆盛が見込まれ、かつ現時点において同業他社が扱っていない事業への着手

トレンド
現在3Dプロジェクション・マッピングが広告業界で注目を集めている
○○中央駅リニューアルの際の3Dプロジェクション・マッピングでのイベントも大きな話題となった

広告事業部では弊社クライアントにヒアリングを行った。（2013/11/20～30）
3Dプロジェクション・マッピングについて　(1)興味・期待があるか？　(2)(1)について課題はあるか？

◆◆観光開発様
(1)たいへん期待している。地域振興に使いたい。
(2)運営を任せられる業者が見つからない。

○○インターナショナル様
(1)イベントの集客効果が高い。期待している。
(2)ワンストップで対応する会社が見つからない。

インプレス観光様
(1)ぜひ積極的に使いたい。
(2)コストが高く二の足を踏んでいる。

マスコミ記事より抜粋
「3Dプロジェクション・マッピングイベントで○○中央駅大盛況」【△△経済新聞2013/8/1】
「悩みは業者不足　注目の3Dプロジェクション・マッピング」【△△経済新聞2013/9/1】
「●年後には●兆円市場も夢ではない？ 3Dプロジェクション・マッピング」【△△新報　コラム2013/10/1】

仮説
3Dプロジェクション・マッピングを企画からコンテンツ制作、運営までワンストップで提供する事業

弊社の事業資産
映像機器開発と製造ではナンバーワン
映像運営会社とのネットワーク保有
コンテンツ制作者とのネットワーク保有

以上、事業売上規模を●●億円／初年度と見込みます。
事業計画書を5月までにアップし、年内に事業化したく考えます。

POINT
新聞記事の引用など、提案の根拠を明らかにすることで、信頼性を高めます。

企画書のテーマ
仮説の根拠を客観的に提示することがポイントです。他社事例や新聞記事などを活用し、検討を促しましょう。

CD-ROM 06企画書_社内提案

社内提案に使える
新商品・サービス開発提案①

想定提案先 ▶ 自社管理部など	提 案 時 期 ▶ 通期
想定提案者 ▶ 新商品開発立案者	ファイル名 ▶ 社内提案03／社内提案03M

☑ POINT
客観的なデータを用いて説明することで、経営幹部などに現状の課題の重要性を認識させます。

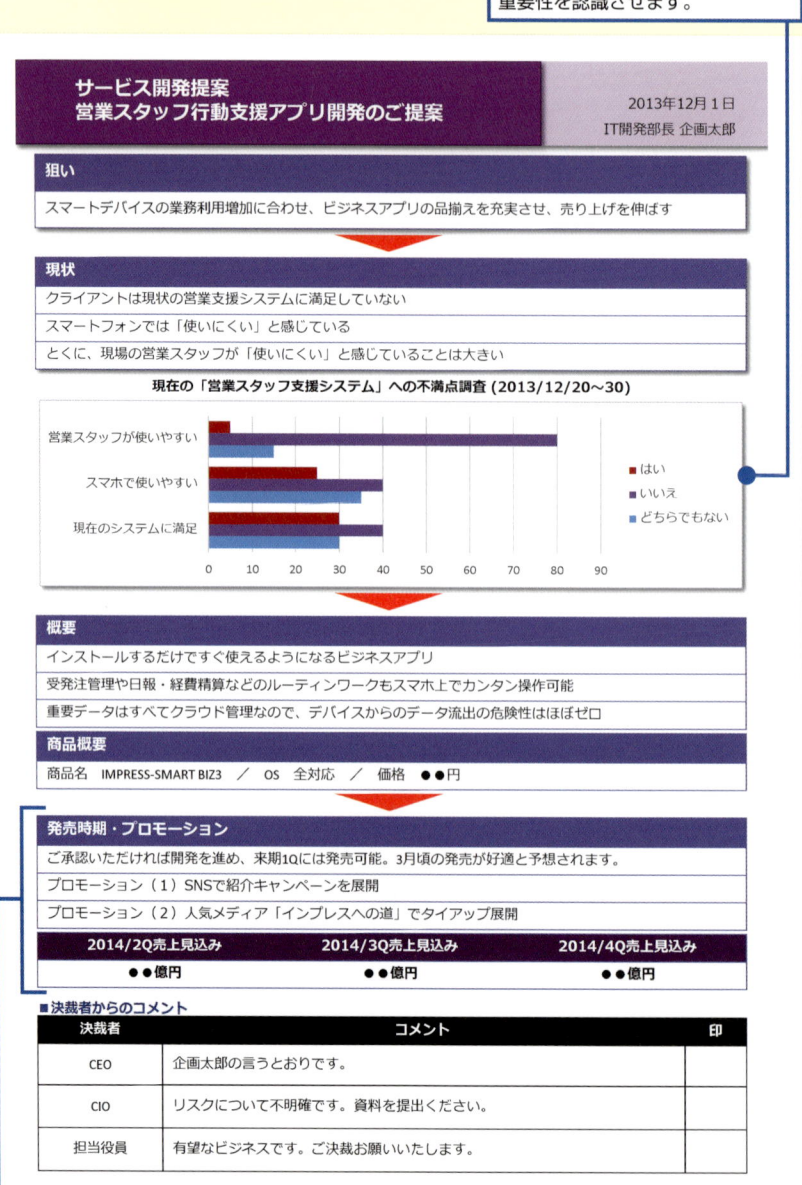

サービス開発提案
営業スタッフ行動支援アプリ開発のご提案

2013年12月1日
IT開発部長 企画太郎

狙い
スマートデバイスの業務利用増加に合わせ、ビジネスアプリの品揃えを充実させ、売り上げを伸ばす

現状
クライアントは現状の営業支援システムに満足していない
スマートフォンでは「使いにくい」と感じている
とくに、現場の営業スタッフが「使いにくい」と感じていることは大きい

現在の「営業スタッフ支援システム」への不満点調査（2013/12/20～30）

凡例：■はい ■いいえ ■どちらでもない

概要
インストールするだけですぐ使えるようになるビジネスアプリ
受発注管理や日報・経費精算などのルーティンワークもスマホ上でカンタン操作可能
重要データはすべてクラウド管理なので、デバイスからのデータ流出の危険性はほぼゼロ

商品概要
商品名　IMPRESS-SMART BIZ3　／　OS　全対応　／　価格　●●円

発売時期・プロモーション
ご承認いただければ開発を進め、来期1Qには発売可能。3月頃の発売が好適と予想されます。
プロモーション（1）SNSで紹介キャンペーンを展開
プロモーション（2）人気メディア「インプレスへの道」でタイアップ展開

2014/2Q売上見込み	2014/3Q売上見込み	2014/4Q売上見込み
●●億円	●●億円	●●億円

■決裁者からのコメント

決裁者	コメント	印
CEO	企画太郎の言うとおりです。	
CIO	リスクについて不明確です。資料を提出ください。	
担当役員	有望なビジネスです。ご決裁お願いいたします。	

☑ POINT
開発する商品の概要だけではなく、具体的なプロモーションや売上見込みなどにも触れ、経営幹部などが具体的な売上をイメージできるようにします。

▶ 企画書のテーマ
提案の客観的な根拠と、具体的な売上が見えるように構成し、決裁を迫ることが狙いです。コメント欄を付け、決裁者の意見をもらいましょう。

CD-ROM　06企画書_社内提案

社内提案に使える
新商品・サービス開発提案②

想定提案先 ▶ 自社管理部など　　　提案時期 ▶ 通期
想定提案者 ▶ 新商品開発立案者　　ファイル名 ▶ 社内提案04／社内提案04M

POINT
市場動向やユーザー調査などの客観的なデータをもとに課題を分析し、提案のコンセプトを理解できるようにします。

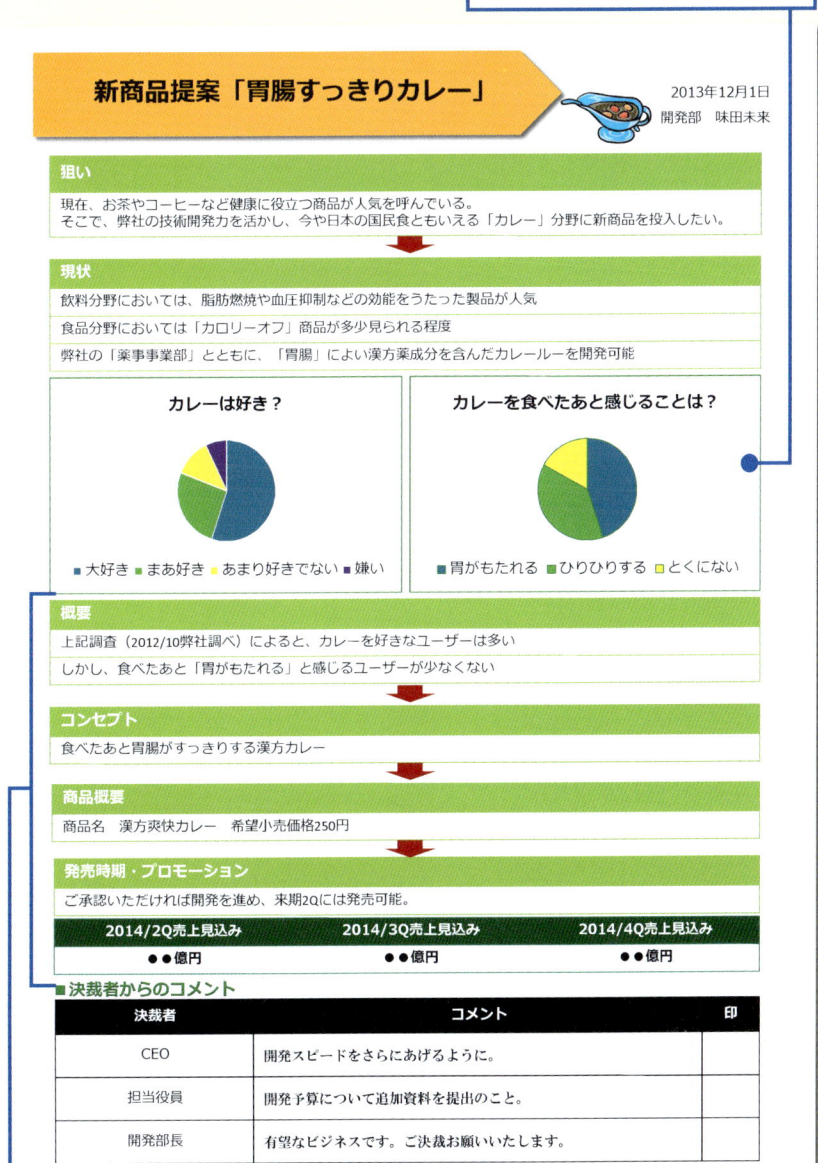

Part 2　企画書

新商品提案「胃腸すっきりカレー」

2013年12月1日
開発部　味田未来

狙い
現在、お茶やコーヒーなど健康に役立つ商品が人気を呼んでいる。
そこで、弊社の技術開発力を活かし、今や日本の国民食ともいえる「カレー」分野に新商品を投入したい。

現状
飲料分野においては、脂肪燃焼や血圧抑制などの効能をうたった製品が人気
食品分野においては「カロリーオフ」商品が多少見られる程度
弊社の「薬事業部」とともに、「胃腸」によい漢方薬成分を含んだカレールーを開発可能

カレーは好き？
■大好き　■まあ好き　■あまり好きでない　■嫌い

カレーを食べたあと感じることは？
■胃がもたれる　■ひりひりする　■とくにない

概要
上記調査（2012/10弊社調べ）によると、カレーを好きなユーザーは多い
しかし、食べたあと「胃がもたれる」と感じるユーザーが少なくない

コンセプト
食べたあと胃腸がすっきりする漢方カレー

商品概要
商品名　漢方爽快カレー　希望小売価格250円

発売時期・プロモーション
ご承認いただければ開発を進め、来期2Qには発売可能。

2014/2Q売上見込み	2014/3Q売上見込み	2014/4Q売上見込み
●●億円	●●億円	●●億円

■決裁者からのコメント

決裁者	コメント	印
CEO	開発スピードをさらにあげるように。	
担当役員	開発予算について追加資料を提出のこと。	
開発部長	有望なビジネスです。ご決裁お願いいたします。	

POINT
開発する商品の概要と発売時期はプロモーションや売上見込みを提示することで、採用から開発へ移行しやすくします。

企画書のテーマ
開発する商品に合わせ、資料を集めたり調査を行ったりして提案のコンセプトを明確にします。データを扱うときは、調査期間などを明記しておくと、信頼感が増します。

CD-ROM　06企画書_社内提案

社内提案に使える
新商品プロモーション提案①

- 想定提案先 ▶ 自社管理部など
- 想定提案者 ▶ プロモーション担当者
- 提 案 時 期 ▶ 商戦時期を控えた仕込み時期
- ファイル名 ▶ 社内提案05／社内提案05M

POINT
週区切りのスケジュールを提示し、各期間で行う具体的なプロモーションがわかるようにします。

POINT
プロモーションの方策を説明したあとに、プロモーションのステップを図解で提示することで、理解を助けます。

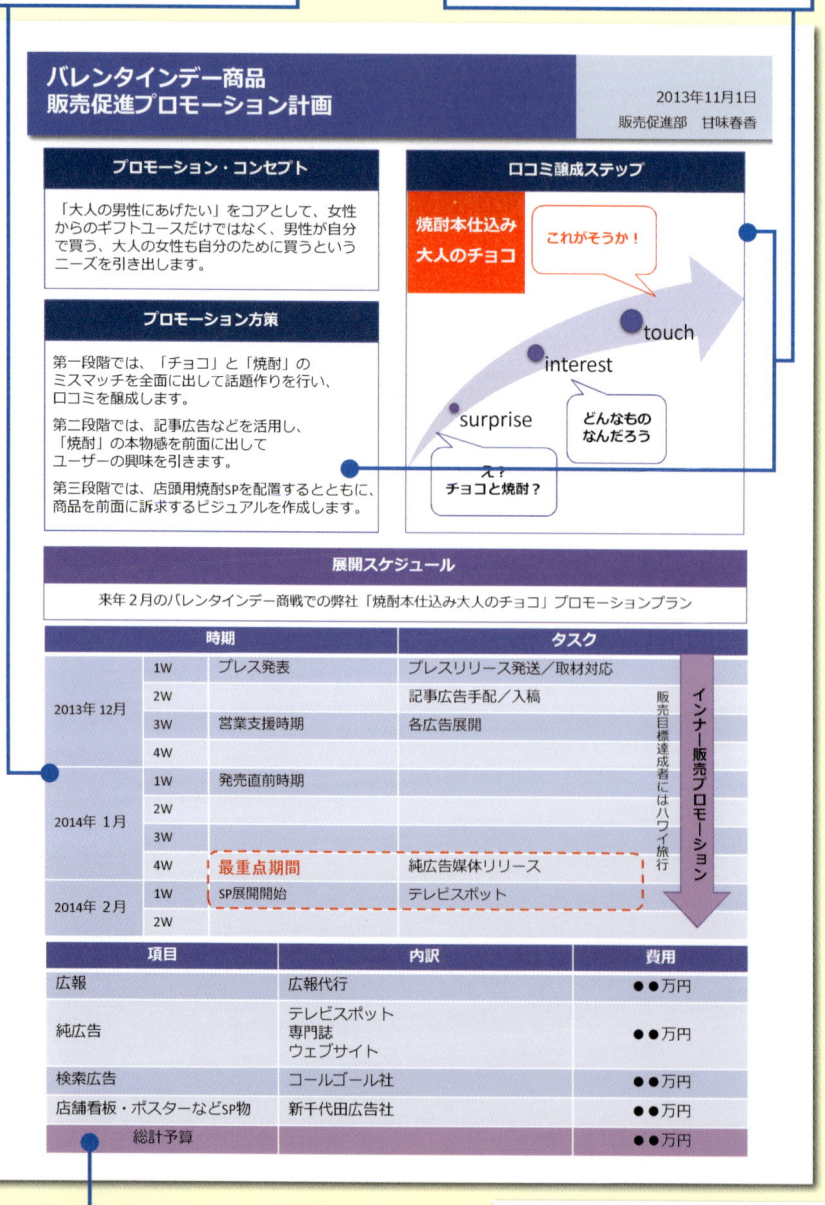

バレンタインデー商品 販売促進プロモーション計画

2013年11月1日
販売促進部　甘味春香

プロモーション・コンセプト
「大人の男性にあげたい」をコアとして、女性からのギフトユースだけではなく、男性が自分で買う、大人の女性も自分のために買うというニーズを引き出します。

プロモーション方策
第一段階では、「チョコ」と「焼酎」のミスマッチを全面に出して話題作りを行い、口コミを醸成します。
第二段階では、記事広告などを活用し、「焼酎」の本物感を前面に出してユーザーの興味を引きます。
第三段階では、店頭用焼酎SPを配置するとともに、商品を前面に訴求するビジュアルを作成します。

口コミ醸成ステップ
焼酎本仕込み 大人のチョコ
→ surprise （え？チョコと焼酎？）
→ interest （どんなものなんだろう）
→ touch （これがそうか！）

展開スケジュール
来年2月のバレンタインデー商戦での弊社「焼酎本仕込み大人のチョコ」プロモーションプラン

時期		タスク	
2013年 12月	1W	プレス発表	プレスリリース発送／取材対応
	2W		記事広告手配／入稿
	3W	営業支援時期	各広告展開
	4W		
2014年 1月	1W	発売直前時期	
	2W		
	3W		
	4W	**最重点期間**	純広告媒体リリース
2014年 2月	1W	SP展開開始	テレビスポット
	2W		

※販売目標達成者にはハワイ旅行（インナー販売プロモーション）

項目	内訳	費用
広報	広報代行	●●万円
純広告	テレビスポット／専門誌／ウェブサイト	●●万円
検索広告	コールゴール社	●●万円
店舗看板・ポスターなどSP物	新千代田広告社	●●万円
総計予算		●●万円

POINT
プロモーションに配分する予算の内訳を提示し、クロージングにつなげます。

企画書のテーマ
プロモーションのステップを図解で提示することで成功イメージを共有し、決裁を狙います。

社内提案に使える

新商品プロモーション提案②

- 想定提案先 ▶ 自社管理部など
- 想定提案者 ▶ プロモーション担当者
- 提 案 時 期 ▶ 商戦時期を控えた仕込み時期
- ファイル名 ▶ 社内提案06／社内提案06M

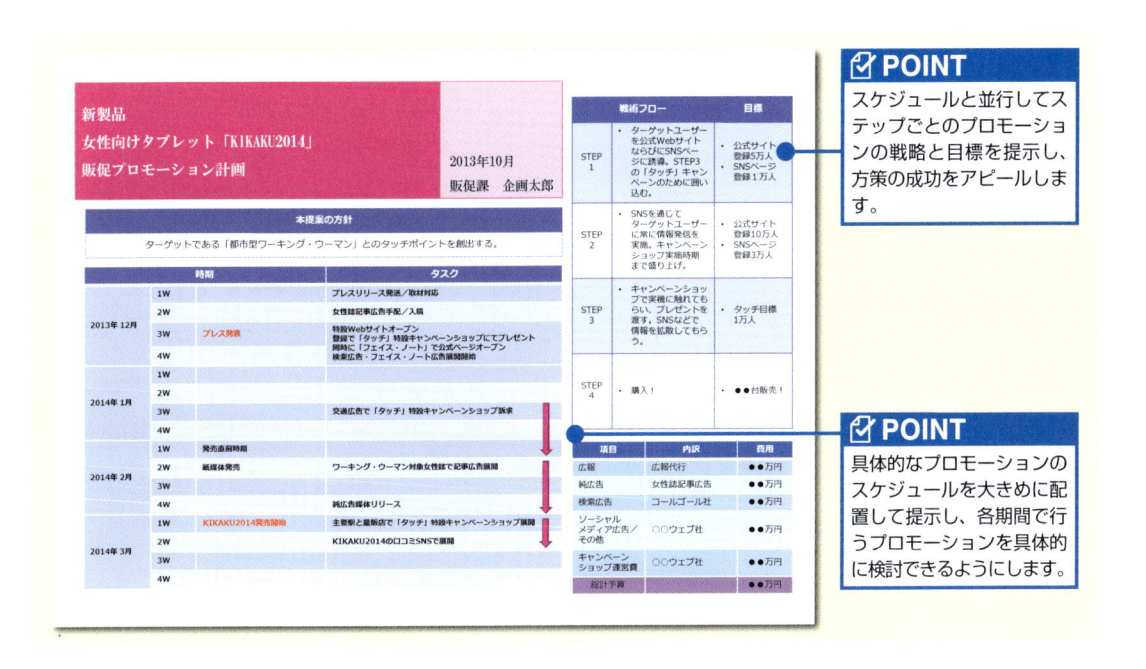

POINT
スケジュールと並行してステップごとのプロモーションの戦略と目標を提示し、方策の成功をアピールします。

POINT
具体的なプロモーションのスケジュールを大きめに配置して提示し、各期間で行うプロモーションを具体的に検討できるようにします。

社内提案に使える

新施設プロモーション提案

- 想定提案先 ▶ 自社管理部など
- 想定提案者 ▶ プロモーション担当者
- 提 案 時 期 ▶ 施設オープンの準備時期
- ファイル名 ▶ 社内提案07／社内提案07M

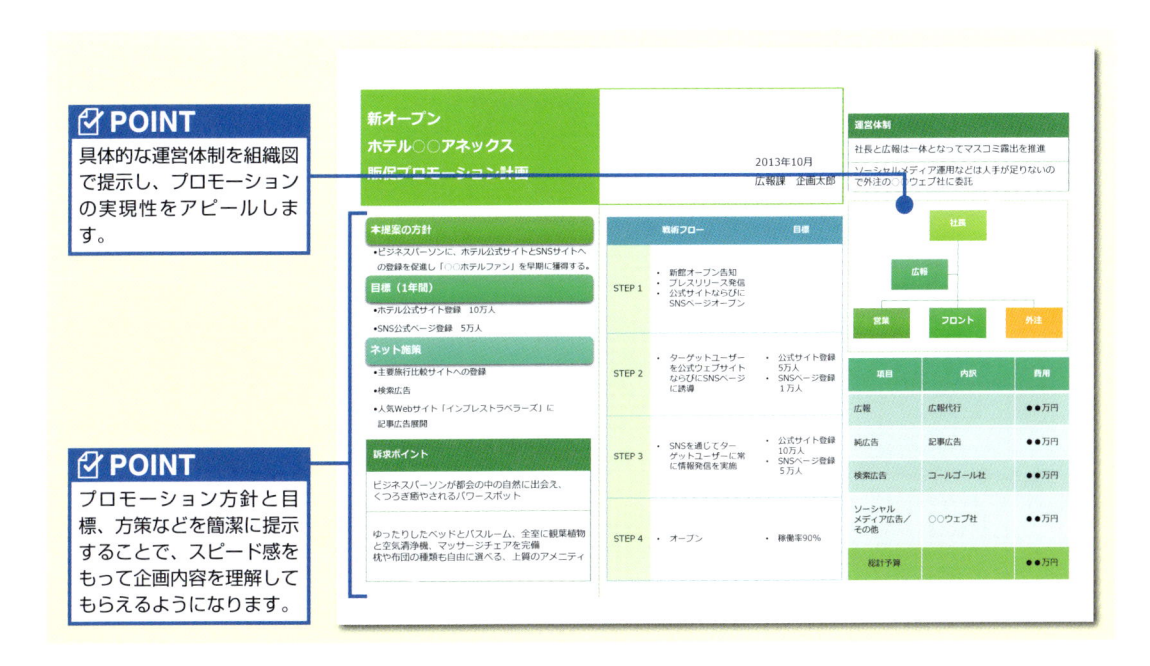

POINT
具体的な運営体制を組織図で提示し、プロモーションの実現性をアピールします。

POINT
プロモーション方針と目標、方策などを簡潔に提示することで、スピード感をもって企画内容を理解してもらえるようになります。

06 企画書_社内提案

社内提案に使える
問題解決提案

想定提案先 ▶ 自社管理部など
想定提案者 ▶ 業務改善提案者
提 案 時 期 ▶ 通期
ファイル名 ▶ 社内提案08／社内提案08M

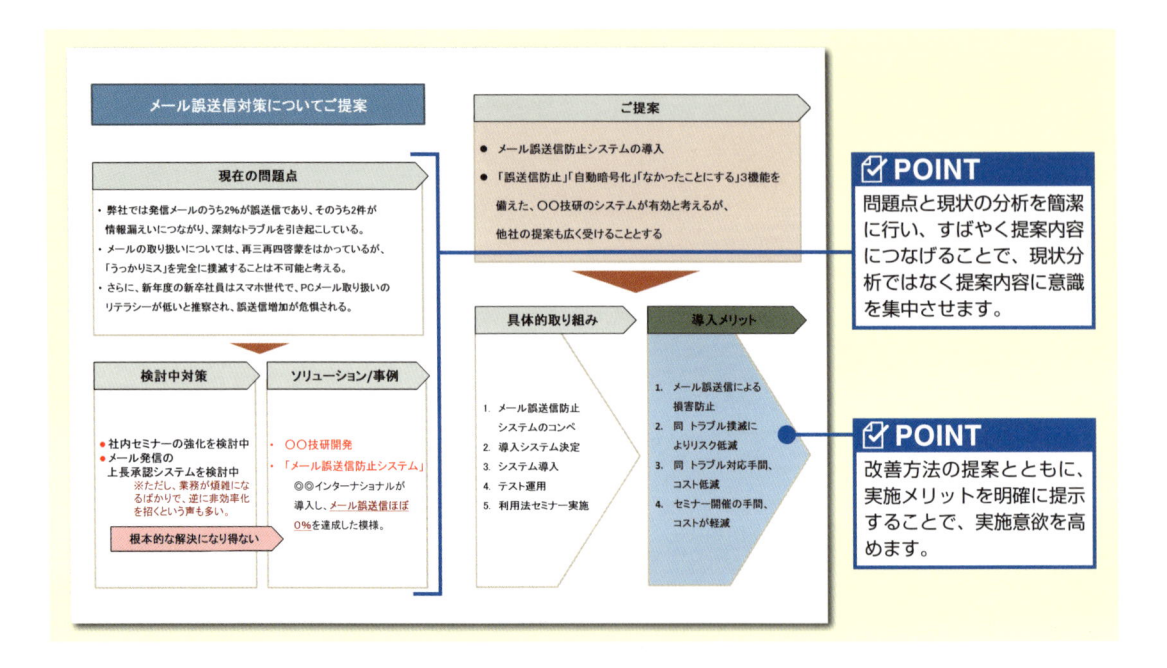

POINT
問題点と現状の分析を簡潔に行い、すばやく提案内容につなげることで、現状分析ではなく提案内容に意識を集中させます。

POINT
改善方法の提案とともに、実施メリットを明確に提示することで、実施意欲を高めます。

社内提案に使える
システム移管提案

想定提案先 ▶ 自社管理部など
想定提案者 ▶ 業務改善提案者
提 案 時 期 ▶ 通期
ファイル名 ▶ 社内提案09／社内提案09M

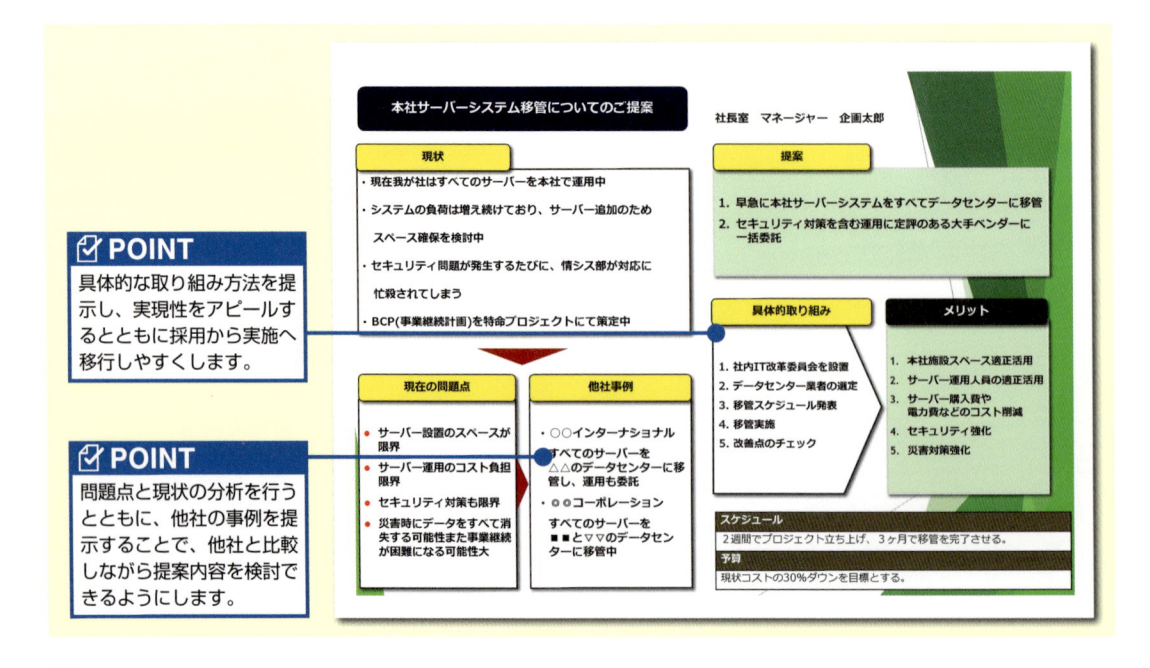

POINT
具体的な取り組み方法を提示し、実現性をアピールするとともに採用から実施へ移行しやすくします。

POINT
問題点と現状の分析を行うとともに、他社の事例を提示することで、他社と比較しながら提案内容を検討できるようにします。

Part 2 企画書

76

06企画書_社内提案

社内提案に使える
社内スペース改善提案

想定提案先 ▶ 自社管理部など
想定提案者 ▶ 業務改善提案者（総務部など）
提 案 時 期 ▶ 通期
ファイル名 ▶ 社内提案10／社内提案10M

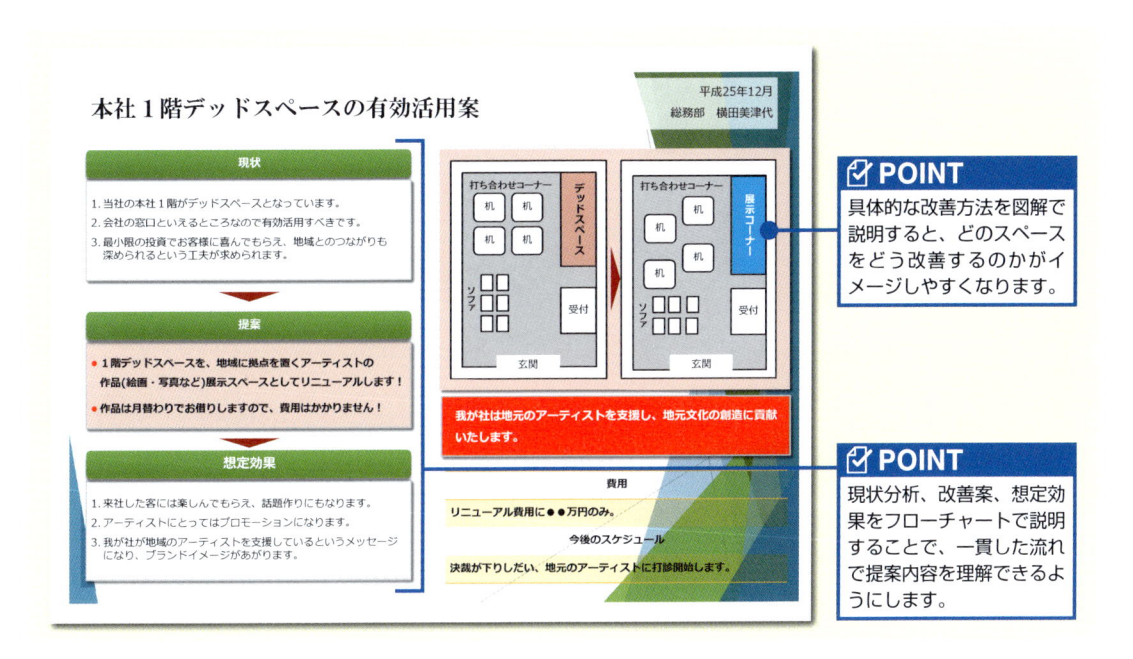

本社1階デッドスペースの有効活用案

平成25年12月
総務部　横田美津代

現状
1. 当社の本社1階がデッドスペースとなっています。
2. 会社の窓口といえるところなので有効活用すべきです。
3. 最小限の投資でお客様に喜んでもらえ、地域とのつながりも深められるという工夫が求められます。

提案
- 1階デッドスペースを、地域に拠点を置くアーティストの作品（絵画・写真など）展示スペースとしてリニューアルします！
- 作品は月替わりでお借りしますので、費用はかかりません！

想定効果
1. 来社した客には楽しんでもらえ、話題作りにもなります。
2. アーティストにとってはプロモーションになります。
3. 我が社が地域のアーティストを支援しているというメッセージになり、ブランドイメージがあがります。

我が社は地元のアーティストを支援し、地元文化の創造に貢献いたします。

費用
リニューアル費用に●●万円のみ。

今後のスケジュール
決裁が下りしだい、地元のアーティストに打診開始します。

POINT
具体的な改善方法を図解で説明すると、どのスペースをどう改善するのかがイメージしやすくなります。

POINT
現状分析、改善案、想定効果をフローチャートで説明することで、一貫した流れで提案内容を理解できるようにします。

Part 2 企画書

社内提案に使える
災害対策提案

想定提案先 ▶ 自社管理部など
想定提案者 ▶ 業務改善提案者（総務部など）
提 案 時 期 ▶ 通期
ファイル名 ▶ 社内提案11／社内提案11M

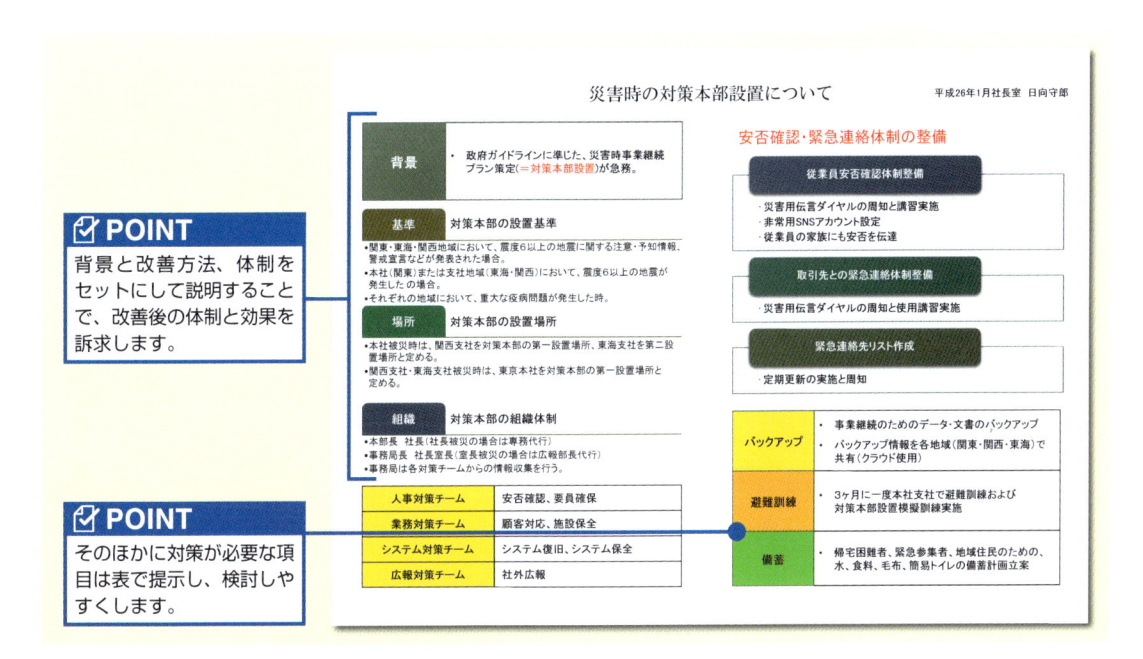

災害時の対策本部設置について

平成26年1月社長室　日向守郎

背景
- 政府ガイドラインに準じた、災害時事業継続プラン策定（＝対策本部設置）が急務。

基準　対策本部の設置基準
- 関東・東海・関西地域において、震度6以上の地震に関する注意・予知情報、警戒宣言などが発表された場合。
- 本社（関東）または支社地域（東海・関西）において、震度6以上の地震が発生した場合。
- それぞれの地域において、重大な疫病問題が発生した時。

場所　対策本部の設置場所
- 本社被災時は、関西支社を対策本部の第一設置場所、東海支社を第二設置場所と定める。
- 関西支社・東海支社被災時は、東京本社を対策本部の第一設置場所と定める。

組織　対策本部の組織体制
- 本部長　社長（社長被災の場合は専務代行）
- 事務局長　社長室長（室長被災の場合は広報部長代行）
- 事務局は各対策本部からの情報収集を行う。

人事対策チーム	安否確認、要員確保
業務対策チーム	顧客対応、施設保全
システム対策チーム	システム復旧、システム保全
広報対策チーム	社外広報

安否確認・緊急連絡体制の整備

従業員安否確認体制整備
- 災害用伝言ダイヤルの周知と講習実施
- 非常用SNSアカウント設定
- 従業員の家族にも安否を伝達

取引先との緊急連絡体制整備
- 災害用伝言ダイヤルの周知と使用講習実施

緊急連絡先リスト作成
- 定期更新の実施と周知

バックアップ	・事業継続のためのデータ・文書のバックアップ ・バックアップ情報を各地域（関東・関西・東海）で共有（クラウド使用）
避難訓練	・3ヶ月に一度本支社で避難訓練および対策本部設置模擬訓練実施
備蓄	・帰宅困難者、緊急参集者、地域住民のための、水、食料、毛布、簡易トイレの備蓄計画立案

POINT
背景と改善方法、体制をセットにして説明することで、改善後の体制と効果を訴求します。

POINT
そのほかに対策が必要な項目は表で提示し、検討しやすくします。

77

CD-ROM　07企画書_企画発想

企画の発想をサポートする
プランニングシート①

想定提案先	▶ 企画醸成に使用	提案時期	▶ 通期
想定提案者	▶ 企画立案者	ファイル名	▶ 企画発想01／企画発想01M

POINT
5つのブロックに一言ずつ企画のポイントをあてはめていくと、提案したい企画の内容が整理されます。

企画書のテーマ
企画書を作成する前に、企画書に必要な「5つのブロック」を整理して企画内容をブラッシュアップし、さらに具体的な実施案を考えていくことが目的です。

PLANNING-SHEET

- NO. (00012)
- 日付　2014年　1月　5日
- 名前　企画太郎

概要 — 一言で言うとどんな企画なのか？
自転車専用道を国内に網羅する。

背景 — なぜその企画がいいと思うのか？
我が国の大気汚染はひどく、交通渋滞も大問題と化している。また、国民の体力も低下している。

メリット — その企画によってどんなメリットがあるのか？
国民の運動不足解消と環境対策に適している上、欧州ではいち早く着手し、交通渋滞が緩和していると聞く。また、公共事業投資により、景気対策にもなり得る。

スケジュール感 — その企画はいつまでに実施できるのか？
5年後をめどに進める。3ヶ月以内に調査検討委員会を収集する。

予算感 — その企画の実施にはどれぐらいの予算がかかるのか？
総合的に●●億を見込む。ただし、その後通行料などの徴収により、収入も見込める。

具体的実施案など
- 現自動車専用道路との併設検討
- 駐輪場問題
- 道交法の改正検討

POINT
それぞれのポイントを参考にしながら、具体的実施案などにメモを書き込んでいくと、見通しが立ちます。

POINT
それぞれの欄に書き込んだ内容を書き換えながら、企画をブラッシュアップしていきます。

07企画書_企画発想

企画の発想をサポートする
プランニングシート②

想定提案先 ▶ 企画醸成に使用
想定提案者 ▶ 企画立案者
提案時期 ▶ 通期
ファイル名 ▶ 企画発想02／企画発想02M

POINT
提案先から与えられたテーマを最初に書き込み、提案する企画にブレがないようにします。

POINT
最初に書き込んだテーマに沿って「5つのブロック」に企画のポイントをあてはめ、企画内容を整理していきます。

PLANNING-SHEET

- NO.（ 00012 ）
- 日付　2014年　1月　5日
- 名前　山田太郎

テーマ		大型商業施設での、「家族で自然に触れられる」イベント開催
骨子	どんな企画か？	**概要** ・都心で「蛍鑑賞イベント」を、大型商業施設そばの「広場」と「千代田川」で開催する。
	なぜ今その企画なのか？	**背景** ・こどもと一緒に自然に触れながら、コミュニケーションをとりたい親が増えている。 ・千代田川は清流を取り戻しつつあり、新千代田区の協力を得やすい状況である。
	その企画によってどんなメリットがあるのか？	**メリット** ・夏休みに家族で自然に触れられる、楽しいひとときを過ごせる場を提供することで、大型商業施設への好感度が向上する。 ・他地域からの誘客も考えられ、地域振興に寄与するだけでなく、新千代田区の好感度が向上する。
要件	いつ実施するか？	**スケジュール感** ・本年7月〜8月に実施。
	予算はどのくらいか？	**予算感** ・総合的に●●百万円を見込む。
課題など		・蛍の仕入れ ・新千代田区との折衝、使用許可（河川管理は区ではないかも）

📣 企画書のテーマ
概要や背景、メリットの企画骨子が、与えられたテーマに沿っているかどうかを常に確認しながら企画をブラッシュアップすることができるシートです。

企画の発想をサポートする

仮説醸成シート

想定提案先 ▶ 仮説醸成に使用　　　　提案時期 ▶ 通期
想定提案者 ▶ 企画立案者　　　　　　ファイル名 ▶ 企画発想03／企画発想03M

POINT
提案先から与えられたテーマを最初に書き込み、それに関連するキーワードを書き出して、企画の目的やターゲットなどの検討材料とします。

仮説醸成シート

- NO.（　00012　）
- 日付　2014年　1月　5日
- 名前　プロモーション事業部　山田太郎

顧客からのテーマ	「自社カメラファン会員サイトに女子会員を増やすプロモーション策」（大手カメラメーカー様）	
キーワード	・カメラ女子 ・若いカメラファン ・ギャラリー ・発表意欲	
切り口	目的は？	・若い女子カメラファンの会員登録率アップ
	ターゲットは？	・カメラ女子 ・若いカメラファン ・高校写真部の女子？
	課題は？	・登録の「きっかけ」づくり ・各地域量販店、カメラ店の支援
	類似のものは？	・女子高生のコンペティションイベント
	差別化ポイントは？	・専門性を排除し、カメラ初心者でも気軽に応募できる！
仮説	・女子高生限定の写真コンクール「カメラ女子甲子園」 ・ギャラリーに応募作品を展示→来訪者増加 ・量販店、カメラ店を応募受付窓口に？	

POINT
書き込んだテーマとキーワードに沿って「5つのブロック」に企画のポイントをあてはめていき、企画の骨子となる仮説を考えます。

企画書のテーマ
企画が思い浮かばないときに、与えられたテーマからキーワードを抽出し、企画の骨子となる仮説を醸成できるシートです。

CD-ROM　07企画書_企画発想

企画の発想をサポートする
新商品開発プランニングシート

想定提案先 ▶ 企画醸成とポイント整理に使用	提 案 時 期 ▶ 通期
想定提案者 ▶ 企画立案者	ファイル名 ▶ 企画発想04／企画発想04M

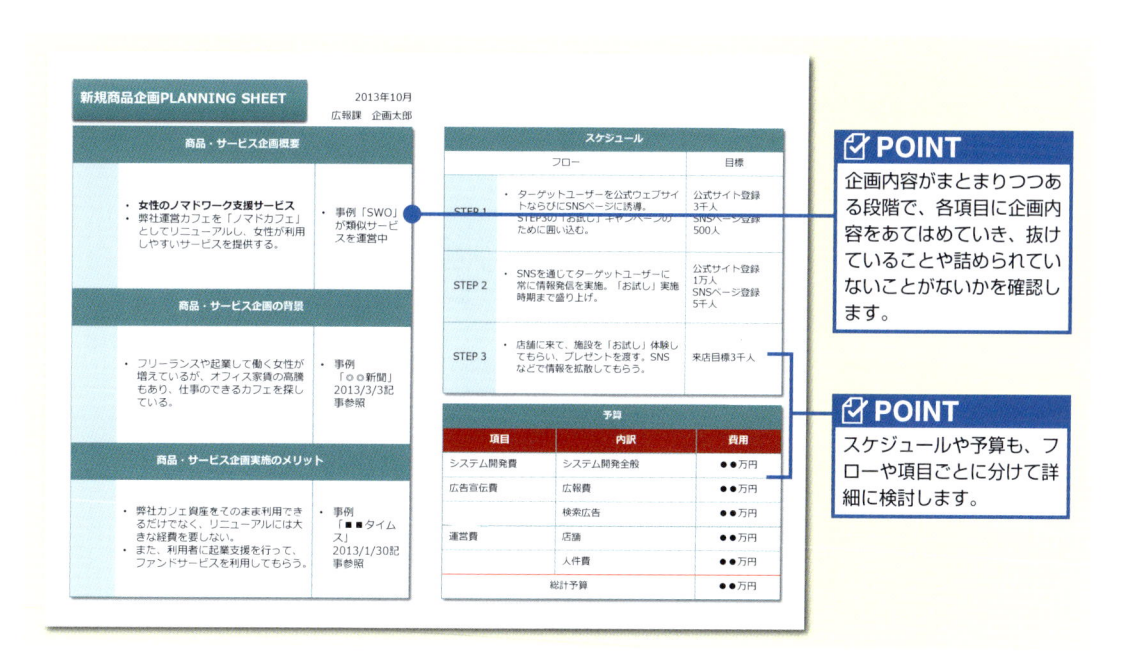

POINT
企画内容がまとまりつつある段階で、各項目に企画内容をあてはめていき、抜けていることや詰められていないことがないかを確認します。

POINT
スケジュールや予算も、フローや項目ごとに分けて詳細に検討します。

Part 2 企画書

企画の発想をサポートする
新規業態プランニングシート

想定提案先 ▶ 企画醸成とポイント整理に使用	提 案 時 期 ▶ 通期
想定提案者 ▶ 企画立案者	ファイル名 ▶ 企画発想05／企画発想05M

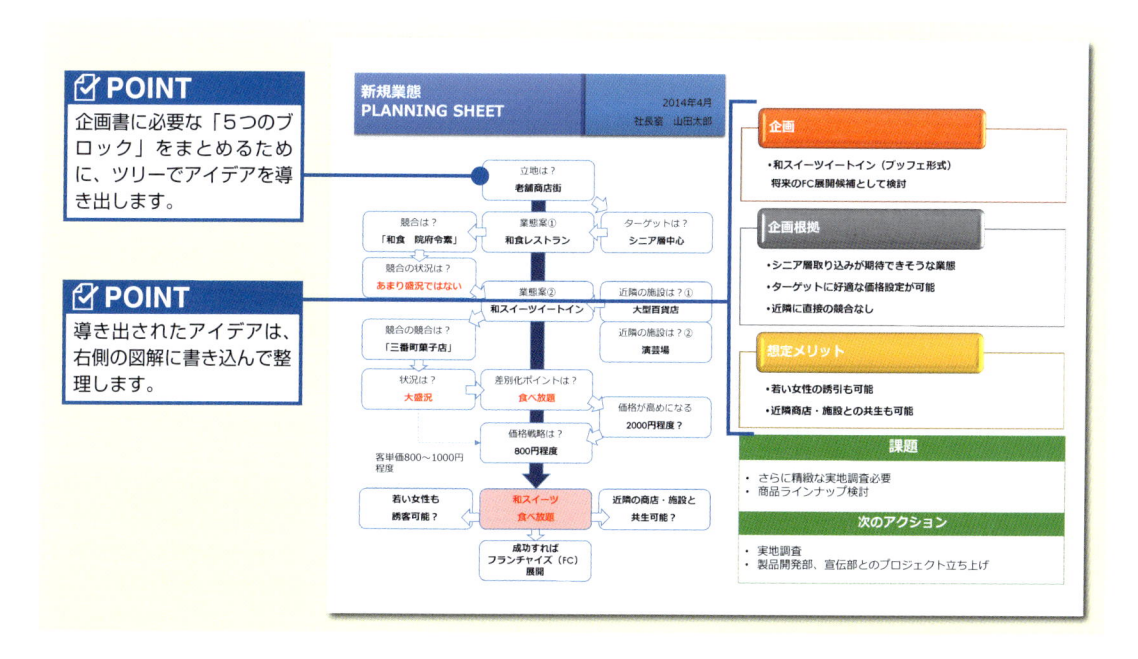

POINT
企画書に必要な「5つのブロック」をまとめるために、ツリーでアイデアを導き出します。

POINT
導き出されたアイデアは、右側の図解に書き込んで整理します。

07企画書_企画発想

企画の発想をサポートする
新規事業プランニングシート

想定提案先	▶ 企画醸成と社内検討に使用	提案時期	▶ 通期
想定提案者	▶ 企画立案者	ファイル名	▶ 企画発想06／企画発想06M

POINT
社内で検討できるように資料やデータなども掲載し、本番の企画書に近い内容に仕上げます。

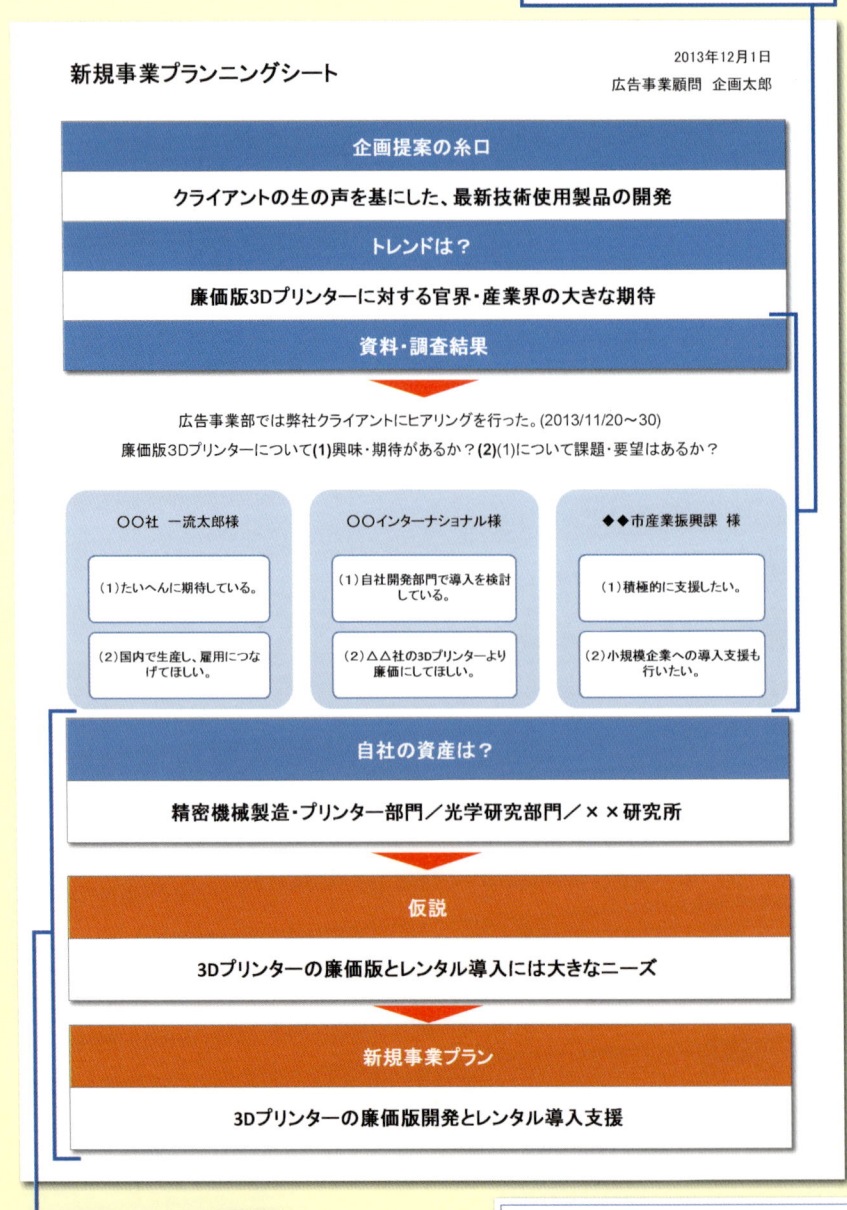

新規事業プランニングシート

2013年12月1日
広告事業顧問　企画太郎

企画提案の糸口
クライアントの生の声を基にした、最新技術使用製品の開発

トレンドは？
廉価版3Dプリンターに対する官界・産業界の大きな期待

資料・調査結果

広告事業部では弊社クライアントにヒアリングを行った。(2013/11/20〜30)
廉価版3Dプリンターについて(1)興味・期待があるか？(2)(1)について課題・要望はあるか？

○○社　一流太郎様
(1)たいへんに期待している。
(2)国内で生産し、雇用につなげてほしい。

○○インターナショナル様
(1)自社開発部門で導入を検討している。
(2)△△社の3Dプリンターより廉価にしてほしい。

◆◆市産業振興課　様
(1)積極的に支援したい。
(2)小規模企業への導入支援も行いたい。

自社の資産は？
精密機械製造・プリンター部門／光学研究部門／××研究所

仮説
3Dプリンターの廉価版とレンタル導入には大きなニーズ

新規事業プラン
3Dプリンターの廉価版開発とレンタル導入支援

POINT
自社の資産と仮説、新規事業プランをセットにしてまとめることで、企画のコンセプトと実現性を同時に検討できます。

企画書のテーマ
企画の立案やブラッシュアップの段階で社内回覧をし、同僚や上司、経営幹部などからアドバイスを受けることが目的のシートです。

07企画書_企画発想

企画の発想をサポートする
販促計画立案シート①

想定提案先 ▶ 販促計画とブラッシュアップに使用
想定提案者 ▶ 販促計画立案者
提 案 時 期 ▶ 通期
ファイル名 ▶ 企画発想07／企画発想07M

POINT
スケジュールをベースにプロモーションの実施案を書き込んでいき、企画の実現性を確認します。

POINT
書き込んだ計画を同僚や上司にチェックしてもらうため、差別化や企画成功のためのポイント、予算の概要なども整理します。

企画の発想をサポートする
販促計画立案シート②

想定提案先 ▶ 販促計画とブラッシュアップに使用
想定提案者 ▶ 販促計画立案者
提 案 時 期 ▶ 通期
ファイル名 ▶ 企画発想08／企画発想08M

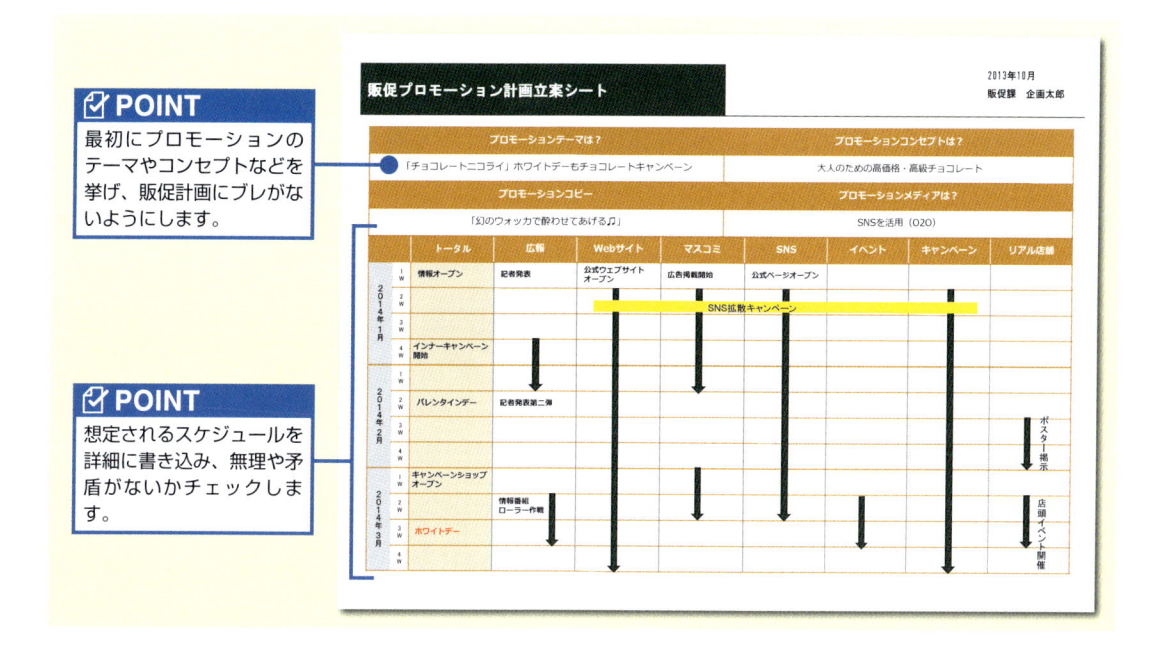

POINT
最初にプロモーションのテーマやコンセプトなどを挙げ、販促計画にブレがないようにします。

POINT
想定されるスケジュールを詳細に書き込み、無理や矛盾がないかチェックします。

Part 2 企画書

07企画書_企画発想

企画の発想をサポートする
業務改善提案シート①

想定提案先 ▶ 業務改善案のブラッシュアップに使用
想定提案者 ▶ 業務改善提案者
提 案 時 期 ▶ 通期
ファイル名 ▶ 企画発想09／企画発想09M

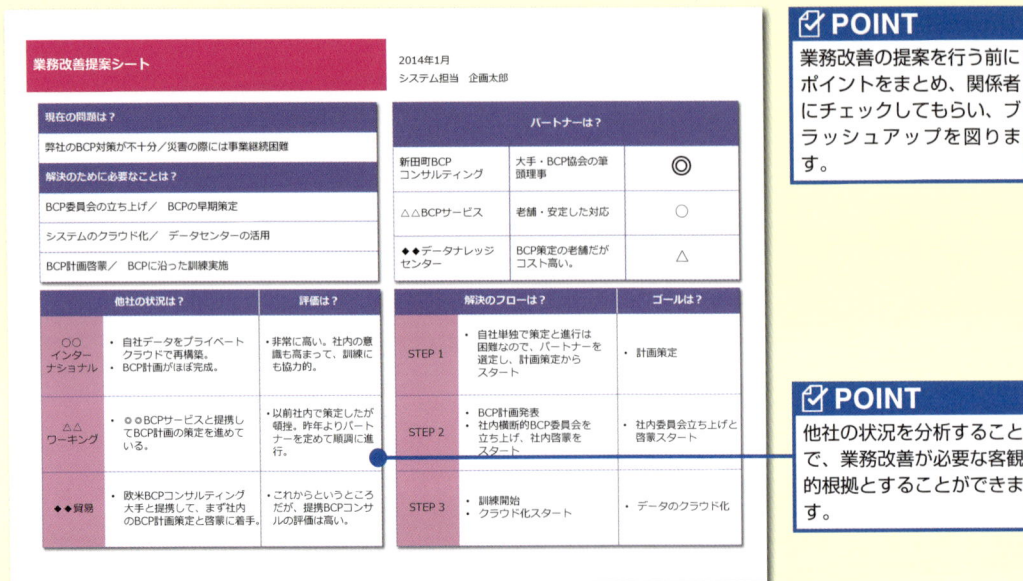

POINT
業務改善の提案を行う前にポイントをまとめ、関係者にチェックしてもらい、ブラッシュアップを図ります。

POINT
他社の状況を分析することで、業務改善が必要な客観的根拠とすることができます。

企画の発想をサポートする
業務改善提案シート②

想定提案先 ▶ 業務改善案のブラッシュアップに使用
想定提案者 ▶ 業務改善提案者
提 案 時 期 ▶ 通期
ファイル名 ▶ 企画発想10／企画発想10M

POINT
業務改善提案のポイントを大きな流れでまとめ、関係者にチェックしてもらい、ブラッシュアップを図ります。

POINT
業務改善の進め方をPDCAで整理することで、行うべきことが理解しやすくなります。

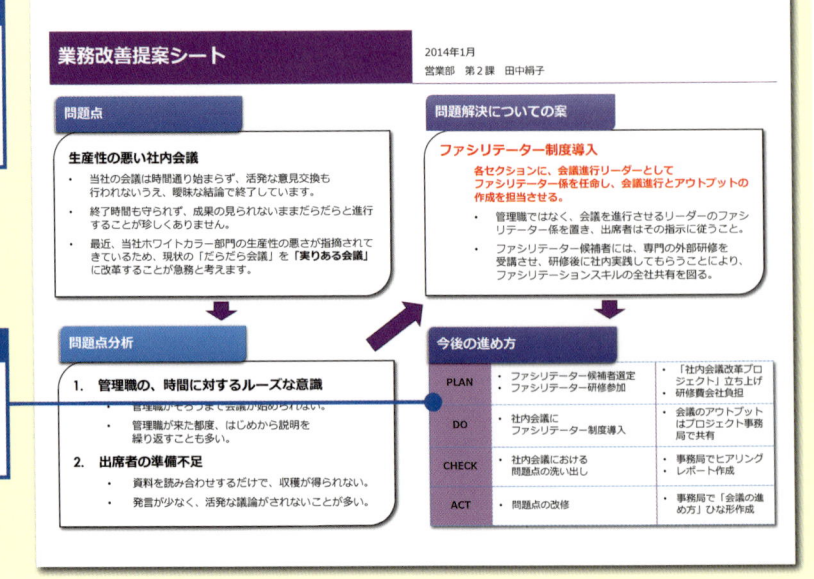

Part 2 企画書

Part 03

「報告書」

議事録や会議資料、ヒアリング結果、業務報告書などは
効率よく作成し、関係者と情報共有を図りましょう。
ここでは、定型の報告書のほかに、挨拶状や送付状、
スケジュール表、見積書、アンケートなど
業務を円滑に進めるさまざまな書類を紹介しています。

社内向け報告書に使える
定例ミーティング議事録

> **POINT**
> 行われた討議の内容を個条書きでまとめます。各自のタスクや課題、提案事項といった討議内容について、「誰が」「何を」を明確にします。

定例ミーティング議事録

平成26年1月10日
販売促進課

1.概要

テーマ	決算期販売プロモーション計画実施について
日　時	平成26年1月4日　午前10時～午前11時
場　所	A会議室
出席者	課長以下課内全社員（7名） 田中、山田、大森、中山、鈴木、竹下、黒田
書　記	黒田

2.内容

議　題	各自のタスク確認、課題の共有・解決および新規提案について
討議内容	■各自タスク ・田中 　全体進行・他部署との調整 ・山田、大森 　広報 ・中山、鈴木 　量販店店頭イベント実施 ・竹下 　広告展開 ・黒田 　ウェブサイト展開 ■課題 　量販店Bでの店頭イベントにおける、速やかな業者選定（鈴木） ■新規提案 　従来型の媒体に加えてソーシャルメディア活用展開（竹下）
決定事項	① 課題については田中課長旧知のプロダクションを引き合わせる 　　（田中と緊密に連携をとって進めること） ② 各自のタスクに全力で取り組むこと
次回検討事項	計画の進捗管理、課題の共有・解決方法の討議
次回開催日	2月5日午前10時～（A会議室） 事前資料はドキュメントボックスBOX001に入れておくこと

以上

ファイル名 ▶ 社内01／社内01M

> **POINT**
> ミーティングでの決定事項を個条書きでまとめます。また、次回ミーティングにおける検討事項も記載します。

08 報告書_社内向け

社内向け報告書に使える
販売実績報告会議の議事録

POINT
販売実績の報告では、数字が重要なポイントです。グラフを使用し、達成率などの数字を視覚的に表現します。

販売実績報告会議議事録

平成26年3月2日
営業部営業企画課

1.概要

テーマ	2月度の販売実績報告および3月度販売目標達成について
日 時	平成26年3月1日　午後1時30分～午後3時
場 所	A会議室
出席者	課長以下課内全社員（6名）田中、山田、大森、中山、鈴木、竹下
書 記	竹下

2.内容

議 題	・新投入タブレット端末「IMPRESS-MINI」2月度販売実績
報告内容	■当初目標と実績 ・事前キャンペーンが功を奏し、販売目標達成率120%となった。 ・とくにソーシャルメディア連携が大きな効果をあげ、EC通販・直販が販売目標達成率180%と全体を押し上げた。 販売目標達成率(%)のグラフ（量販店、専門店、EC通販、EC直販／目標・実績）
目標達成に向けた見通しと打ち手	■今後の見通しと販売計画 ・4月には○○コーポレーションの新作タブレット端末が発売予定。 ・同社は新端末のプロモーションにおいて、徹底的に弊社製品とのスペック比較を展開すると予想される。 ・各自営業先をメンテナンスし、コミュニケーションの深耕をはかること （下記「特記事項」参照） ・また、4月度よりソーシャルメディアを活用したポイントキャンペーンを展開予定。後日販促課より説明があるので、営業先にきちんとフォローすること。
特記事項	・○○物流省が物量効率化システムの入札を実施予定。オリエンテーションに向かうこと。（担当：鈴木） ・また、◆◆の電子書籍大手が一括購入を検討中。情報収集を行うこと。（担当：大森） ・課長より「4月は正念場となるので気を引き締めて営業活動に邁進するように」との指示。
次回開催日	・4月6日（時間・場所は別途案内、書記は竹下） ・必要資料はドキュメントボックスBOX_01に入れておくこと。

以上

ファイル名▶社内02／社内02M

POINT
競合他社の情報やその対策なども個条書きで記載します。具体的なタスクについては、担当者名もわかりやすく示します。

Part 3 報告書

87

社内向け報告書に使える

プロジェクト会議の議事録

☑ POINT
表を使い、月単位のスケジュールをわかりやすく記載します。とくに注意が必要な部分は下線を付けたり文字の色を変えたりして示します。

プロジェクト会議議事録

平成26年2月1日

確認	社長	担当役員	関係部署	担当部署	責任者	文責
	吉田	小山	広報部	システム部	山田	田中

件名	サイトリニューアルに関するワーキンググループ(WG)立ち上げ会議議事録

当社公式サイトを、スマートフォン対応版にリニューアルするにあたり、関係各位と打ち合わせを行いましたのでご報告いたします。

記

議題	サイトリニューアルのスケジュール確定および各部門の実施事項確認
出席者	ウェブコンサルティング武田太郎氏(開発アドバイス)、吉田社長、小山役員、広報太田主任、情シス田中部長、シス川口課長、木田主任
会議の内容	冒頭、社長よりサイトリニューアルに向けて全社的な協力体制を組むよう訓辞があった。その後、社内横断的なWGの発足が承認され、具体的なスケジュールについて討議し、各部門の実施事項を確認した。決定事項は以下の通り。 ■サイトリニューアルスケジュール抜粋(下線部はコンサルティングの助言を得る) | 4月 | 構築要件仕様書の策定 (5月中旬まで) | | 5月 | 構築開始 | | 6月 | コンテンツ作成・ラフデザイン制作 | | 7月 | 全体テスト運用 | | 8月 | 第2次テスト運用 | | 9月 | 実機確認など | | 10月 | ローンチ コンテンツ運用開始 | | 11月 | 必要に応じて部分修正 | | 12月 | サイト評価と改善計画 | ■各部門の実施決定事項 上記を受け、各部門の役割について話し合い、それぞれ導入までのスケジュールを作成し、4月1日までにWGへ提出することになった。事務局責任者は川口とする。各部門の実施決定事項は次の通り。 ・情報システム部:実務的窓口としての社内外の調整 ・広報部:社内要望のとりまとめ
特記事項	別途、以下の2点について鈴木取締役より提案をいただく。 ・ SEO対策 ・ ソーシャルメディアポリシーの策定

以上

ファイル名▶社内03／社内03M

☑ POINT
各部門の役割を個条書きでまとめます。期限についても、可能な限り記載するようにします。

社内向け報告書に使える
企画会議の議事録

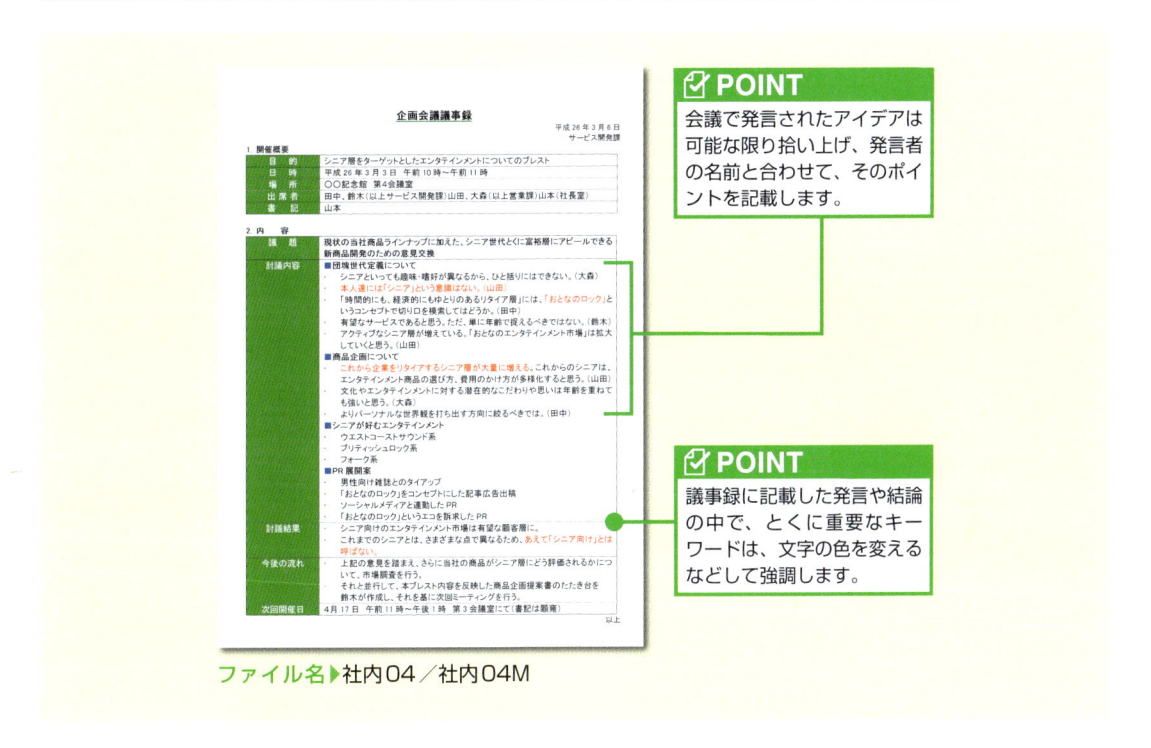

POINT
会議で発言されたアイデアは可能な限り拾い上げ、発言者の名前と合わせて、そのポイントを記載します。

POINT
議事録に記載した発言や結論の中で、とくに重要なキーワードは、文字の色を変えるなどして強調します。

ファイル名▶社内04／社内04M

社内向け報告書に使える
ブレインストーミングの議事録

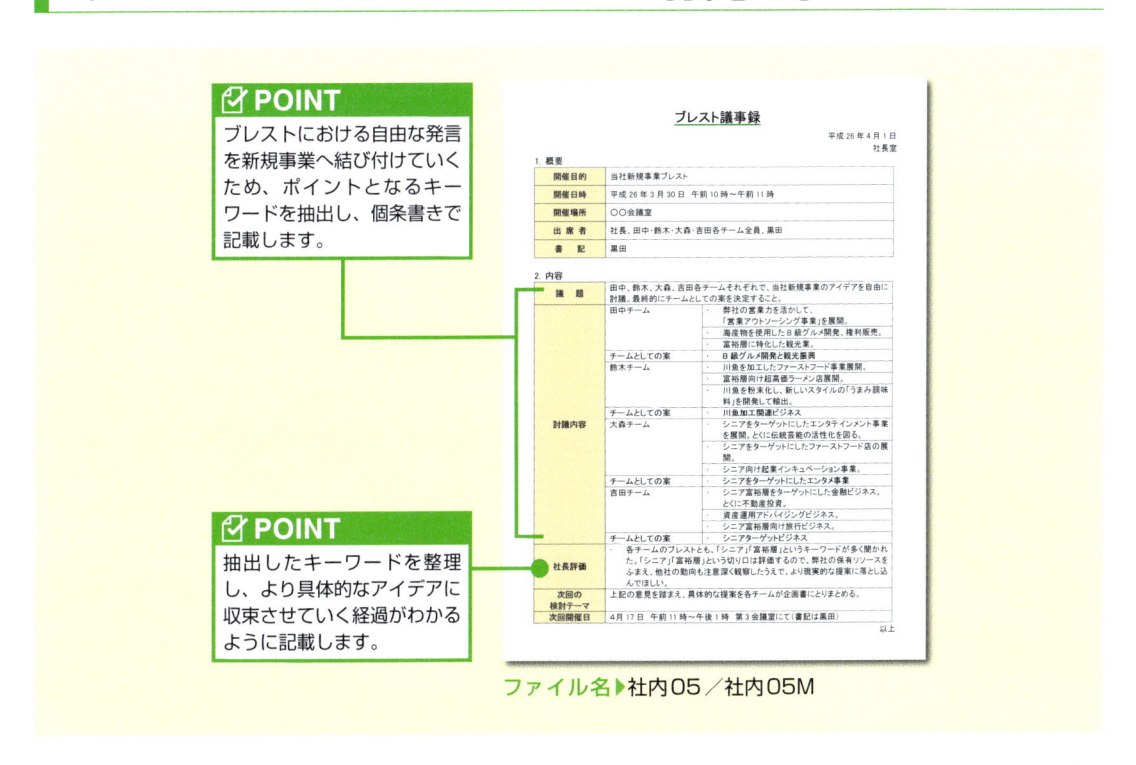

POINT
ブレストにおける自由な発言を新規事業へ結び付けていくため、ポイントとなるキーワードを抽出し、個条書きで記載します。

POINT
抽出したキーワードを整理し、より具体的なアイデアに収束させていく経過がわかるように記載します。

ファイル名▶社内05／社内05M

社内向け報告書に使える
グループインタビューの議事録

POINT
グループインタビューの参加者の属性（年代および職業）を、把握しやすいように整理して記載します。

グループインタビュー実施議事録

平成26年5月10日

当社担当	報告太郎
司会者	田中先生
アシスタント	吉田
記録	黒田

1. 開催概要

開催目的	当社新商品「ダイエットクッキーインプレス」試作品に関するターゲット女性の定性調査
開催日時	平成26年4月30日
開催場所	当社インタビュールーム

2. 回答者属性

番号	1	2	3	4	5	6
名前	KKさん	ANさん	KTさん	JTさん	YYさん	SKさん
属性 年代	20代前半	20代前半	20代後半	20代前半	30代前半	20代後半
属性 職業	秘書	営業	販売	販売	SE	事務

3. インタビュー結果要約

質問内容	1	2	3	4	5	6
回答 ダイエットについて感じることは？	意識している。とくに食事に気をつけている。	近ごろ太ってきた。運動不足かも。	無理なくすればいいと思う。	いつも挫折するのであきらめかけている。	食事は普通にして運動でやせたい。	とにかくバランスよくダイエットすること。
回答 今行っているダイエットは？	ヨガを習っている。	トレイルランニング。	とくに何もしていない。	とくに何もしていない。	ランニングをしている。	間食を控えている。
回答 食事で気をつけていることは？	水分をよくとること。	野菜を多くとるようにしている。	脂分の多いものは避けている。	とくに気をつけていない。	お昼休みに公園のまわりを走っている。	バランスに気をつけている。
商品感想 直感的には？	少し食べにくい	食べにくい	見た目がかわいくない	食べやすい	まあ食べやすい	食べにくい
商品感想 味は？	あまり好きではない	あまり好きではない	まあ好き	おいしい	まあおいしい	好きではない
商品感想 香りは？	あまり好きではない	少しきつい	まあ好き	無香料のほうがよい	あまり好きではない	好きではない
商品感想 好みか？	好きではない	あまり好きではない	まあ好みである	好み	まあ好み	好きではない
商品感想 自由に	おいしくダイエットしたいので、これを食べてやせたいとは思わない。もっとおいしくしないと売れないと思う。ブルーベリー味を検討したらどうか？	何となく、食べると胃にもたれる気がする。飲み物を一緒に飲まないとつらいと思う。C社の「パリパリダイエットクッキー」のほうがおいしいと思う。	みんなダイエットに神経質になりすぎだと思う。普通に食事をし、とくに和食や野菜を中心にバランスよくとればいいのではないかと思う。	意外と美味しいのでびっくりした。ただ、おいしくて食べすぎてしまうかも知れないので、小分けのパック包装にしたらいいと思う。	自分で買ってもいいと思うけれど、値段による。あと、コンビニやドラッグストアなど身近なところで買えるといいと思う。	この味は好きではない。絶対に買わないと思う。A社の「グレートサプリ001」のほうがおいしいし手軽に食べられると思う。とにかく、このままでは絶対買わない。

ファイル名▶社内06／社内06M

POINT
質問への回答および商品に対する感想の要旨を、参加者ごとに縦に並べて記載します。これにより、各参加者の属性とその回答が結び付きます。

08 報告書_社内向け

社内向け報告書に使える
コンテンツ企画会議の資料

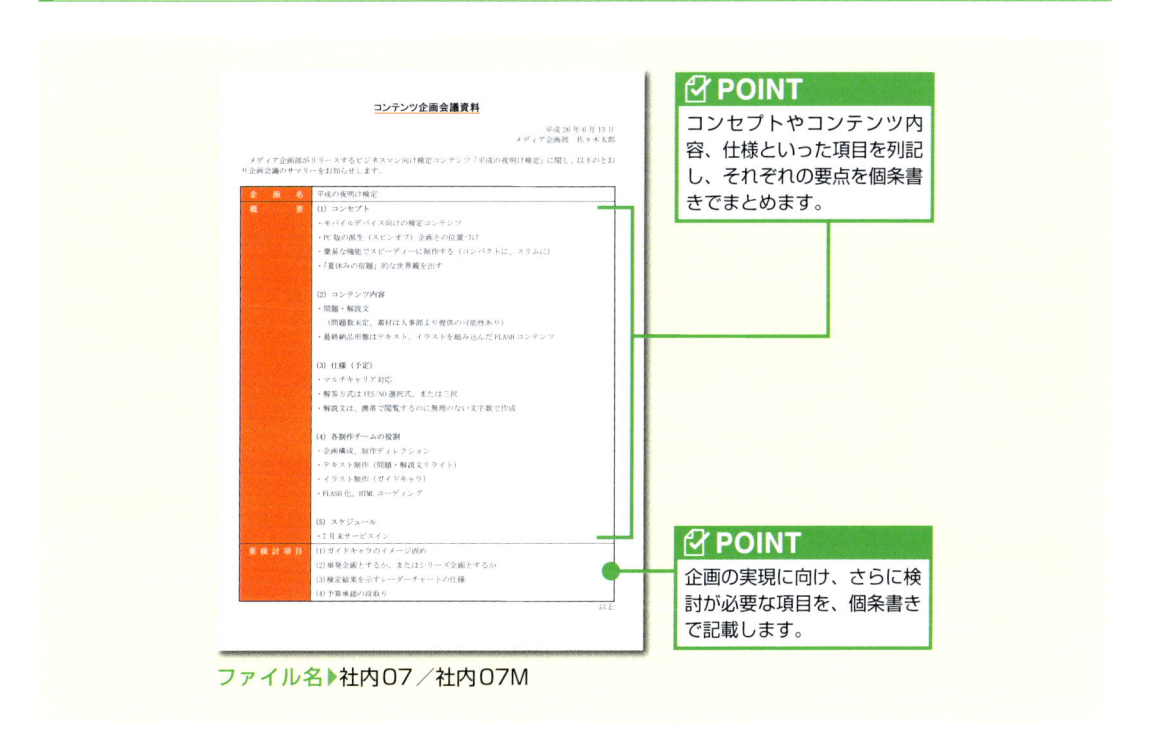

POINT
コンセプトやコンテンツ内容、仕様といった項目を列記し、それぞれの要点を個条書きでまとめます。

POINT
企画の実現に向け、さらに検討が必要な項目を、個条書きで記載します。

ファイル名 ▶ 社内07 ／ 社内07M

社内向け報告書に使える
販売促進会議の資料

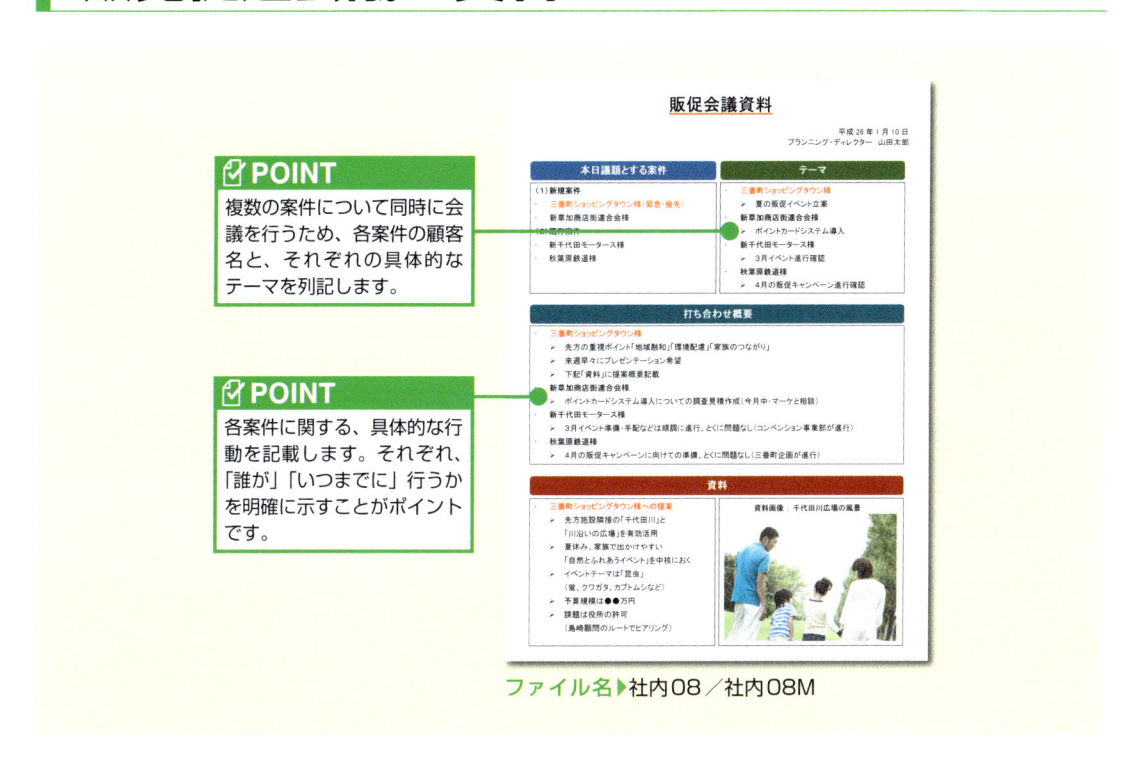

POINT
複数の案件について同時に会議を行うため、各案件の顧客名と、それぞれの具体的なテーマを列記します。

POINT
各案件に関する、具体的な行動を記載します。それぞれ、「誰が」「いつまでに」行うかを明確に示すことがポイントです。

ファイル名 ▶ 社内08 ／ 社内08M

Part 3 報告書

CD-ROM　08 報告書_社内向け

社内向け報告書に使える
業務報告書①

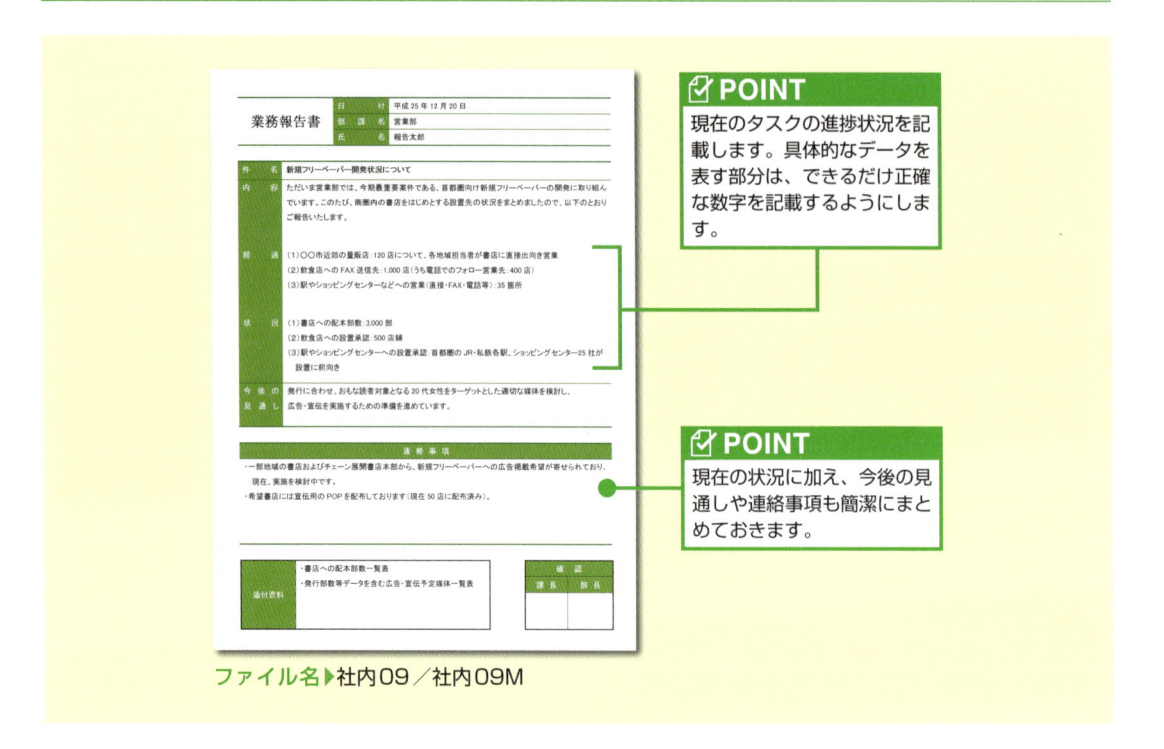

POINT
現在のタスクの進捗状況を記載します。具体的なデータを表す部分は、できるだけ正確な数字を記載するようにします。

POINT
現在の状況に加え、今後の見通しや連絡事項も簡潔にまとめておきます。

ファイル名▶社内09／社内09M

社内向け報告書に使える
業務報告書②

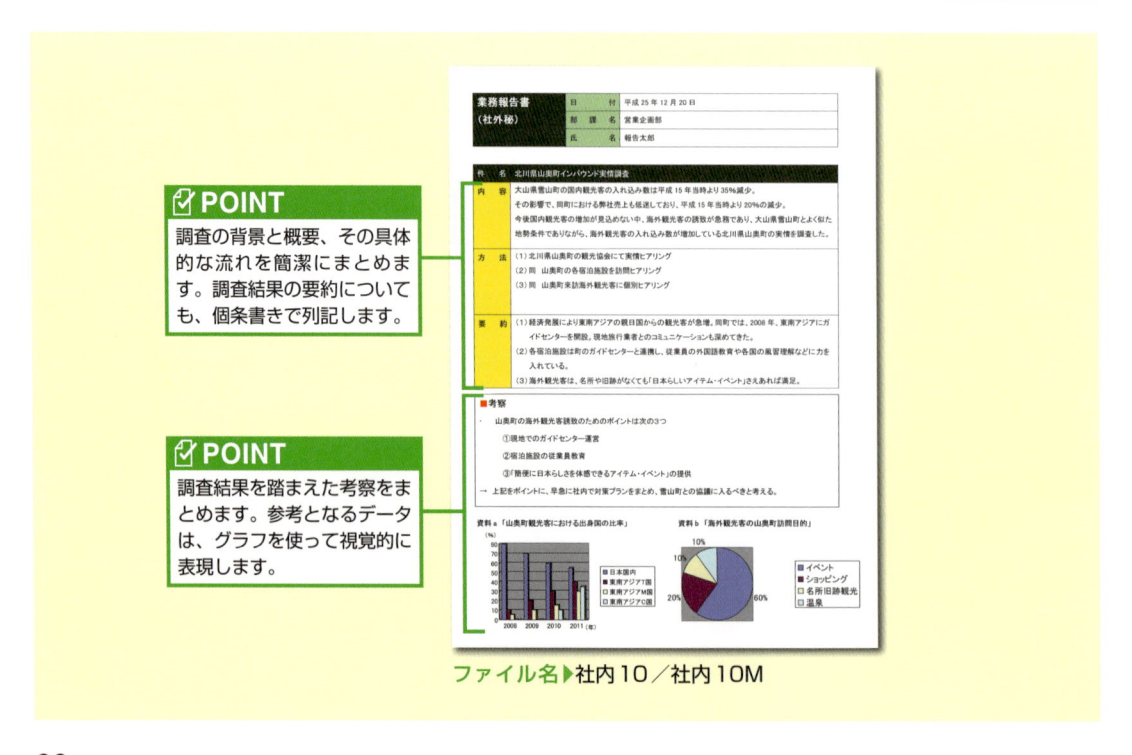

POINT
調査の背景と概要、その具体的な流れを簡潔にまとめます。調査結果の要約についても、個条書きで列記します。

POINT
調査結果を踏まえた考察をまとめます。参考となるデータは、グラフを使って視覚的に表現します。

ファイル名▶社内10／社内10M

08 報告書_社内向け

社内向け報告書に使える
商品受注の報告書

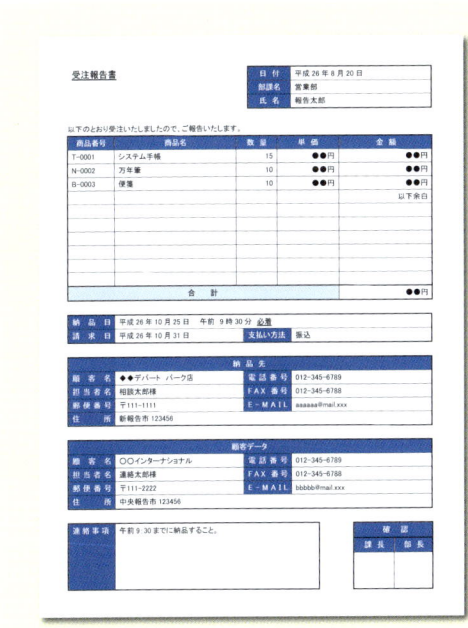

ファイル名▶社内11／社内11M

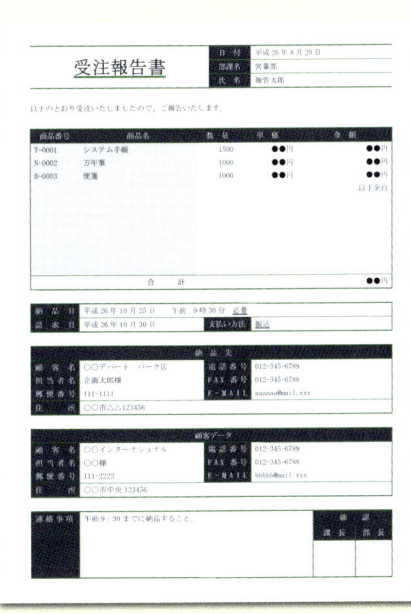

ファイル名▶社内12／社内12M

社内向け報告書に使える
出張の報告書

ファイル名▶社内13／社内13M

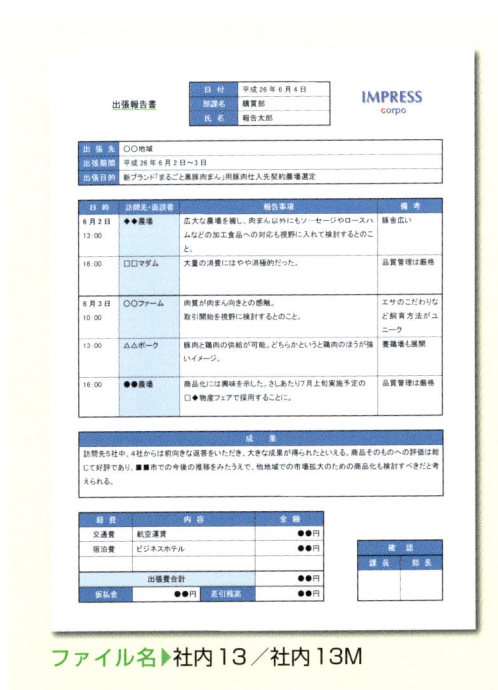

ファイル名▶社内14／社内14M

Part 3 報告書

93

社内向け報告書に使える
クレーム処理の報告書

POINT
受け付けたクレームの内容を、できるだけ正確に記載します。さらに、クレームへの対応の状況を客観的かつ簡潔にまとめます。

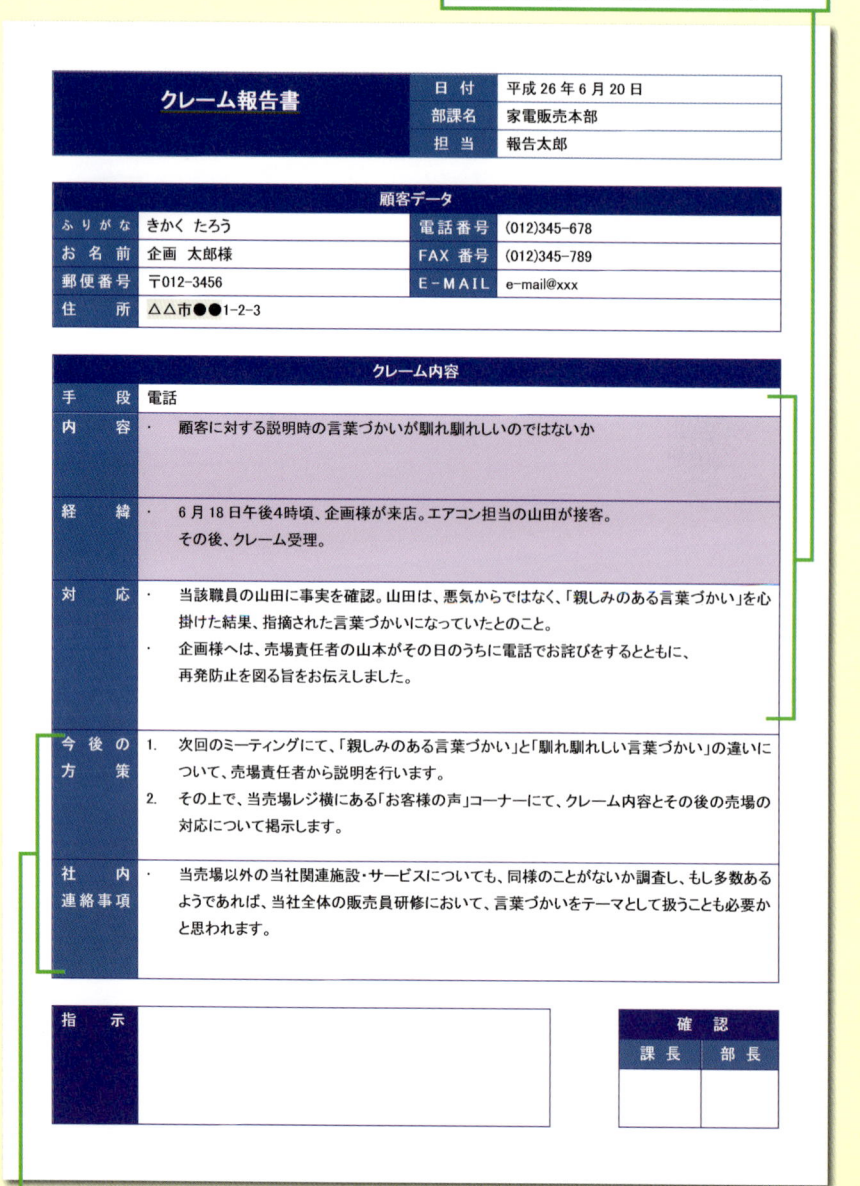

クレーム報告書

日付	平成 26 年 6 月 20 日
部課名	家電販売本部
担当	報告太郎

顧客データ

ふりがな	きかく たろう	電話番号	(012)345-678
お名前	企画 太郎様	FAX 番号	(012)345-789
郵便番号	〒012-3456	E-MAIL	e-mail@xxx
住所	△△市●●1-2-3		

クレーム内容

手段	電話
内容	・顧客に対する説明時の言葉づかいが馴れ馴れしいのではないか
経緯	・6月18日午後4時頃、企画様が来店。エアコン担当の山田が接客。 その後、クレーム受理。
対応	・当該職員の山田に事実を確認。山田は、悪気からではなく、「親しみのある言葉づかい」を心掛けた結果、指摘された言葉づかいになっていたとのこと。 ・企画様へは、売場責任者の山本がその日のうちに電話でお詫びをするとともに、再発防止を図る旨をお伝えしました。
今後の方策	1. 次回のミーティングにて、「親しみのある言葉づかい」と「馴れ馴れしい言葉づかい」の違いについて、売場責任者から説明を行います。 2. その上で、当売場レジ横にある「お客様の声」コーナーにて、クレーム内容とその後の売場の対応について掲示します。
社内連絡事項	当売場以外の当社関連施設・サービスについても、同様のことがないか調査し、もし多数あるようであれば、当社全体の販売員研修において、言葉づかいをテーマとして扱うことも必要かと思われます。

指示		確認	
		課長	部長

ファイル名▶社内15／社内15M

POINT
問題点を社内で共有できるように、クレームに関連して考えられる課題や対応策を連絡事項として記載します。

08 報告書_社内向け

社内向け報告書に使える
ヒアリングの報告書

POINT
取得した情報のうち、数値データなどはグラフを使ってわかりやすく表現します。とくにポイントとなる部分は文字の色を変えるなどして強調します。

新規ネットマガジンヒアリング報告書

作成日	平成26年6月1日
作成者	報告太郎

企業名	●●パブリッシング社
担当部署	広告推進部
担当者名	企画次郎氏
訪問目的	今秋を目途に立ち上げる、働く女性のクオリティ・オブ・ライフを追求するコンテンツポータル「KO-KO」(仮称)の趣旨を、協賛・参画候補である広告主・出版事業者に説明し、同時にヒアリングすること。
現状のビジネス	・ ●●パブリッシング社は20～30代の女性をターゲットに、スローライフをテーマとした雑誌「LOHAS-LOHAS」を発刊している。同雑誌のWebサイト「LOH@net」では、ECにも対応。 ・ EC売上は年間2～3億円程度。ちなみに、生活雑貨ブランドとタイアップで開発した商品のリアル店舗での売上は年間2億円程度で、各店舗合計では1日約1,000人程度訪れるという。 ・ スローライフ関連の雑誌購読層は、20～30代の女性が4割以上を占めている。 ⇒「KO-KO」のターゲットのボリュームゾーンとかなり重なっている。 <読者層(男女別)> 男性38% 女性62% <購読者層比率(女性)> 10代18%、20代25%、30代20%、40代17%、50代以上20% **20～30代の女性で45%** ・「LOH@net」には、ネットを通じた商品開発が行える特徴的なコミュニティ機能がある。これまでに、テーブルやソファー、棚などを開発した。
先方からの質問ポイント	・ PR戦略は？ ・ 他のコンテンツポータルとの差別化ポイントは？ ・ 出店料等の費用負担はあるのか？ ・ 他にどんなところが広告出稿(コンテンツ提供)する予定か？
要検討事項	・ 開発初期コストはどの程度か。 ・ EC部分と広告部分のメディアミックスが可能か。 ・ 開発費と月々の出店料、ECサイトの売上の見合いで、ビジネスの判断となる。
その他	6月27日にサイト責任者の会議があるので、その前に正式オファーをしたい。

以上

ファイル名 ▶ 社内16／社内16M

POINT
先方が気にしている点や、今後検討が必要な点については、個条書きで記載します。

Part 3 報告書

95

CD-ROM　08 報告書_社内向け

社内向け報告書に使える
営業日報

> **POINT**
> 営業業務で訪れた相手先企業や面談相手、目的などを時系列でまとめます。各面談の内容についても簡潔に記載します。

営業日報 (平成 26 年 8 月 31 日)			部課名	営業部
			氏 名	報告 太郎

時 間	訪問先	面談者	目 的	特記事項	次回予定
9:30	●●商事(株)	■■課長	新商品「U-IMPRESS123」のプレゼン	カタログを持参してのプレゼン。次回、製品を見たいとのこと。	9月18日 13:00
11:00	○○産業(株)	□企画部長	以前納品した「IMPRESS-444」のクレーム処理	「IMPRESS-444」を誤使用していたので、詳しく説明し、納得してもらえた。	未定
13:00	(株)○●ケータリング	△△部長	新商品「U-IMPRESS123」のプレゼン	カタログを持参してのプレゼン。次回、製品を見たいとのこと。製品への強い関心がうかがえた。	9月22日 16:00
14:30	(株)□●建設	▽▽課長	新商品「U-IMPRESS123」のプレゼン	カタログを持参してのプレゼン。採用については乗り気で、現物を見たうえで上司と相談するとのこと。	9月18日 14:30
16:00	(株)サークル■■	◎◎部長	新商品「U-IMPRESS123」のプレゼン	カタログを持参してのプレゼン。次回、「N-IMPRESS123」に加え「I-1555」も見てみたいとのこと。	9月22日 13:00

連絡事項
新商品「U-IMPRESS123」の現物を見たいとおっしゃる方が多いので、早急にデモ用の機器の準備が必要。

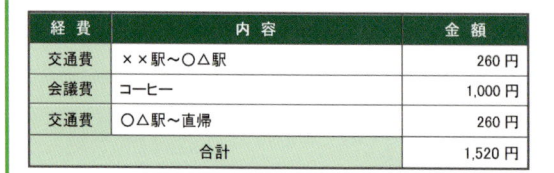

経費	内容	金額
交通費	××駅～○△駅	260 円
会議費	コーヒー	1,000 円
交通費	○△駅～直帰	260 円
合計		1,520 円

確 認	
課 長	部 長

以上

ファイル名▶社内17／社内17M

> **POINT**
> 社内で共有すべき内容は、連絡事項にわかりやすく記載します。

Part 3 報告書

08 報告書_社内向け

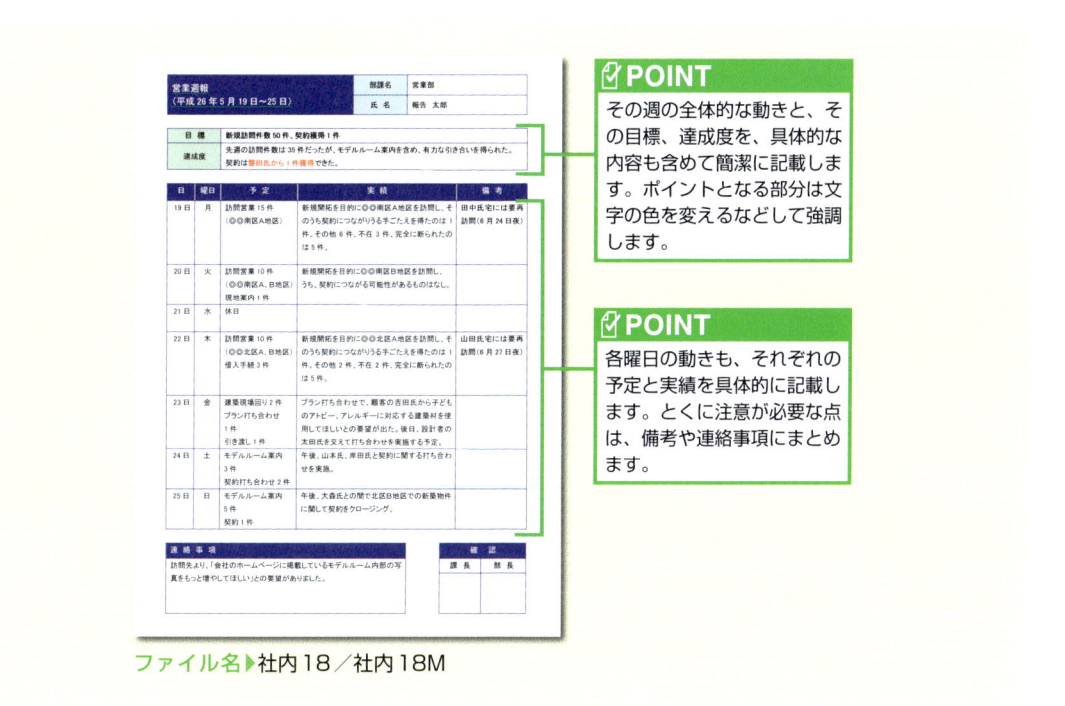

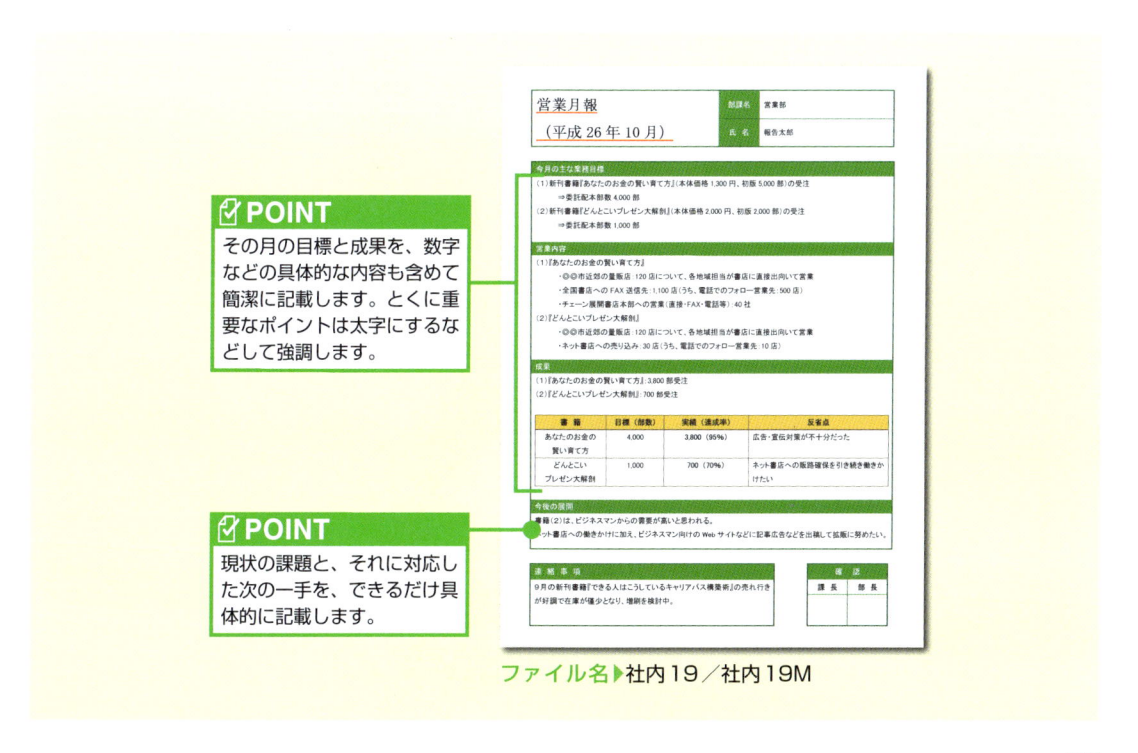

社内向け報告書に使える
営業週報

POINT
その週の全体的な動きと、その目標、達成度を、具体的な内容も含めて簡潔に記載します。ポイントとなる部分は文字の色を変えるなどして強調します。

POINT
各曜日の動きも、それぞれの予定と実績を具体的に記載します。とくに注意が必要な点は、備考や連絡事項にまとめます。

ファイル名 ▶ 社内18／社内18M

社内向け報告書に使える
営業月報

POINT
その月の目標と成果を、数字などの具体的な内容も含めて簡潔に記載します。とくに重要なポイントは太字にするなどして強調します。

POINT
現状の課題と、それに対応した次の一手を、できるだけ具体的に記載します。

ファイル名 ▶ 社内19／社内19M

Part 3 報告書

97

CD-ROM　08報告書_社内向け

社内向け報告書に使える
備品購入の稟議書

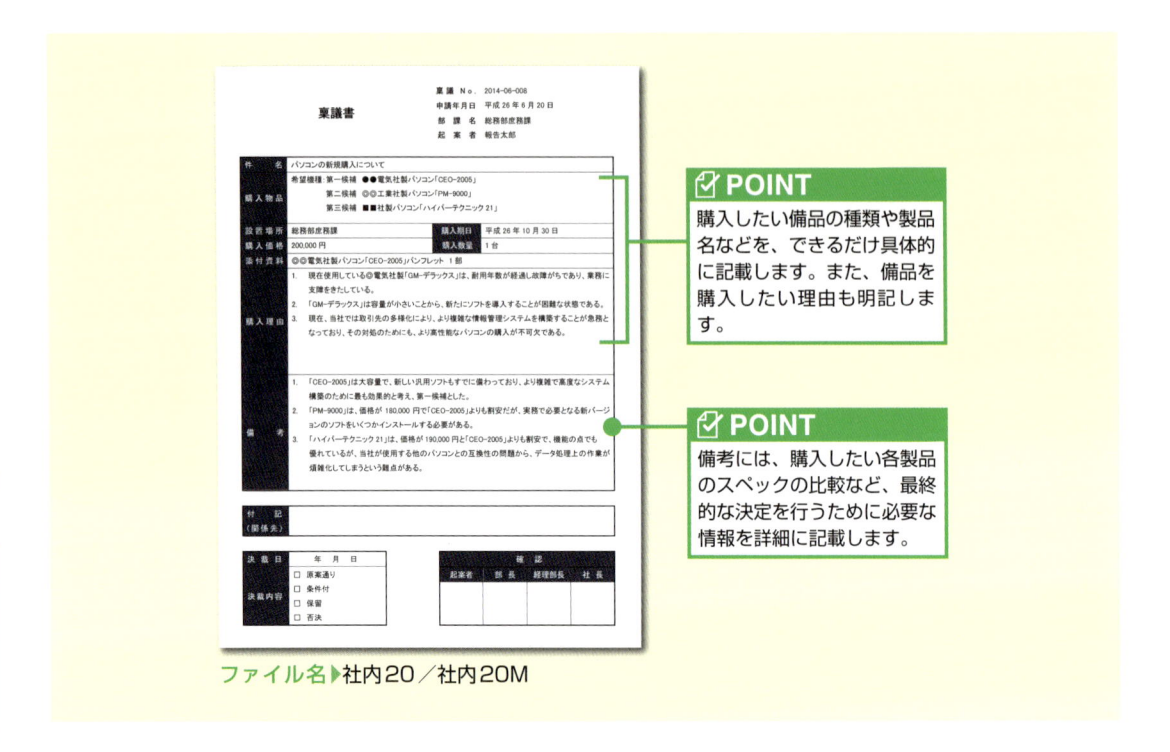

POINT
購入したい備品の種類や製品名などを、できるだけ具体的に記載します。また、備品を購入したい理由も明記します。

POINT
備考には、購入したい各製品のスペックの比較など、最終的な決定を行うために必要な情報を詳細に記載します。

ファイル名▶社内20／社内20M

社内向け報告書に使える
スタッフ増員の稟議書

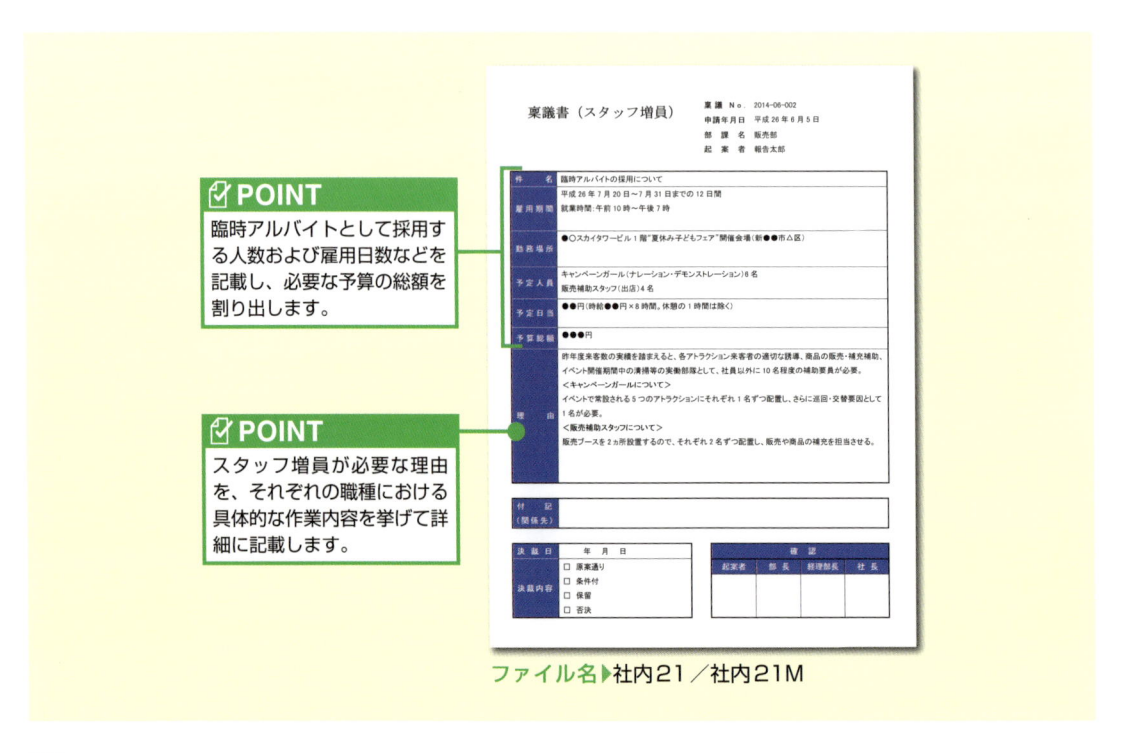

POINT
臨時アルバイトとして採用する人数および雇用日数などを記載し、必要な予算の総額を割り出します。

POINT
スタッフ増員が必要な理由を、それぞれの職種における具体的な作業内容を挙げて詳細に記載します。

ファイル名▶社内21／社内21M

CD-ROM　08 報告書_社内向け

社内向け報告書に使える
始末書

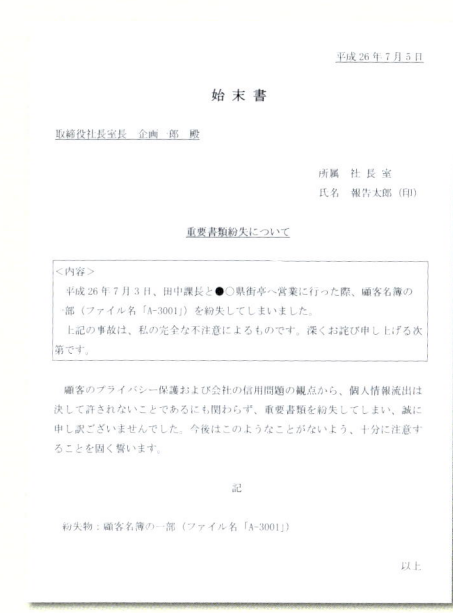

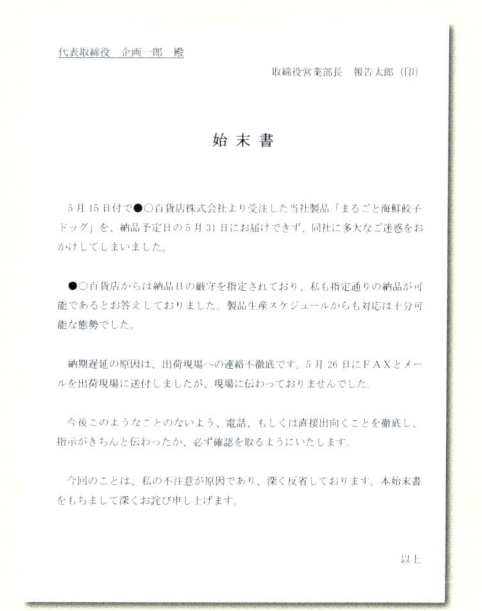

ファイル名 ▶ 社内22

ファイル名 ▶ 社内23

社内向け報告書に使える
研修受講の報告書

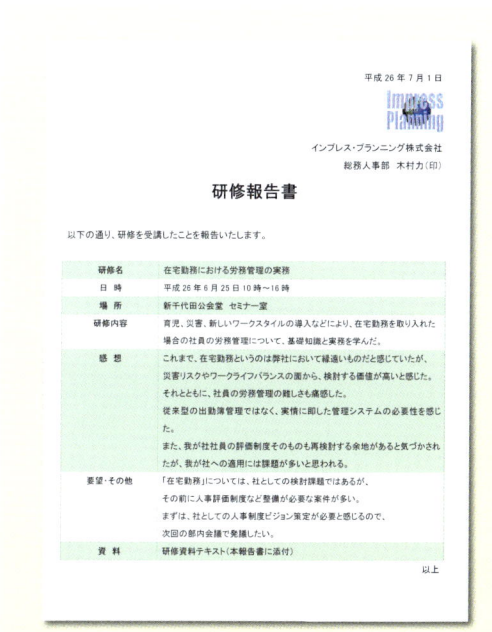

ファイル名 ▶ 社内24／社内24M

ファイル名 ▶ 社内25／社内25M

Part 3　報告書

販売動向調査の報告書

社外向け報告書に使える

POINT
調査の目的や対象製品、期間、対象店舗などの基本情報を詳細に記載します。

●○インターナショナル　御中

タブレット端末販売動向調査

平成 26 年 4 月 25 日
インプレスコーポ
マーケティング部　報告太郎

調査目的	今年度冬商戦向け新製品の価格決定のため、市場における有力タブレット端末の販売数について以下の通り量販店販売動向調査を行った。
調査対象	有力タブレット端末（アポロ／サイボーグ OS） ワールド PAD（アポロ OS）、密林 FIRE01（サイボーグ OS）、次世代号 01（サイボーグ OS）
調査対象期間	平成 26 年 2 月 28 日～3 月 31 日
対象店舗	オオハシカメラ△△中央店、報告電機バイパス店、ミムラヤ■■団地店（計 3 店舗）
調査結果	（単位：台） ※グラフ：ワールドPAD、密林FIRE01、次世代号01 について オオハシ／報告／ミムラヤ の販売台数
考　察	●ビジネス街に近く都心店であるオオハシカメラでは、各端末の台数が競っており、一方郊外店でファミリー客の多い報告電機、ミムラヤ両店では、ワールド PAD が他を引き離している。 ●この調査結果から、サイボーグ OS はビジネスパーソンに愛好され、「仕事に使うタブレット端末」として需要が高いのではないかと想像される。 ●店員にヒアリングしたところ、次のようなコメントを得た。 ・**オオハシカメラ**「購入者の 8 割がビジネスパーソンだが、どの端末にするかは店頭でじっくり検討されているようなので、われわれのアドバイスを聞いてブランド変更するお客も少なくない」 ・「ワールド PAD は利幅が薄いので、当店ではサイボーグ端末、とくに密林 FIRE を推している」 ・**報告電機**「お客のほとんどがワールド PAD 指名買いである」 ・「ワールド PAD は利幅が薄い」 ・**ミムラヤ**「客はファミリー。ワールド PAD を指名した後でわれわれが説明しても、ブランドチェンジはまずない」
今後の展開	・上記から判断すると、製品にサイボーグ OS を採用している貴社においては、都心型、ビジネスパーソン向けプロモーションに注力すると効果的だと思われる。また、店側への利幅を厚くして、アポロ OS 端末と差別化する施策も考えられる。

ファイル名▶社外01／社外01M

POINT
調査結果に基づき、論理的かつ具体的な考察を行います。さらにそれらを踏まえた今後の展開なども、具体的に提案していきます。

09 報告書_社外向け

社外向け報告書に使える
Webサイト調査の報告書

POINT
調査の目的や対象Webサイト、期間、調査項目などの基本情報を詳細に記載します。

●◎ファミリー通販　御中

競合他社Webサイト調査レポート

平成26年5月15日
インプレスコーポ
マーケティング調査部　主査　報告太郎

調査目的	貴社オフィシャルサイトのリニューアルに伴い、生活関連雑貨を提供する競合2ブランドについて、Webサイトの比較調査を行った。
調査対象	対象サイトは以下の通り。なお、パソコンの画面解像度は1400×1050ピクセル。 ・貴社　　　　http://www.*********.jp ・■■百貨店　http://www.*********.jp ・△△密林通販　http://www.*********.jp
調査対象期間	平成26年3月31日～4月7日

調査項目	評価項目	概要
	インターフェースデザイン	・デザインは一貫しているか ・色調は効果的か ・スクロール数は多過ぎないか
	サイトデザイン	・ナビゲーションは効果的か ・サイト階層は複雑ではないか ・目的ページへのアクセスまでのクリック数は適切か
	コンテンツデザイン	・ターゲット、コンセプトは明確か ・ユーザー窓口はあるか
	コンテンツの見せ方 （製品情報）	・製品カテゴリの数とわかりやすさは妥当か ・製品情報の見せ方は明確か

調査結果(抜粋)	評価項目	貴社	■■百貨店	△△密林
	サイトデザイン →ナビゲーションは効果的か	TOPページの通常メニューとその他のメニューの区別がつきにくい	TOPページと2階層以降のナビゲーションが異なるためにわかりにくい	どのページもナビゲーションが同一なのでわかりやすい

改善ポイント
■インターフェースデザイン
・デザインの一貫性を持たせ、コンテンツごとに色分けし、色調を効果的に使う
・少ないスクロール数で情報を見せられる工夫をする
■サイトデザイン
・グローバルナビゲーションを配置し、サイト階層はできるだけシンプルに
■コンテンツデザイン
・訴求ターゲットとコンテンツは連動させる
・コンテンツに盛り込む内容を精査する
■コンテンツの見せ方
・製品情報は最小のスクロール数で見せる工夫をする
■サイト更新
・「What's New」や新製品情報は掲載期間などのルールを決め、定期的な更新を行う

ファイル名▶社外02／社外02M

POINT
調査結果から導き出された改善のポイントは、個条書きで簡潔にまとめます。

Part 3 報告書

社外向け報告書に使える
購入意識調査の報告書

> **POINT**
> 定量調査の結果はグラフ化して視覚的に表現します。また、定性調査の結果は表を使って簡潔にまとめます。

●◎ファミリー通販　御中

観葉植物購入意識調査報告書

平成26年5月15日
インプレスコーポ
マーケティング部　主査　報告太郎

目　的	・貴社ホームセンター、Webサイトで新たに販売するギフト用観葉植物の商品開発に際し、観葉植物に対する客の好みや趣向、売れ筋商品などをアンケート調査により把握し、需要の拡大、販売促進に結びつけること。
調査方法	(1) 定量調査　全国計10,000世帯を対象にアンケート調査を実施した。回収率は52%。 (2) 定性調査　40～60代の男女6グループによるグループインタビューを実施した。
定量調査	・観葉植物を選ぶときの「重視ポイント」については以下の通り。 [グラフ：種類の多さ／価格／配送スピード　凡例：重視する／どちらでもない／重視しない] ・購入の際のポイントは「種類の多さ」がトップ。 より多くの選択肢を提供できるかどうかが鍵を握る。
定性調査	・グループインタビューで出た主な意見は次の通り。 ■ポジティブな意見：贈答品として使いたい(40代女性)／メッセージを添えて送りたい(50代女性)／社用の贈り物として好適(50代男性) etc. ■ネガティブな意向：贈られてもケアが大変(50代男性)／アドバイスがほしい(60代男性)／好みじゃなかったら困る(40代女性) etc. ■望むこと：手間がかからないものがいい(40代女性)／手間をかけても楽しいもの(60代男性)／手間を楽しめるサービス(50代女性) etc. ・ギフトとして使いたいという意見が多い反面、「手間がかかる」「好みに合うかどうか」というネガティブな意見も出た。
考　察	・キーワードは「手間を楽しむこと」。 ・「手間」についてはネガティブではなく、「手間を楽しめるサービスがほしい」という声も聞かれた。このあたりの不安を払拭し、期待を高めるサービス開発が必要となろう。

ファイル名▶社外03／社外03M

> **POINT**
> 定量調査、定性調査を行ったうえで、その結果をまとめ、考察を記載していきます。

09 報告書_社外向け

社外向け報告書に使える
新製品の販売スケジュール

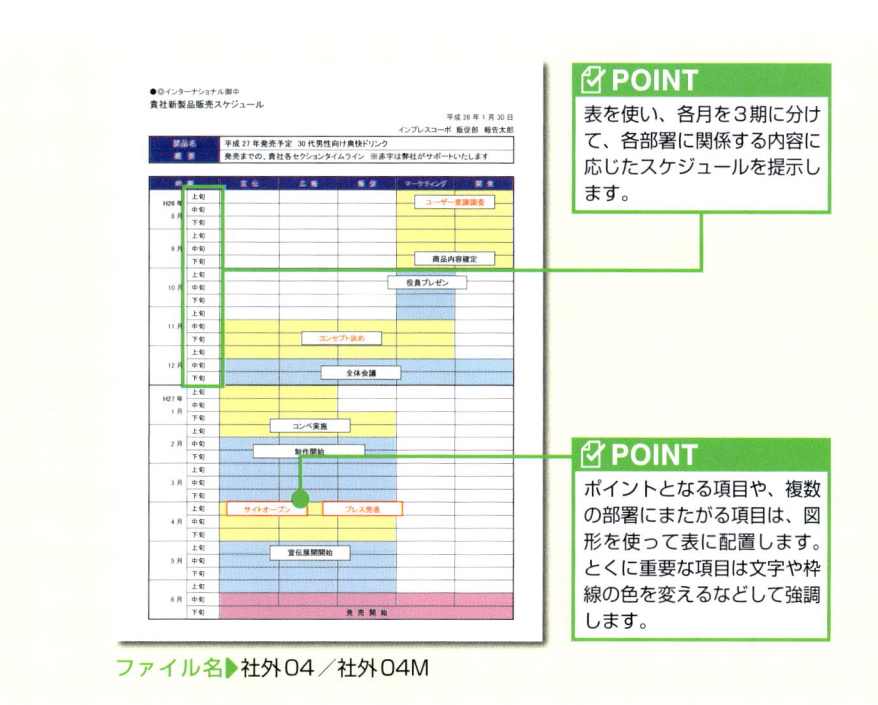

POINT
表を使い、各月を3期に分けて、各部署に関係する内容に応じたスケジュールを提示します。

POINT
ポイントとなる項目や、複数の部署にまたがる項目は、図形を使って表に配置します。とくに重要な項目は文字や枠線の色を変えるなどして強調します。

ファイル名▶社外04／社外04M

社外向け報告書に使える
Web制作スケジュール

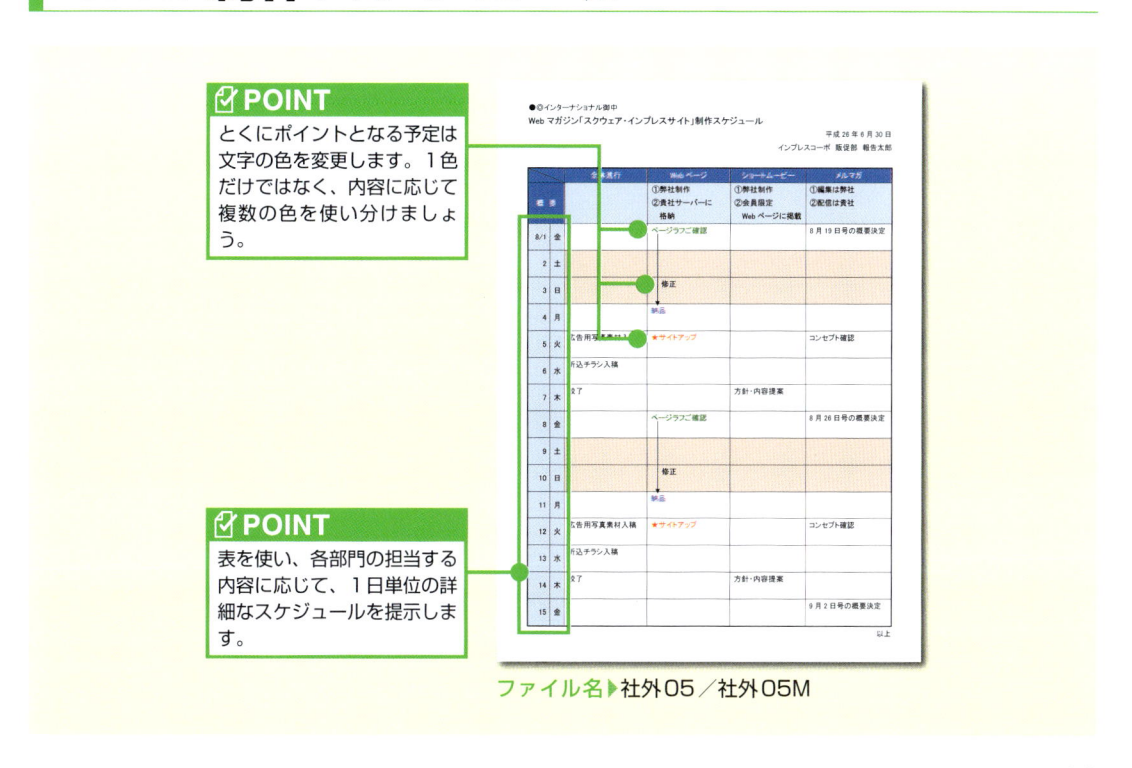

POINT
とくにポイントとなる予定は文字の色を変更します。1色だけではなく、内容に応じて複数の色を使い分けましょう。

POINT
表を使い、各部門の担当する内容に応じて、1日単位の詳細なスケジュールを提示します。

ファイル名▶社外05／社外05M

Part 3 報告書

09 報告書_社外向け

社外向け報告書に使える
3ヵ月スケジュール

POINT
表を使い、1日単位で3ヵ月間のスケジュールを提示します。

POINT
とくにポイントとなる予定は、セルに色を付けて強調します。また、この表では休日にも色を付けて見やすくしています。

ファイル名 ▶ 社外06／社外06M

社外向け報告書に使える
スタッフシフト表

POINT
矢印を使い、表に記載された予定が継続する状態を表しています。

POINT
表を使い、1日の各時間帯におけるそれぞれのスタッフのシフト案を提示します。

ファイル名 ▶ 社外07／社外07M

Part 3 報告書

104

CD-ROM　09 報告書_社外向け

社外向け報告書に使える
書類送付状

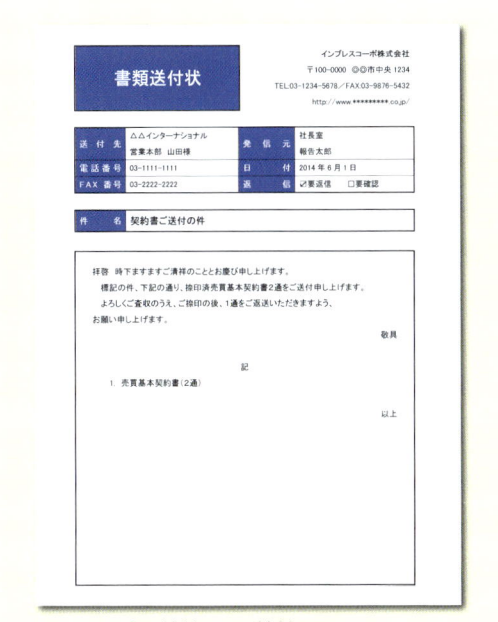

ファイル名▶社外08／社外08M

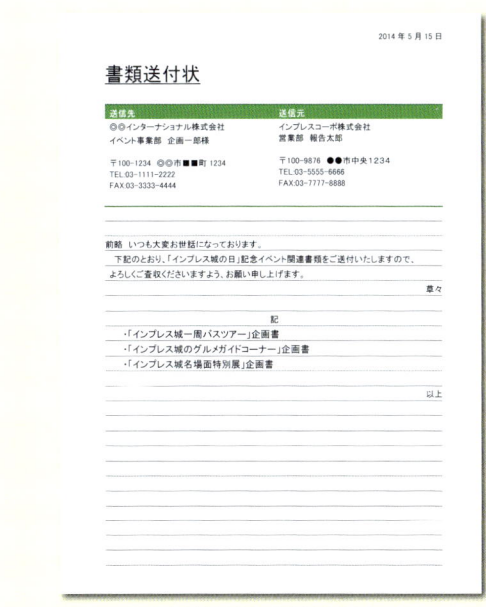

ファイル名▶社外09／社外09M

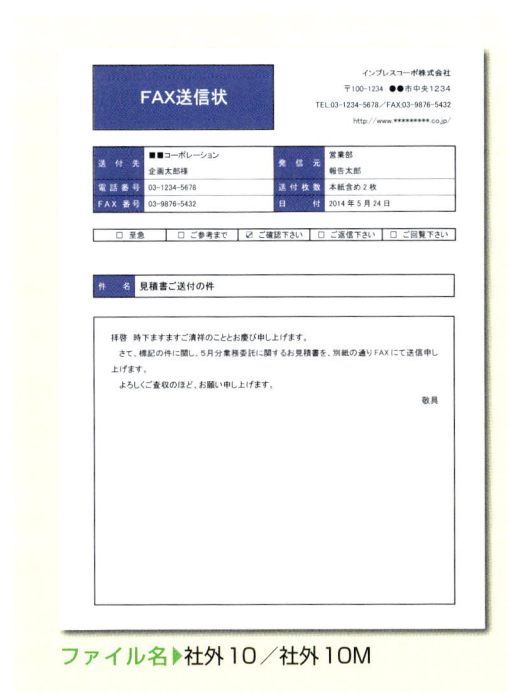

社外向け報告書に使える
FAX送信状

ファイル名▶社外10／社外10M

ファイル名▶社外11／社外11M

Part 3 報告書

105

社外向け報告書に使える
支社開設の案内状

POINT
とくに重要な部分を太字にしたり、フォントサイズを変えたりして強調します。

平成 26 年 6 月 1 日

Impress ASIA

新千代田インターナショナル株式会社
営業本部　本部長　九段三郎　様

インプレス・アジア株式会社
取締役営業部長　東郷公弘
新千代田区中央 1234

ベトナム支社開設のご案内

拝啓　時下ますますご清祥のこととお慶び申し上げます。
　平素は弊社事業に格別のご高配を賜り、誠に有り難く厚くお礼申し上げます。
　さて、弊社では新たにベトナム市に支社を開設し、本日付で業務を開始致す運びとなりました。
　これまでベトナム地方の営業はタイ営業所が行ってまいりましたが、今後はベトナム地方のお得意様へ、より事業に密着したサービスを提供できますよう、社員一同全力を尽くす所存でおります。
　今後とも格別のお引立てをお願い申し上げ、ご挨拶とさせていただきます。
　まずは略儀ながら書中をもってご挨拶を申し上げます。

敬具

記

住　　所：ベトナム県ベトナム市 1-1-1 ハノイビル
電話番号：012-3456789　　ＦＡＸ：012-3456789

（公園／駅／ハノイビル／ベトナム報告館 の地図）

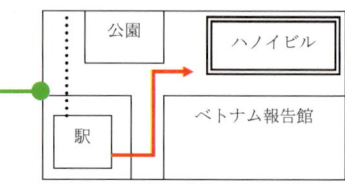

以上

ファイル名▶社外12／社外12M

POINT
図形を活用して地図を作成し、目的地へのアクセス方法を記載します。

社外向け報告書に使える
新規顧客への挨拶状

POINT
問い合わせがあった新規顧客に対する挨拶で、サービス内容などについての説明も丁寧に行います。

平成26年4月15日

山渓コーポレーション株式会社
営業本部　雪山踏三郎　様

iMPRESS CONTENTS
インプレス・コンテンツ株式会社
営業部　市谷太郎
新千代田区中央1234
電話番号：012-345-6789
ＦＡＸ：012-345-6789

ごあいさつ

拝啓　時下ますますご清祥のこととお慶び申し上げます。
　さて、このたびは、貴社顧客向けホームページのリニューアルに関しまして、弊社のサイト開発サービスにお問い合わせをいただき、誠にありがとうございます。
　ご参考までに、当社のサービスメニューに関する詳細資料を送付させていただきます。利用にあたってのご質問、ご不明な点などあれば、下記窓口で受け付けておりますので、何なりとお申し付けください。また、ご要望の内容に変更が生じた場合は、それに伴う内容の評価や必要なサービスのご提案など、お客様の目的に合わせた対応をさせていただきます。
　今後とも何卒よろしくお願い申し上げます。

敬具

■お客様サービスセンターお問い合わせ窓口
E-Mail：info@impressxxxxxx
URL：http://www. impressxxxxxx

ファイル名▶社外13／社外13M

POINT
とくに重要な問い合わせ窓口などの情報は、枠で囲んで強調します。

社外向け報告書に使える
納期遅延のお詫び状

> **POINT**
> ごまかしや言い訳にならないよう、あくまでも事実を明確に記載し、丁寧にお詫びを述べます。

平成 26 年 6 月 2 日

●●百貨店株式会社

食品部長　企画太郎　様

インプレスコーポ株式会社
取締役営業部長　報告太郎
■■市中央 1234
電話番号：012-3456789
ＦＡＸ：012-3456789

納期遅延に関するお詫び

拝啓　時下ますますご清祥のこととお慶び申し上げます。
平素は格別のお引立てを賜り、誠に有り難く厚く御礼申し上げます。
　このたびは、弊社がご注文を承りました当社製品の餃子ドッグ「まるごと海鮮餃子ドッグ」を、納品お約束日の 5 月 31 日にお届けできず、貴社に多大なご迷惑をおかけし、誠に申し訳なくお詫び申し上げます。
　貴社より 5 月 31 日付納品の厳守を希望されており、私も当日の納品は可能とお答えしていました。しかし、一連の食品偽装問題を受けた「まるごと海鮮餃子ドッグ」原材料の品質チェック強化、および社内生産ライン品質管理体制の厳格化により、目下、生産が需要に追いつかない状況が続いております。
　早速、出荷現場の責任者と連絡を取り、既に納品させていただきました 1,200 箱を差し引いた残りの 2,500 箱を、6 月 5 日付で貴社宛に納品させていただく手配が整いました。
　今回のことは、出荷担当者との不十分な連絡・確認が原因であり、深く反省しております。しかしながら、品質管理体制の厳格化は皆様に安全な食品を届けるための措置でもありますので、何卒、事情をご賢察いただき、ご容赦くださいますようお願い申し上げます。

敬具

ファイル名▶社外 14

> **POINT**
> この時点で可能な次善の対策を提示し、顧客の理解を求めます。

09報告書_社外向け

社外向け報告書に使える
企業顧客へのお礼状

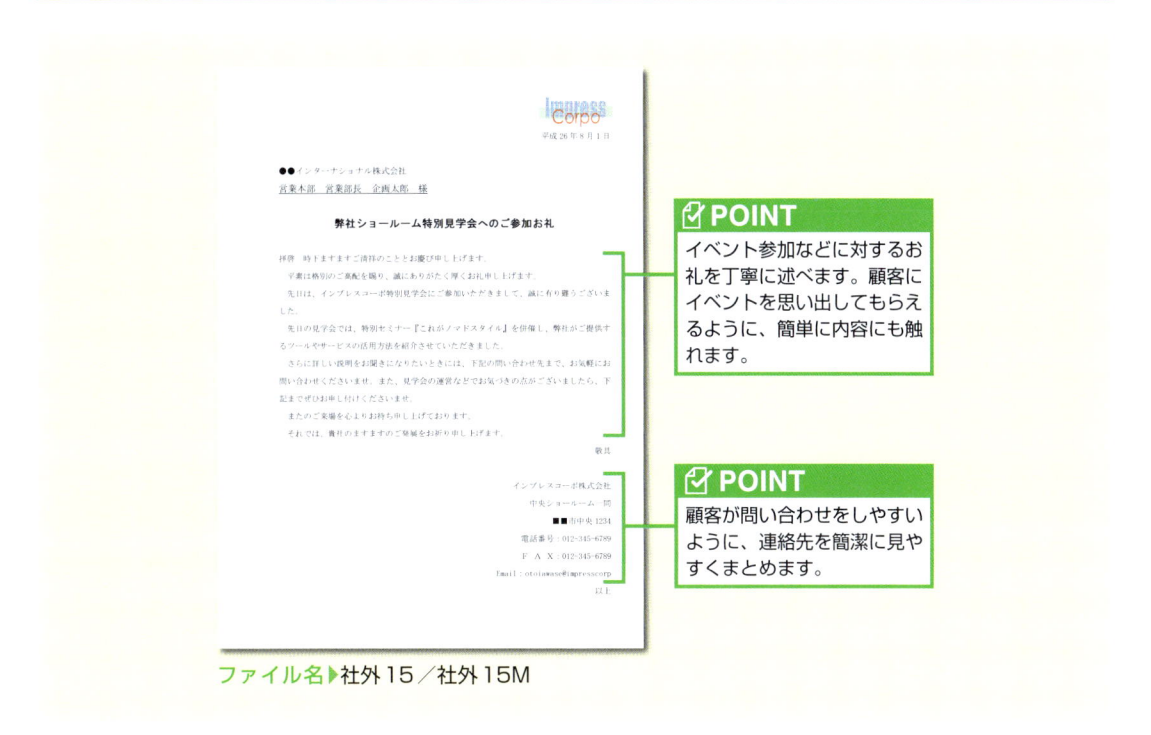

POINT
イベント参加などに対するお礼を丁寧に述べます。顧客にイベントを思い出してもらえるように、簡単に内容にも触れます。

POINT
顧客が問い合わせをしやすいように、連絡先を簡潔に見やすくまとめます。

ファイル名▶社外15／社外15M

社外向け報告書に使える
個人顧客へのお礼状

POINT
自社や店舗に親しみを持ってもらえるよう、丁寧に挨拶を述べます。

POINT
自社や店舗のコンセプトなど、顧客に伝えたいメッセージを盛り込みます。

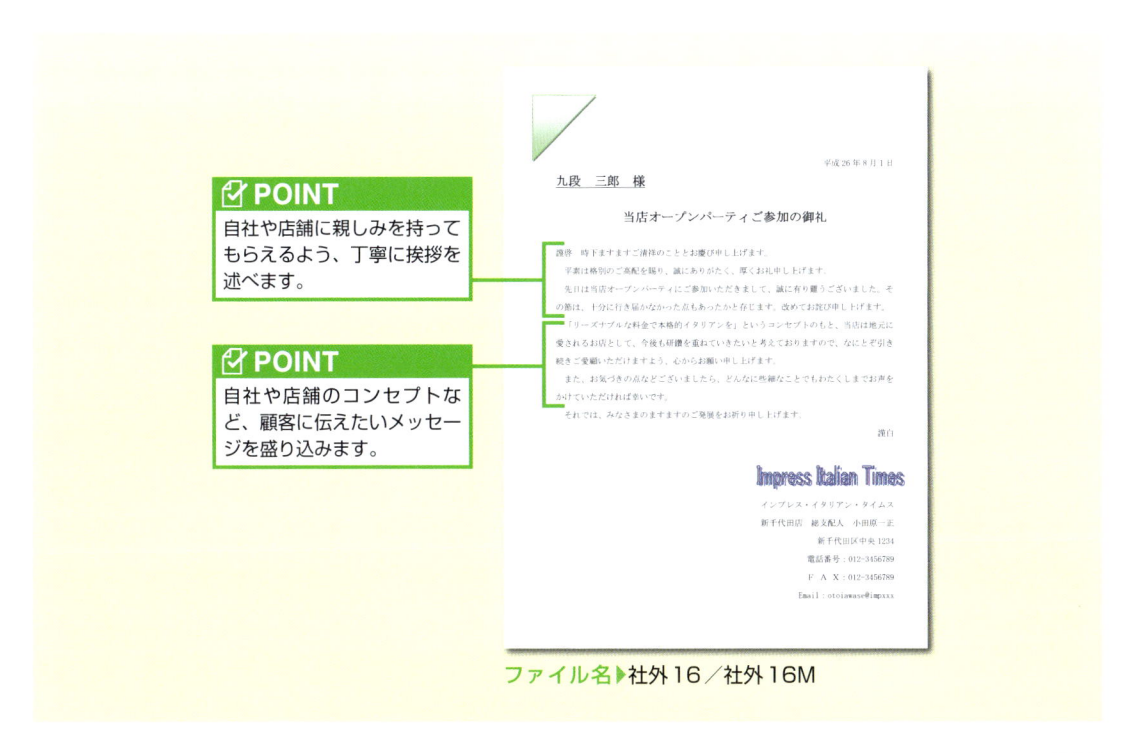

ファイル名▶社外16／社外16M

Part 3 報告書

社外向け報告書に使える
業務完了の報告書

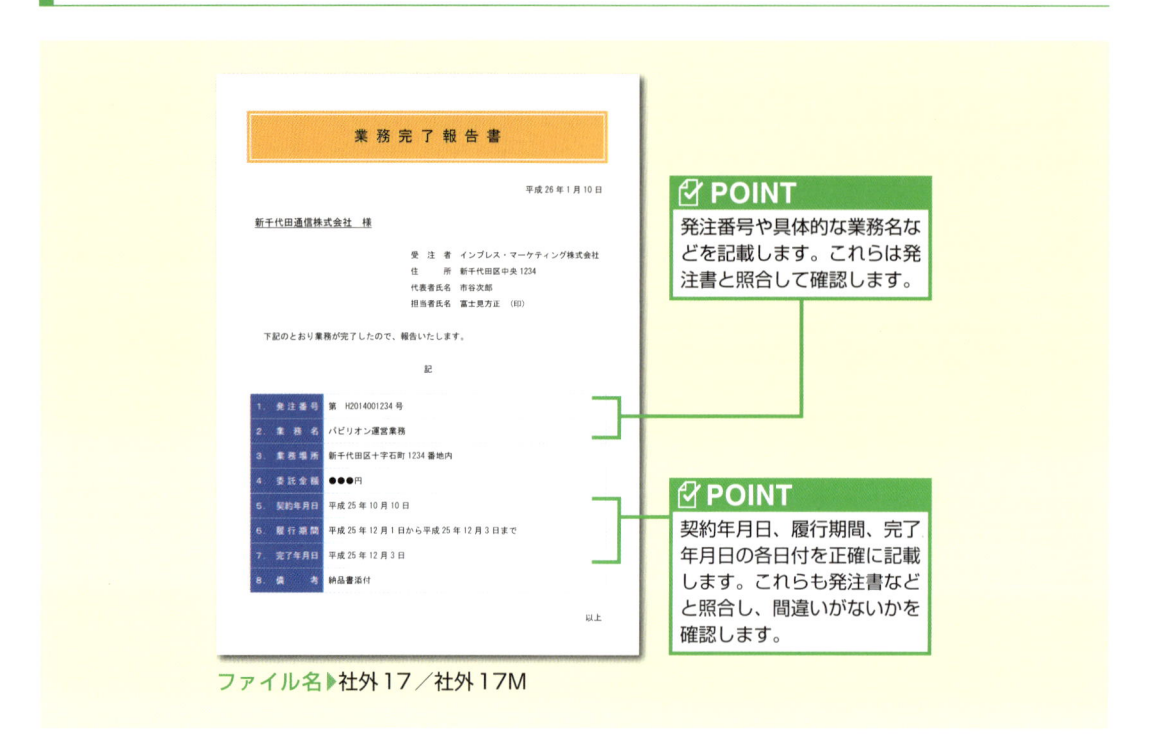

POINT
発注番号や具体的な業務名などを記載します。これらは発注書と照合して確認します。

POINT
契約年月日、履行期間、完了年月日の各日付を正確に記載します。これらも発注書などと照合し、間違いがないかを確認します。

ファイル名 ▶ 社外17／社外17M

社外向け報告書に使える
納品書

POINT
発注番号や具体的な納品物の内容を記載します。これらは発注書と照合して確認します。

POINT
記載された内容は、業務完了報告書や請求書などとも照合し、間違いがないかを確認します。

ファイル名 ▶ 社外18／社外18M

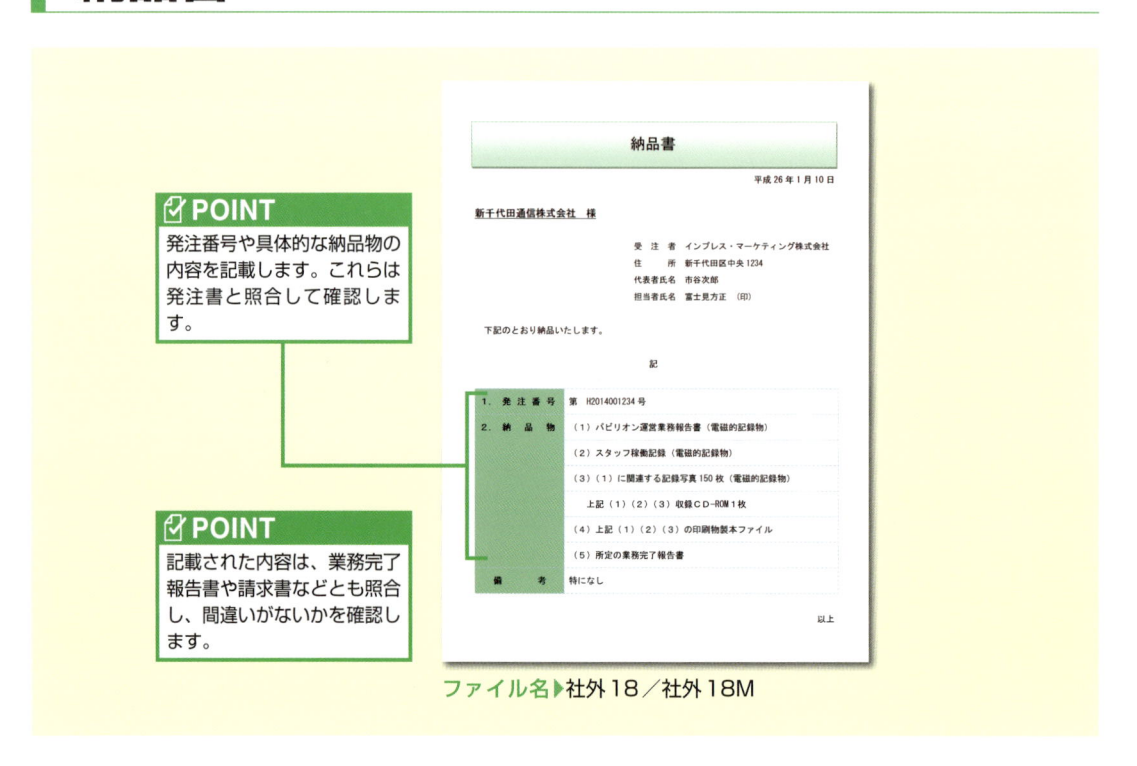

CD-ROM ▶ 09 報告書_社外向け

社外向け報告書に使える
領収書／発注書

ファイル名 ▶ 社外19

ファイル名 ▶ 社外20／社外20M

社外向け報告書に使える
見積書／請求書

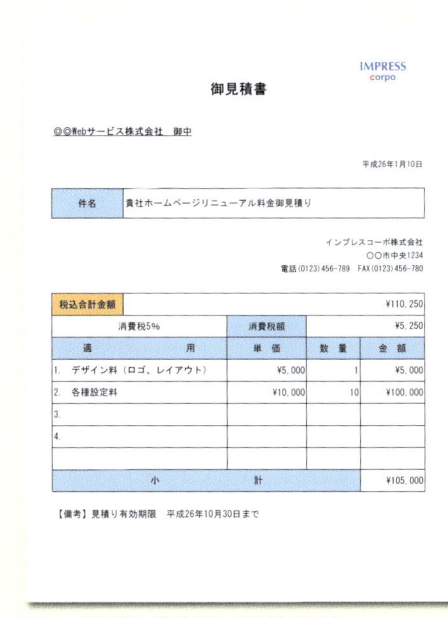

ファイル名 ▶ 社外21／社外21M

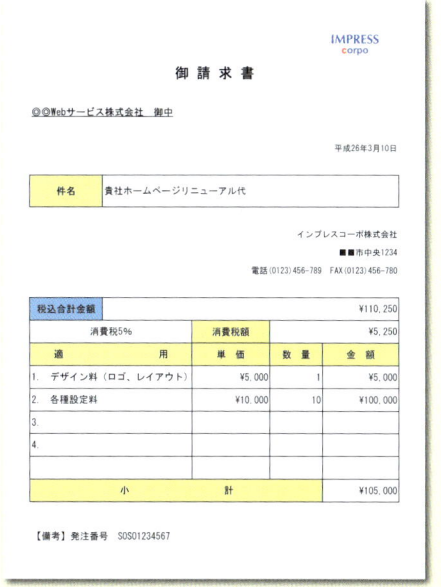

ファイル名 ▶ 社外22／社外22M

Part 3 報告書

111

その他の資料
アンケート①

POINT
アンケートの回答者が記入しやすいように、質問内容および選択肢と、回答欄を分けます。

平成 26 年 11 月
●●銀行　■■中央支店

●●銀行　第 1 回投資信託セミナー　アンケートのお願い

　このたびは当行のセミナーにご出席いただき、ありがとうございました。
　このアンケートは、参加者に意見をお聞きし、よりよいセミナーにしていくためのものです。深く考えず、ご自身の感覚で、自由に答えていただければ結構です。
　お答えいただいたご意見につきましては、無記名で処理させていただき、純粋に調査目的のみに使わせていただきますのでご安心くださいませ。

質　問	回答欄
Q1 本セミナーの内容についてはわかりやすかったでしょうか？ お気持ちに近いものをひとつだけ選んで、その記号を右の回答欄にお書きください。 a.とてもわかりやすかった　b.まあまあわかりやすかった c.少しわかりにくいところがあった　d.わかりにくかった	Q1
Q2 Q1 で「c.少しわかりにくいところがあった」「d.わかりにくかった」とお答えになった方にお聞きします。その原因はなんでしょうか？ お気持ちに近いものをいくつでも選んで、その記号を右の回答欄にお書きください。 a.講師がよくない　b.資料がよくない　c.時間が短すぎる d.講師の声が聴き取りにくい　e.会場が落ち着かない　f.その他（右にお書きください）	Q2 その他
Q3 セミナー以前に「投資信託」について、詳しいことをご存じでしたか？ ひとつだけ選んで、その記号を右の回答欄にお書きください。 a.よく知っていた　b.多少知っていた　c.あまり知らなかった　d.知らなかった	Q3
Q4 このセミナーで「投資信託」について興味を持ちましたか？ ひとつだけ選んで、その記号を右の回答欄にお書きください。 a.かなり持った　b.多少持った　c.あまり興味がない　d.全然興味がない	Q4
Q5 このセミナーで「分散投資●●セブン」について興味を持ちましたか？ ひとつだけ選んで、その記号を右の回答欄にお書きください。 a.かなり持った　b.多少持った　c.あまり興味がない　d.全然興味がない	Q5
Q6 ●●銀行に「投資信託コーナー」があるのをご存じでしたか？ ひとつだけ選んで、その記号を右の回答欄にお書きください。 a.知っていた　b.知らなかった	Q6
Q7 その他当セミナーについてお気づきになったことを下記回答欄に自由にお書きください。	
回答欄	

年齢をお聞かせください（　　　歳）	性別をお聞かせください（男性／女性）
ご職業をお聞かせください（　　　　　　　　　　　　　　　　　　　）	

ご協力いただき、誠にありがとうございました。

ファイル名▶その他01／その他01M

POINT
アンケートの回答に迷わないように、その質問が単回答か複数回答かを示す部分に下線を付けます。

その他の資料
アンケート②

POINT
表を使い、アンケートの回答者が質問内容および選択肢を見やすいように作成します。

平成26年11月
●●百貨店

「●●ヘルシーお料理教室」参加体験　アンケートのお願い

このたびは「●●ヘルシーお料理教室」にご参加いただき、ありがとうございました。
本アンケートは、参加者のご意見をお聞きし、よりよいセミナーにしていくためのものです。深く考えず、ご自身の感覚で、自由に答えていただければ結構です。
お答えいただいたご意見につきましては、無記名で記号として処理させていただき、純粋に調査目的のみに使わせていただきますのでご安心くださいませ。

① この料理教室をどのようにしてお知りになりましたか？　下記からいくつでも選んで○をおつけください。				
1．友人	2．DM	3．公式サイト	4．SNS	5．メルマガ
6．ポスター	7．偶然	8．その他（　　　　　　　　　　　　　　）		

② どうしてこの料理教室に参加しようと思われましたか？　下記からいくつでも選んで○をおつけください。				
1．先生に興味	2．料理内容に興味	3．百貨店で安心	4．無料だから	5．口コミで
6．苦手意識を払拭	7．暇だから	8．その他（　　　　　　　　　　　　　　）		

③ ご自分で料理をするのはお好きですか？　あてはまるものにひとつだけ○をおつけください。				
1．とても好き	2．まあまあ好き	3．どちらでもない	4．あまり好きでない	5．好きではない

④ 今後またこのような教室に参加したいと思いますか？　あてはまるものにひとつだけ○をおつけください。				
1．参加したい	2．まあ参加したい	3．どちらでもない	4．あまりしたくない	5．参加しない

⑤ 本日参加してよかったことは何ですか？　下記からいくつでも選んで○をおつけください。				
1．料理を覚えた	2．楽しかった	3．先生が良かった	4．美味しかった	5．とくにない

⑥ 本日参加してダメだったことは何ですか？　下記からいくつでも選んで○をおつけください。				
1．説明	2．料理	3．雰囲気	4．接遇	5．とくにない

⑦ 今後習ってみたい料理がありましたら、それはどんなものですか？　自由にお書きください。

⑧ 今後参加してみたい講座がありましたら、それはどんなものですか？　自由にお書きください。

⑨ その他●●百貨店についてご意見・ご要望がございましたら、自由にお書きください。

年齢	歳	ご職業	

ご協力いただき、誠にありがとうございました。

ファイル名▶その他02／その他02M

POINT
なるべく多くの文字が書けるよう、自由回答欄は十分なスペースを確保します。

その他の資料
商品販売の案内状

POINT
先行予約特典など、とくに重要なポイントは、文字の色を変えるなどして強調します。

報告太郎「間違いだらけの Web マーケティング」DVD 特別頒布のお知らせ

インターネット・マーケティングの大家として知られる報告太郎先生のセミナーがついに DVD 化されました。報告先生の講義は「幻のセミナー」と呼ばれ、まず、特別な地位にある人以外には聞くことのできないものだと言われておりますが、しかし、今回その講義を DVD 化する許諾が下り、限定で 5,000 名様のみに販売できる運びとなりましたので、ここにご案内させていただきます。ぜひ、貴社の Web 戦略に本 DVD をお役立ていただきたく存じます。

報告太郎「間違いだらけの Web マーケティング」
第 1 巻　Web マーケティングの基本
第 2 巻　間違いだらけの集客方法
第 3 巻　間違いだらけの SEO
第 4 巻　間違いだらけのソーシャルメディア活用
第 5 巻　間違いだらけの O2O 手法
第 6 巻　間違いだらけのスマートデバイス活用

先行予約特典
● 先行予約期間にお申し込み、ご入金の方には下記の特典をおつけいたします。
　　・**定価より 20%OFF**
　　・**報告太郎「報告 10 箇条」小冊子**

お申し込みについて
● 先行予約期間　5 月 30 日まで
● 納品時期　ご入金確認後、7 月 1 日より順次送付させていただきます。

「間違いだらけの Web マーケティング」DVD 報告太郎の幻のセミナーを収録！	定価　●●万円 →　先行予約●●円

下記に必要事項をご記入の上、(0123)456-789 まで FAX をお願いいたします。
また、本件についてのお問い合わせは下記までお願い申し上げます。
　[社　名]●●コーポレーション株式会社　通信販売部
　[住　所]■■市中央 1234　[電　話](0123)456-780

FAX(0123)456-789

「間違いだらけの Web マーケティング」DVD の先行予約を申し込みます。			
ご氏名		会社名	
送付先ご住所			
お電話		FAX	

ファイル名▶その他03／その他03M

POINT
案内状としてだけではなく、FAX による申込書としても利用できるように、購入者名などの記入欄を設けます。

10 報告書_その他

その他の資料
施設内覧の申込書

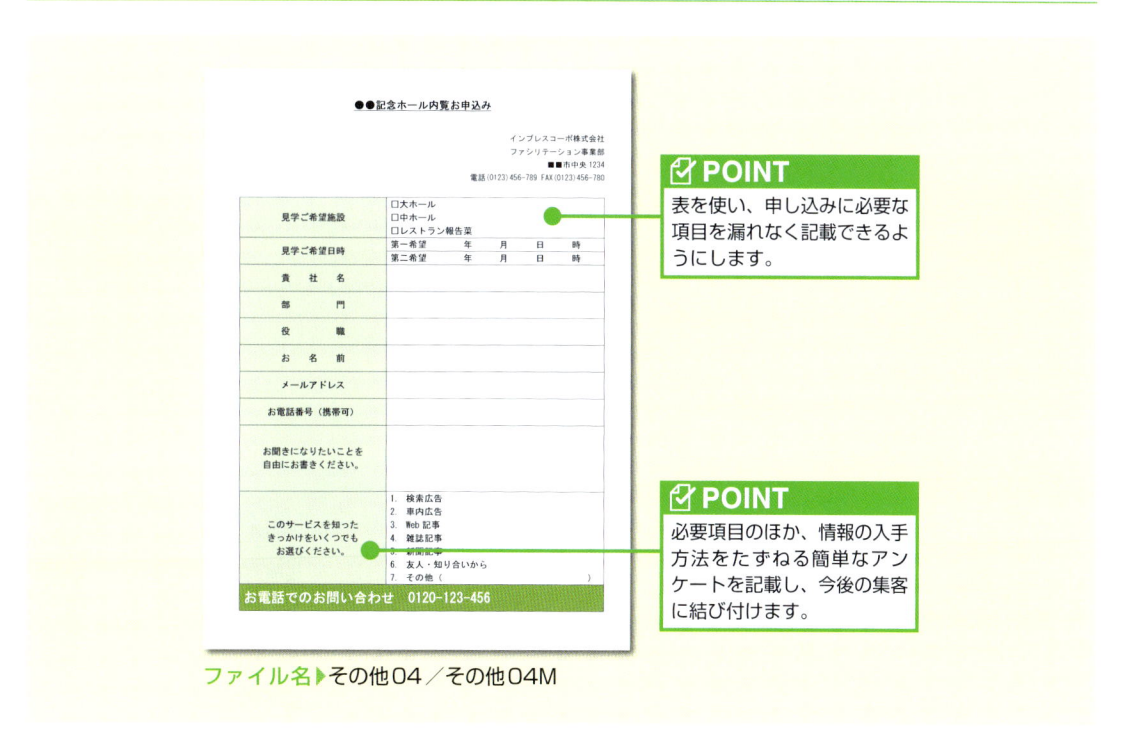

POINT
表を使い、申し込みに必要な項目を漏れなく記載できるようにします。

POINT
必要項目のほか、情報の入手方法をたずねる簡単なアンケートを記載し、今後の集客に結び付けます。

ファイル名▶その他04／その他04M

その他の資料
取材の申請書

POINT
取材の希望日時や取材内容、掲載媒体など、取材の概要をわかりやすく記載します。

POINT
自社の情報を詳しく記載することで、責任の所在を明確にします。これにより、取材先の信用も得やすくなります。

ファイル名▶その他05／その他05M

Part 3 報告書

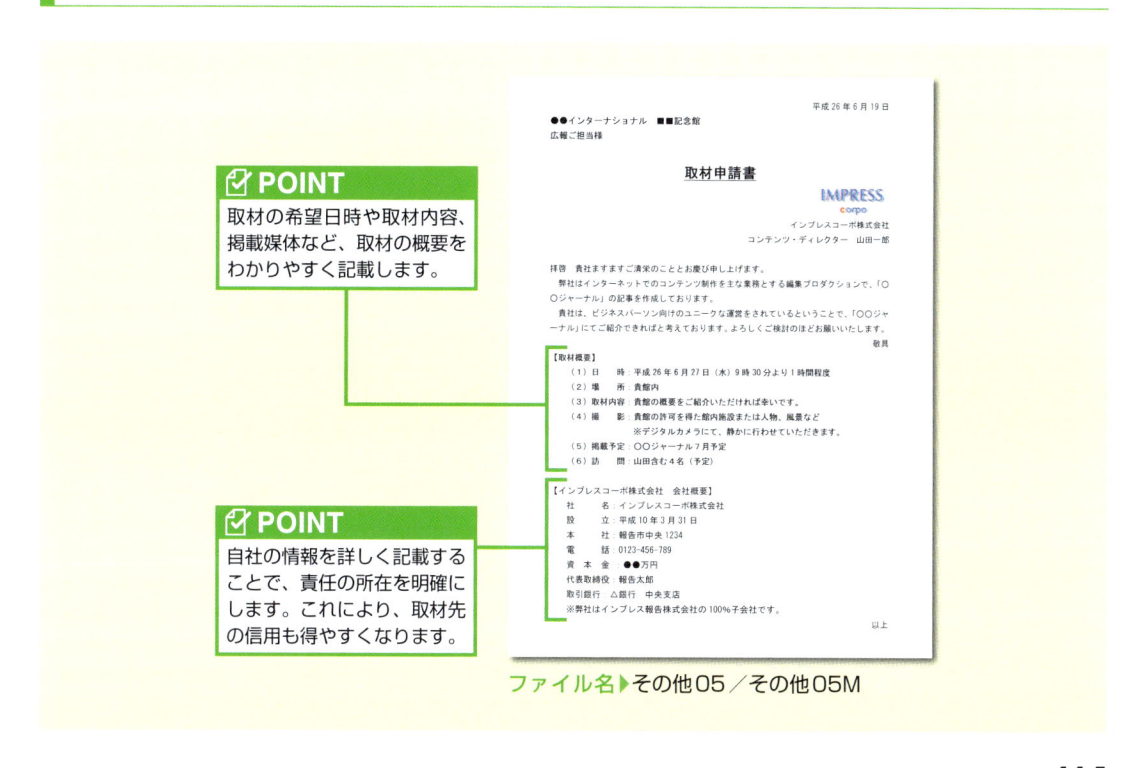

115

10 報告書_その他

その他の資料
To Do リスト①

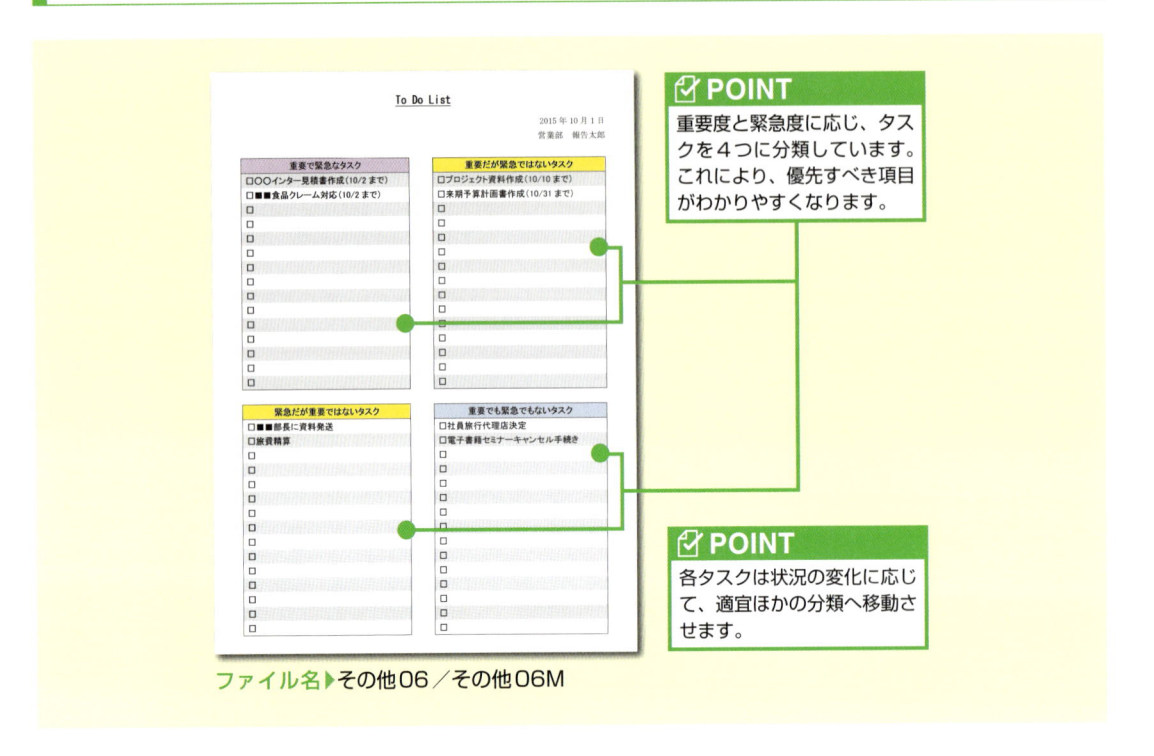

POINT
重要度と緊急度に応じ、タスクを4つに分類しています。これにより、優先すべき項目がわかりやすくなります。

POINT
各タスクは状況の変化に応じて、適宜ほかの分類へ移動させます。

ファイル名▶その他06／その他06M

その他の資料
To Do リスト②

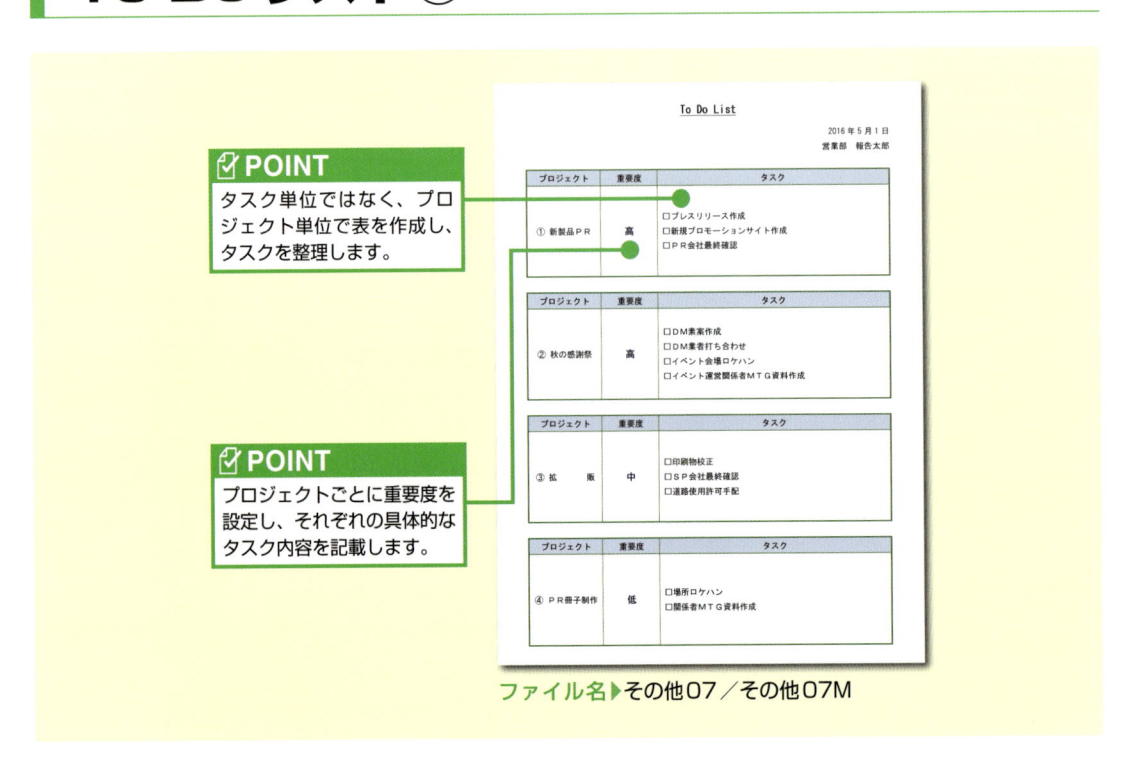

POINT
タスク単位ではなく、プロジェクト単位で表を作成し、タスクを整理します。

POINT
プロジェクトごとに重要度を設定し、それぞれの具体的なタスク内容を記載します。

ファイル名▶その他07／その他07M

10報告書_その他

その他の資料
分析結果の報告書

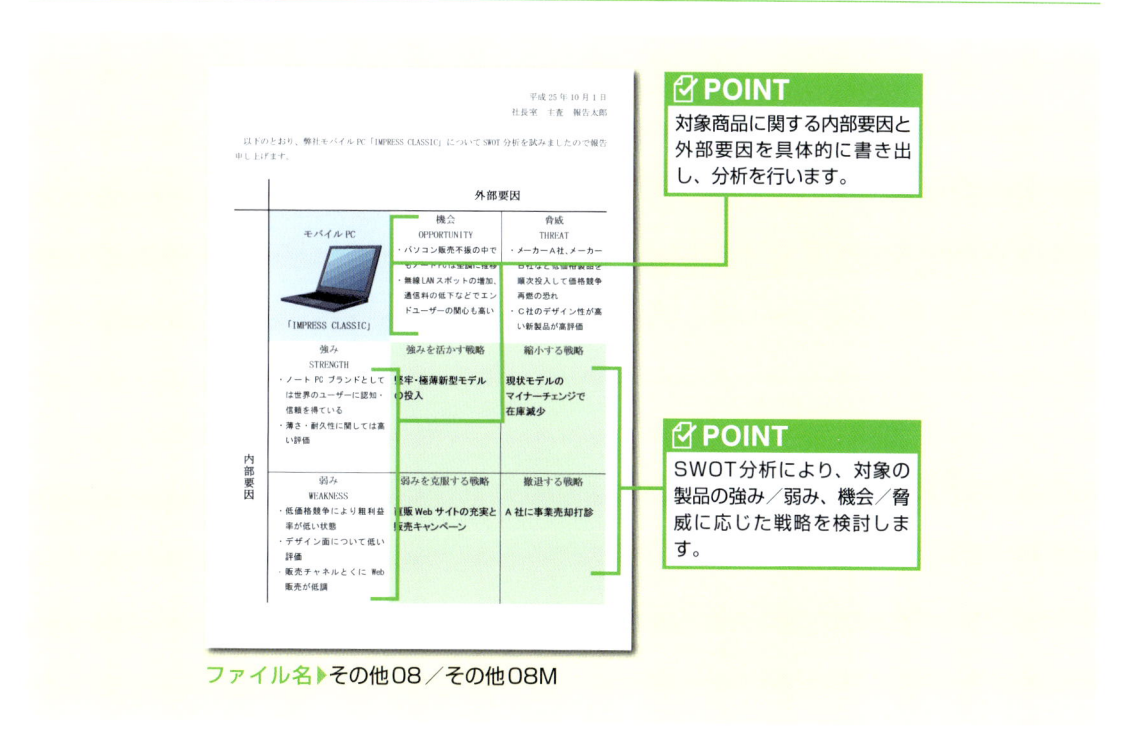

POINT
対象商品に関する内部要因と外部要因を具体的に書き出し、分析を行います。

POINT
SWOT分析により、対象の製品の強み／弱み、機会／脅威に応じた戦略を検討します。

ファイル名▶その他08／その他08M

その他の資料
目標管理シート

POINT
最終的な目標、および今期の具体的な目標を、数字を挙げて記載します。

POINT
今期の目標を達成するために、まず四半期（Q）ごとの目標に落とし込み、さらに月、日ごとの目標に落とし込んで、実現に向けた行動を記載します。

ファイル名▶その他09／その他09M

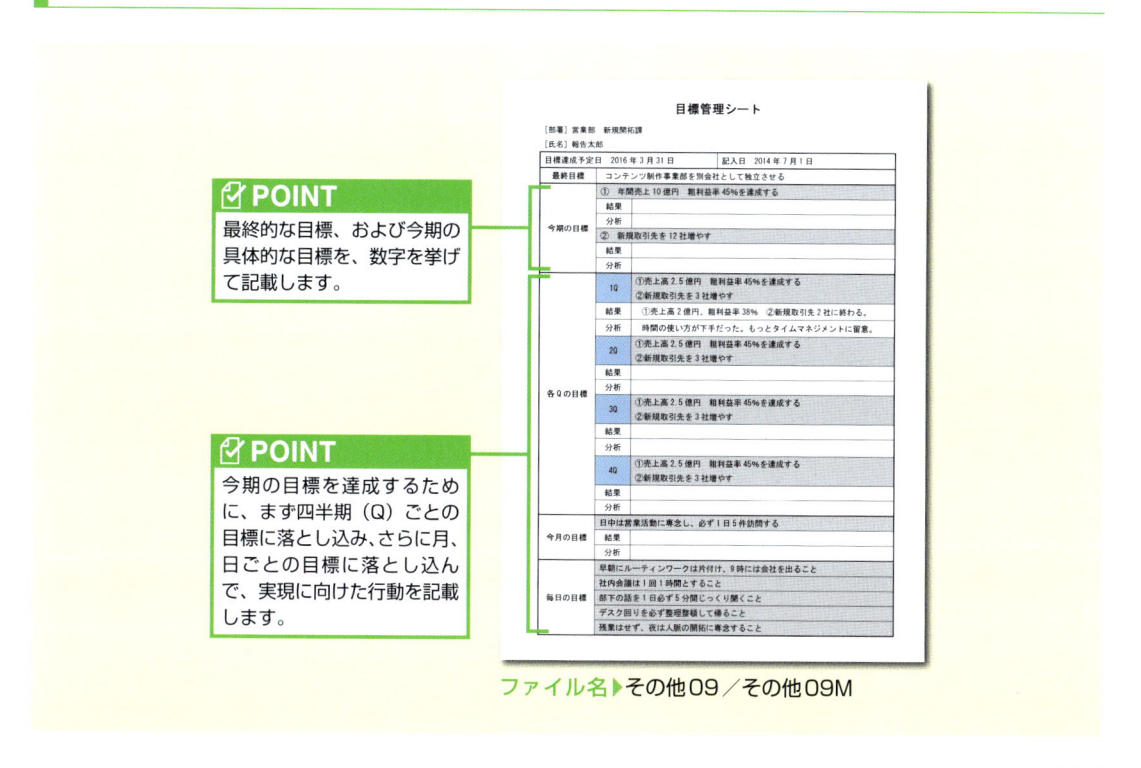

10報告書_その他

その他の資料
制作工程シート／チェックシート

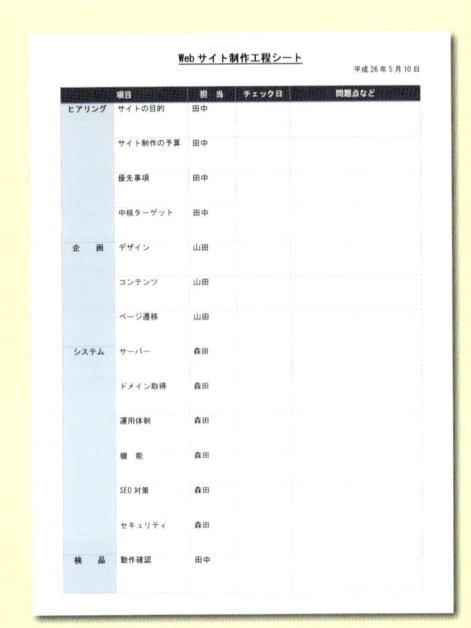

ファイル名▶その他10／その他10M

ファイル名▶その他11／その他11M

その他の資料
進捗管理シート

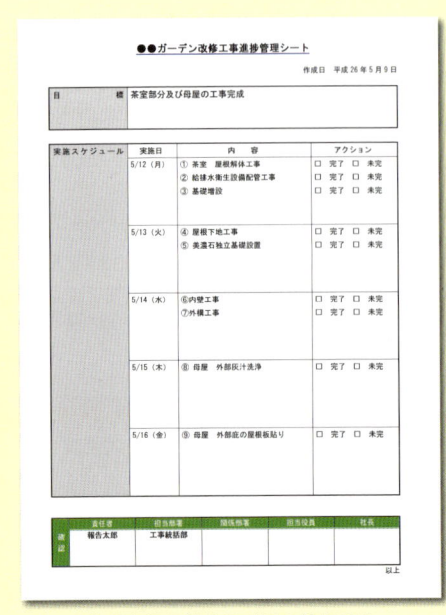

ファイル名▶その他12／その他12M

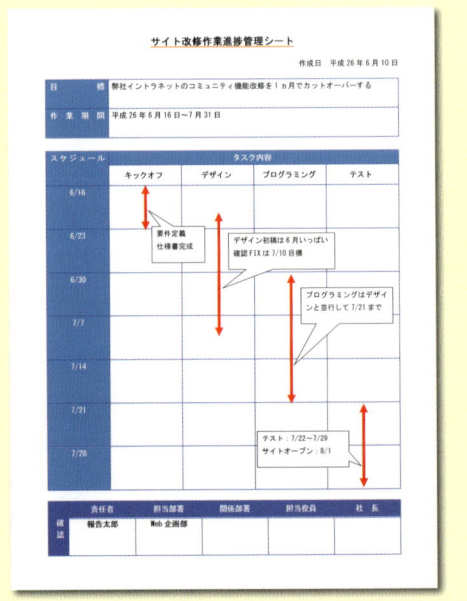

ファイル名▶その他13／その他13M

Part 3 報告書

118

Part 04

「写真・イラスト」

写真やイラストなどのビジュアル要素を活用すれば、
提案先の関心を惹き、高い訴求効果を得ることができます。
提案内容に合った写真やイラストを選び、
企画書を「読みたい雰囲気」に仕立てましょう。

写 真

CD-ROM　11 写真　001_060

pho001

pho002

pho003

pho004

pho005

pho006

pho007

pho008

pho009

pho010

pho011

pho012

pho013

pho014

pho015

Part 4　写真・イラスト

写真

CD-ROM　11写真　001_060

pho016

pho017

pho018

pho019

pho020

pho021

pho022

pho023

pho024

pho025

pho026

pho027

pho028

pho029

pho030

Part 4　写真・イラスト

写真

pho031

pho032

pho033

pho034

pho035

pho036

pho037

pho038

pho039

pho040

pho041

pho042

pho043

pho044

pho045

写 真

pho046

pho047

pho048

pho049

pho050

pho051

pho052

pho053

pho054

pho055

pho056

pho057

pho058

pho059

pho060

写 真

CD-ROM　11写真　061_120

pho061

pho062

pho063

pho064

pho065

pho066

pho067

pho068

pho069

pho070

pho071

pho072

pho073

pho074

pho075

Part 4　写真・イラスト

124

写 真

CD-ROM　11写真　061_120

pho076	 pho077	 pho078
 pho079	 pho080	 pho081
 pho082	 pho083	 pho084
 pho085	 pho086	 pho087
 pho088	 pho089	 pho090

Part 4　写真・イラスト

125

写真

CD-ROM　11写真　061_120

pho091

pho092

pho093

pho094

pho095

pho096

pho097

pho098

pho099

pho100

pho101

pho102

pho103

pho104

pho105

Part 4　写真・イラスト

126

写真

CD-ROM　11写真　061_120

pho106	pho107	pho108
pho109	pho110	pho111
pho112	pho113	pho114
pho115	pho116	pho117
pho118	pho119	pho120

Part 4　写真・イラスト

イラスト

12イラスト　01人物-ビジネス

01 人物-ビジネス

biz001	 biz002	 biz003	 biz004
 biz005	 biz006	 biz007	 biz008	 biz009
 biz010	 biz011	 biz012	biz013	 biz014
 biz015	 biz016	 biz017	 biz018	 biz019
 biz020	 biz021	 biz022	 biz023	 biz024
 biz025	 biz026	 biz027	 biz028	 biz029

Part 4　写真・イラスト

イラスト

CD-ROM 12イラスト / 02人物-ファミリー / 03人物-シニア / 04人物-キッズ

02 人物-ファミリー

|  fam001 |  fam002 |  fam003 |  fam004 |

| fam005 |  fam006 |  fam007 |  fam008 |  fam009 |

03 人物-シニア

| sen001 |  sen002 |  sen003 |  sen004 |

| sen005 |  sen006 |  sen007 |  sen008 |  sen009 |

04 人物-キッズ

| kid001 |  kid002 |  kid003 |   kid004 |

| kid005 |  kid006 |  kid007 |  kid008 |  kid009 |

Part 4 写真・イラスト

129

イラスト

05 人物 - その他

oth001	 oth002	 oth003	 oth004	
 oth005	 oth006	 oth007	 oth008	 oth009
 oth010	 oth011	 oth012	 oth013	 oth014

06 オフィス

001	 off002	 off003	 off004	
 off005	 off006	 off007	 off008	 off009
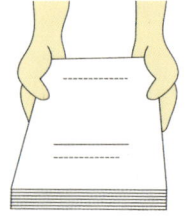 off010	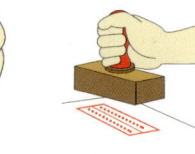 off011	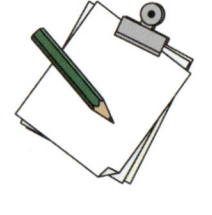 off012	off013	 off014

イラスト

07 IT・ネットワーク

itn001	 itn002	 itn003	 itn004
 itn005	 itn006	 itn007	 itn008	 itn009
 itn010	 itn011	 itn012	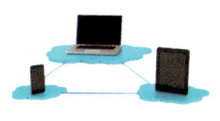 itn013	 itn014

08 ライフ

lif001	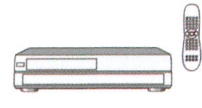 lif002	 lif003	 lif004
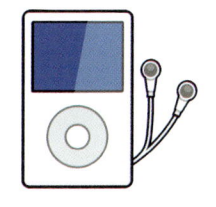 lif005	 lif006	 lif007	 lif008	 lif009
 lif010	 lif011	 lif012	 lif013	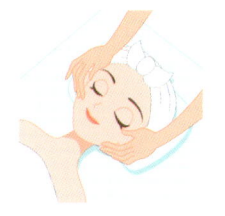 lif014

Part 4 写真・イラスト

イラスト

12イラスト　09 医療・福祉／10 金融

09 医療・福祉

 med001	 med002	 med003	 med004
 med005	 med006	 med007	 med008	 med009
 med010	 med011	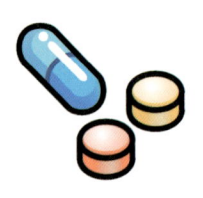 med012	med013	med014

10 金融

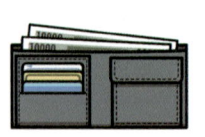

fin001	 fin002	fin003	fin004
 fin005	 fin006	fin007	fin008	 fin009
 fin010	 fin011	 fin012	 fin013	 fin014

Part 4　写真・イラスト

イラスト

11 環境・自然

nat001	 nat002	 nat003	 nat004
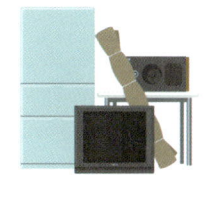 nat005	 nat006	 nat007	 nat008	 nat009
 nat010	 nat011	 nat012	 nat013	 nat014
 nat015	 nat016	 nat017	 nat018	nat019

12 建物

bui001	 bui002	 bui003	 bui004
 bui005	 bui006	 bui007	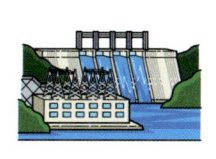 bui008	 bui009

133

イラスト

CD-ROM 12イラスト 13乗り物／14食べ物／15季節・イベント

13 乗り物				
	 car001	 car002	 car003	 car004
	 car005	 car006	 car007	 car008	 car009

14 食べ物				
	 foo001	 foo002	 foo003	 foo004
	 foo005	 foo006	 foo007	 foo008	 foo009

15 季節・イベント				
	 sea001	 sea002	 sea003	 sea004
	 sea005	 sea006	 sea007	 sea008	sea009

Part 4 写真・イラスト

134

イラスト

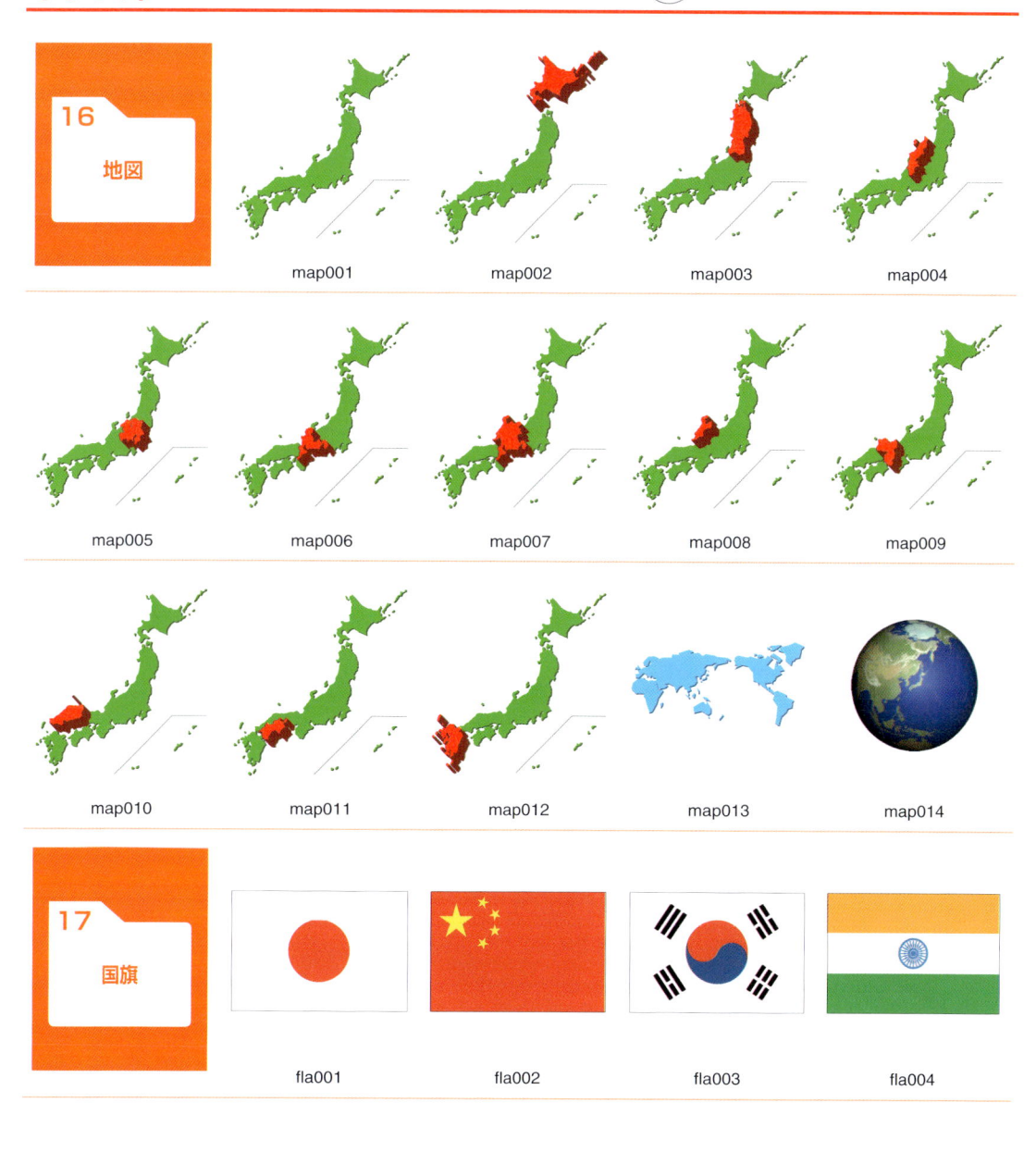

CD-ROM 12イラスト　16地図／17国旗

16 地図

map001	map002	map003	map004
map005	map006	map007	map008	map009
map010	map011	map012	map013	map014

17 国旗

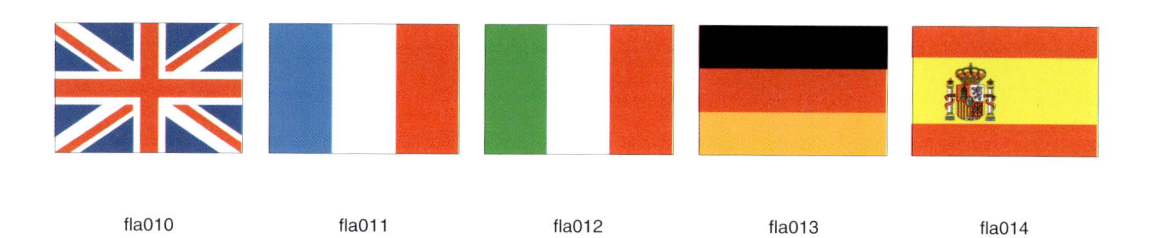

fla001	fla002	fla003	fla004
fla005	fla006	fla007	fla008	fla009
fla010	fla011	fla012	fla013	fla014

Part 4　写真・イラスト

イラスト

CD-ROM 12 イラスト 18 アイコン

18 アイコン	ico001	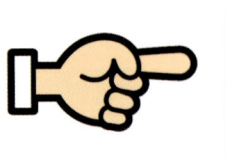 ico002	 ico003	 ico004
 ico005	 ico006	 ico007	 ico008	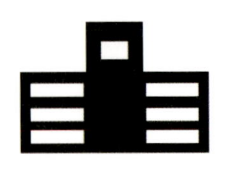 ico009
 ico010	 ico011	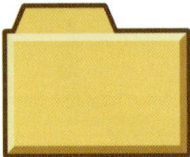 ico012	 ico013	 ico014
 ico015	 ico016	 ico017	 ico018	ico019
ico020	ico021	ico022	ico023	ico024
ico025	ico026	ico027	ico028	ico029

Part 4 写真・イラスト

文字素材

付属CD-ROMには素材として収録されていません。

PowerPointやWord、Excelに搭載されているワードアートの機能を活用すれば、自由な文章で立体的な文字やフチ文字などが簡単につくれます。フォントや配色、効果などを組み合わせ、見映えがよくなるよう、さまざまなアレンジをしてみましょう。138ページでワードアートの使い方を解説します。

効率化	課題解決	時間短縮
高品質	売上倍増	コスト削減
業務提携	新規参入	事業計画
創業30周年	開店20周年	発売10周年
スピードアップ	ソリューション	プロモーション
プランニング	マーケティング	キャンペーン

Part 4 写真・イラスト

※掲載している画像はサンプルです。138ページで作り方を解説しています。

ワードアートで文字をアレンジする　Word Excel PowerPoint

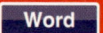

ワードアートを挿入する

1 ワードアートを挿入します。

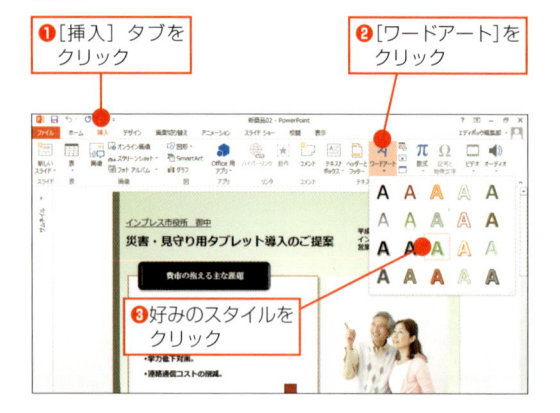

❶[挿入]タブをクリック

❷[ワードアート]をクリック

❸好みのスタイルをクリック

2 文字を書き換え、文字の色を設定します。

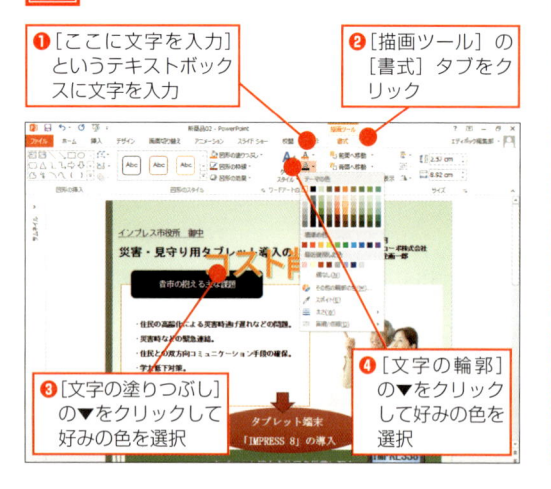

❶[ここに文字を入力]というテキストボックスに文字を入力

❷[描画ツール]の[書式]タブをクリック

❸[文字の塗りつぶし]の▼をクリックして好みの色を選択

❹[文字の輪郭]の▼をクリックして好みの色を選択

3 文字の効果を設定します。

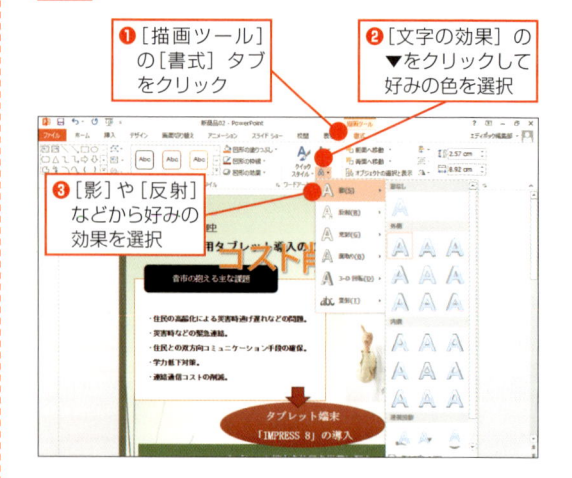

❶[描画ツール]の[書式]タブをクリック

❷[文字の効果]の▼をクリックして好みの色を選択

❸[影]や[反射]などから好みの効果を選択

4 フォントとフォントサイズを設定します。

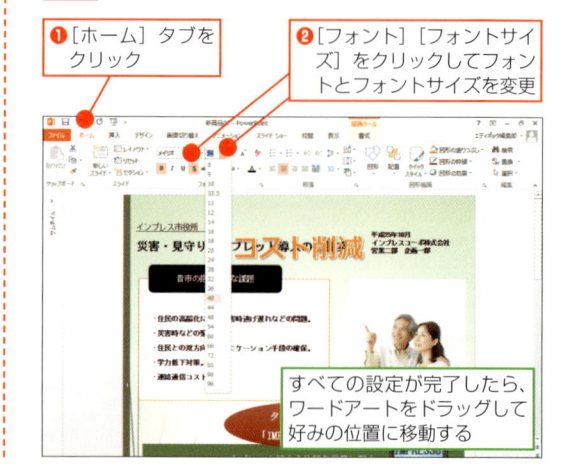

❶[ホーム]タブをクリック

❷[フォント][フォントサイズ]をクリックしてフォントとフォントサイズを変更

すべての設定が完了したら、ワードアートをドラッグして好みの位置に移動する

ワードアートの機能が制限されるときは

タイトルバーに[互換モード]と表示されるテンプレートでは、互換モードのワードアートが表示され、ワードアートの機能が制限されることがあります。制限を解除したいときは、[ファイル]タブの[情報]から[変換]をクリックします。

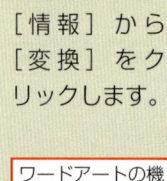

ワードアートの機能が制限される

≫ Office 2003の場合

Word 2003の場合は[図形描画]ツールバーの[ワードアートの挿入]をクリックし、[ワードアートギャラリー]から好みのスタイルを選択します。[ワードアートテキストの編集]が表示されたら、文字を入力しましょう。挿入したワードアートは[ワードアート]ツールバーから配置や形状、書式などを変更できます。

[図形描画]ツールバーの[ワードアートの挿入]をクリック

Part 05

「図解・グラフ」

提案内容をよりわかりやすくするには
図解やグラフを活用しましょう。
図解を使えば、コンセプトや背景、相手のメリットなどが
図解の流れにそって理解できるようになります。
また、数値データなどはグラフを使って
ビジュアルでデータを把握できるようにしましょう。

図解

13図解_列挙／14図解_対比

列挙

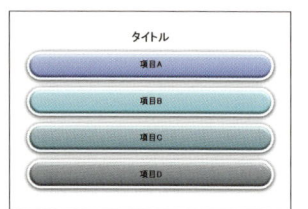

列挙01／列挙01M

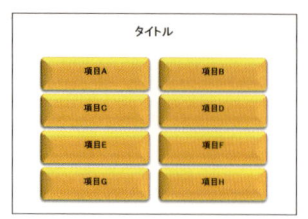

列挙02／列挙02M

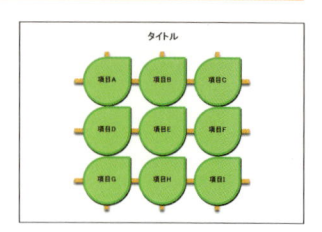

列挙03／列挙03M

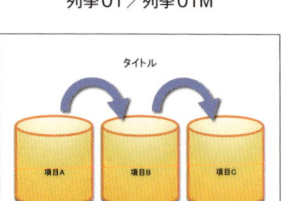

列挙04／列挙04M

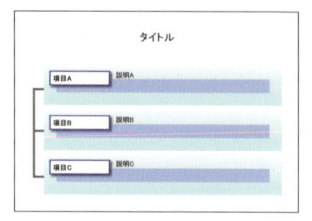

列挙05／列挙05M

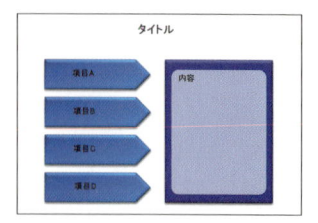

列挙06／列挙06M

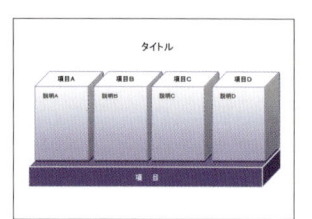

列挙07／列挙07M

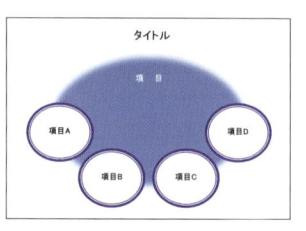

列挙08／列挙08M

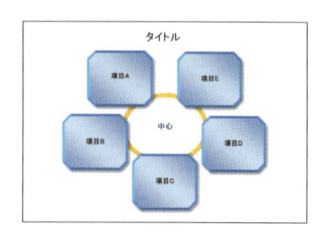

列挙09／列挙09M

対比

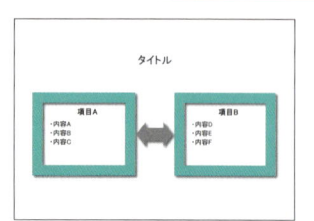

対比01／対比01M

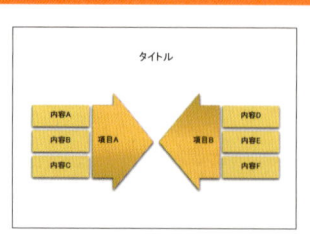

対比02／対比02M

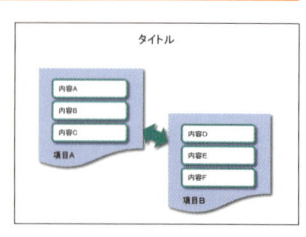

対比03／対比03M

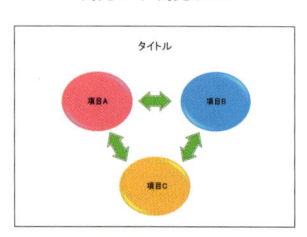

対比04／対比04M

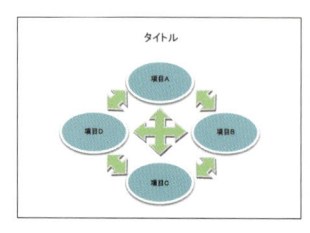

対比05／対比05M

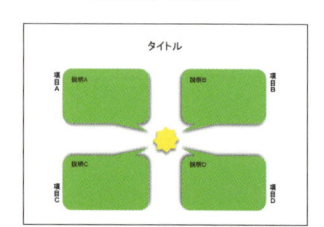

対比06／対比06M

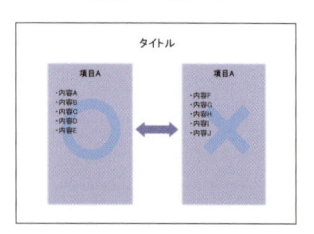

対比07／対比07M

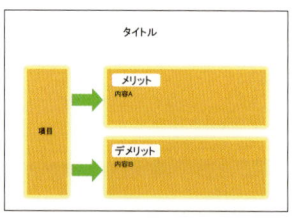

対比08／対比08M

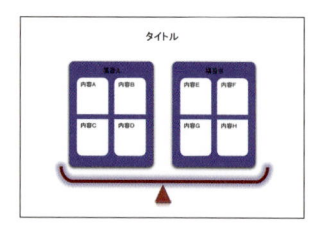

対比09／対比09M

図解

階層／区分

階層01／階層01M

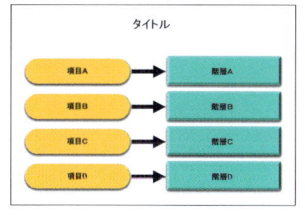

階層02／階層02M

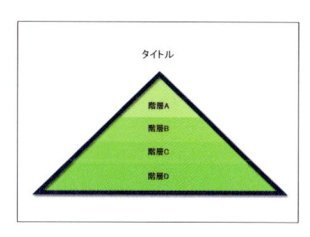

階層03／階層03M

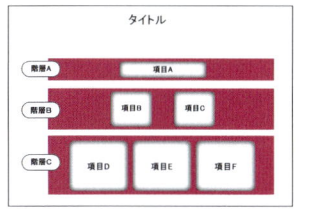

階層04／階層04M

区分01／区分01M

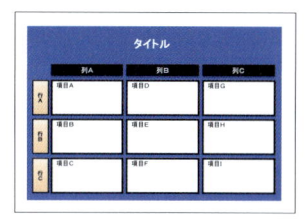

区分02／区分02M

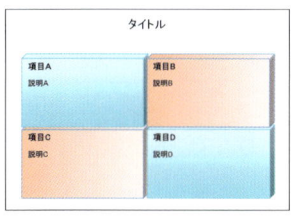

区分03／区分03M

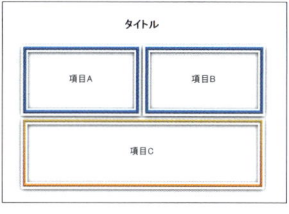

区分04／区分04M

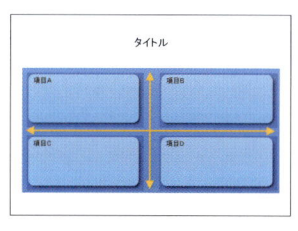

区分05／区分05M

分布

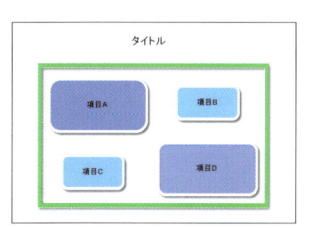

分布01／分布01M

分布02／分布02M

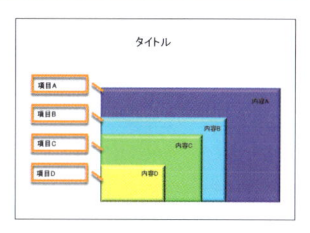

分布03／分布03M

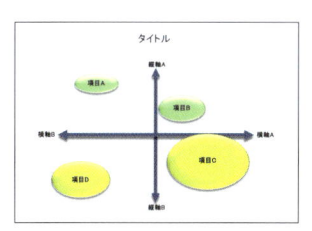

分布04／分布04M

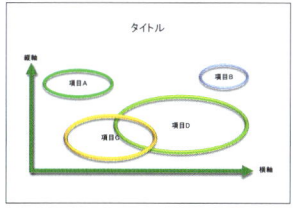

分布05／分布05M

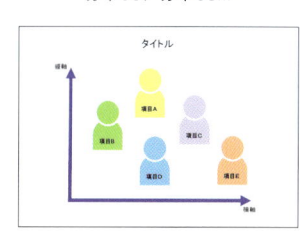

分布06／分布06M

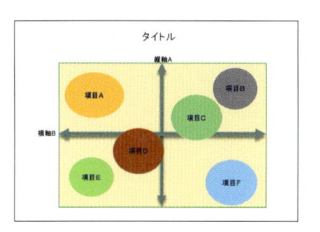

分布07／分布07M

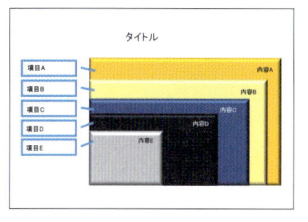

分布08／分布08M

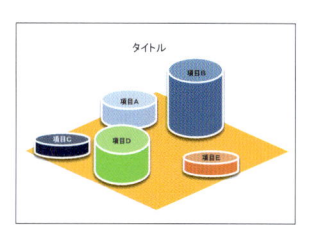

分布09／分布09M

Part 5 図解・グラフ

141

図解

17図解_交差／18図解_結合/展開

交差

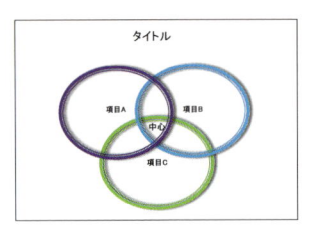

交差01／交差01M
交差02／交差02M 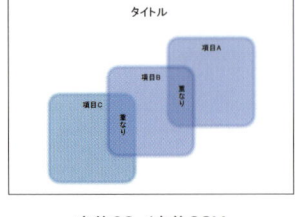
交差03／交差03M 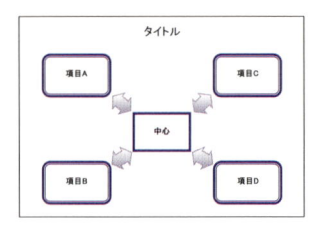
交差04／交差04M 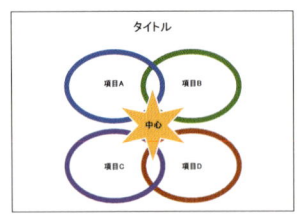
交差05／交差05M 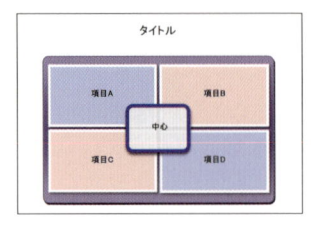
交差06／交差06M 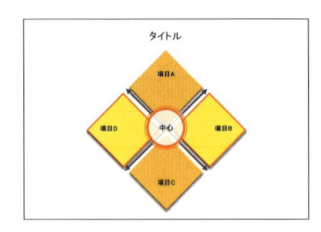
交差07／交差07M 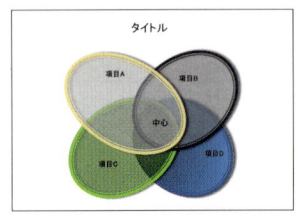
交差08／交差08M 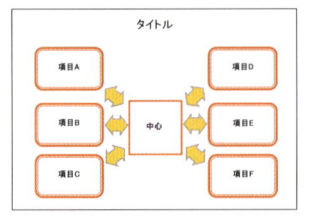
交差09／交差09M 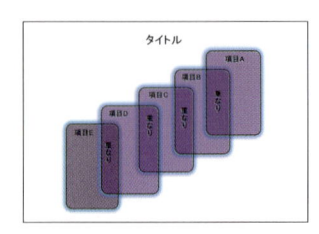

結合/展開

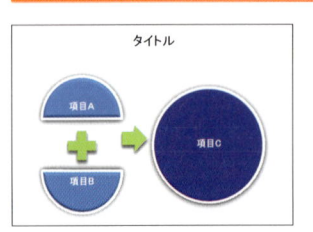

結合01／結合01M
結合02／結合02M 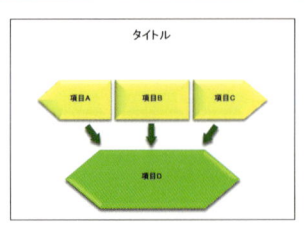
結合03／結合03M 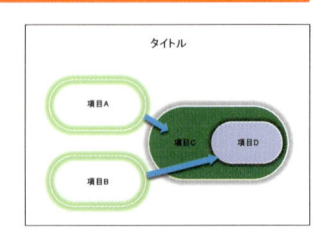
結合04／結合04M 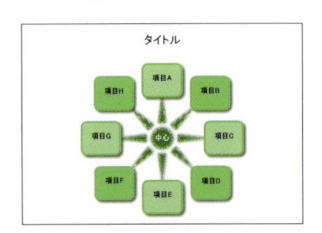
展開01／展開01M 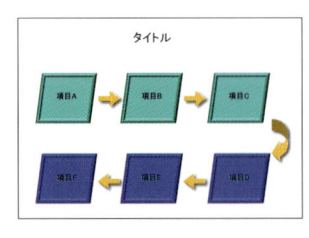
展開02／展開02M 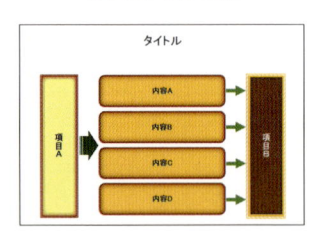
展開03／展開03M 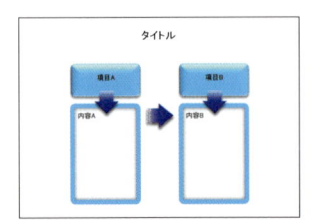
展開04／展開04M 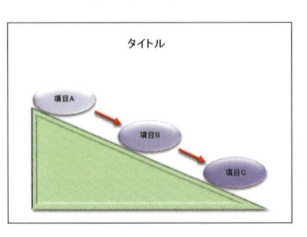
展開05／展開05M 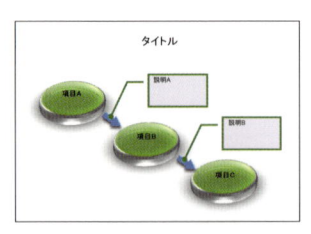

Part 5 図解・グラフ

図解

循環

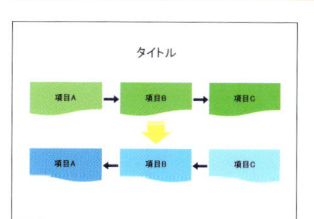

循環01／循環01M

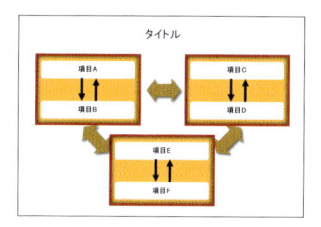

循環02／循環02M

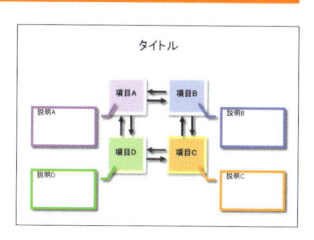

循環03／循環03M

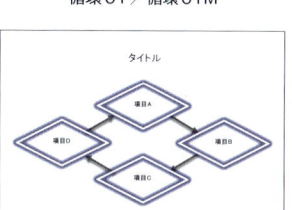

循環04／循環04M

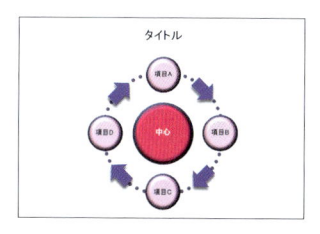

循環05／循環05M

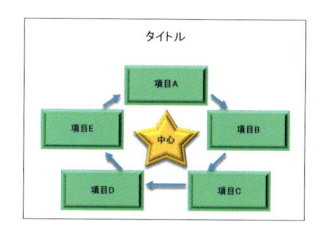

循環06／循環06M

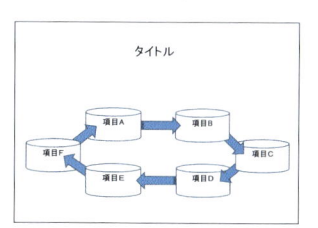

循環07／循環07M

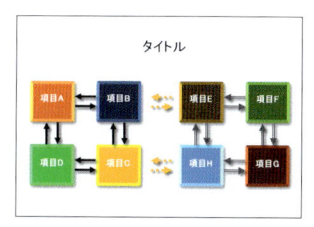

循環08／循環08M

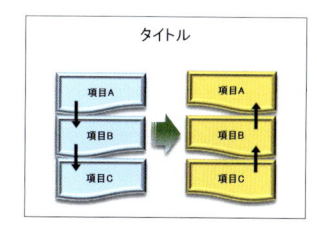

循環09／循環09M

拡散

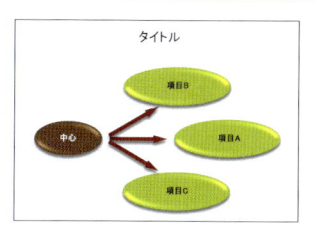

拡散01／拡散01M

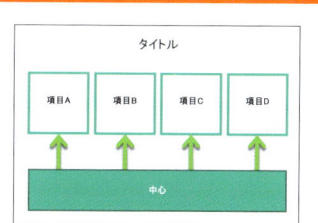

拡散02／拡散02M

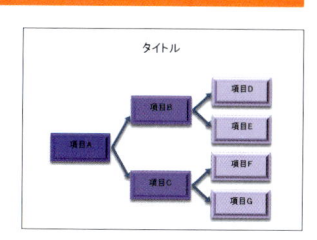

拡散03／拡散03M

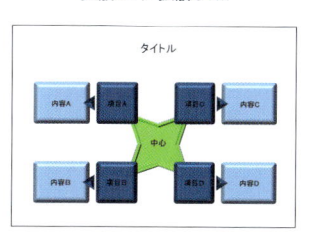

拡散04／拡散04M

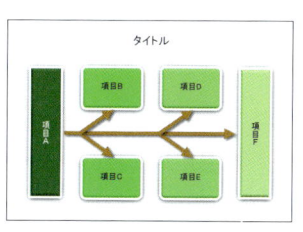

拡散05／拡散05M

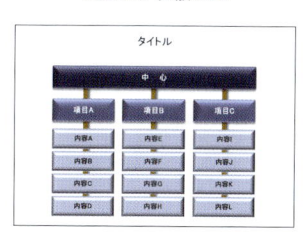

拡散06／拡散06M

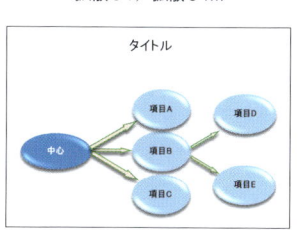

拡散07／拡散07M

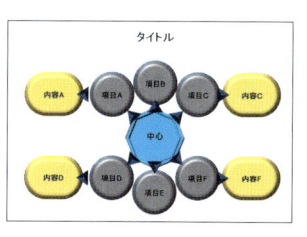

拡散08／拡散08M

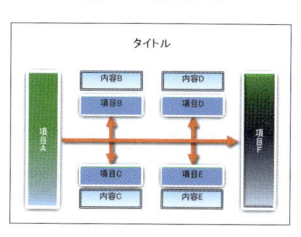

拡散09／拡散09M

143

グラフ

21 グラフ_縦棒グラフ

縦棒 / 3D縦棒 / 集合縦棒

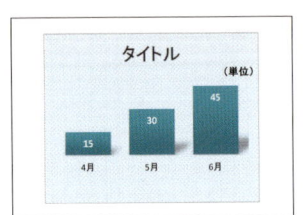

縦棒グラフ01 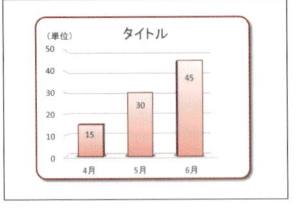　　　　縦棒グラフ01D 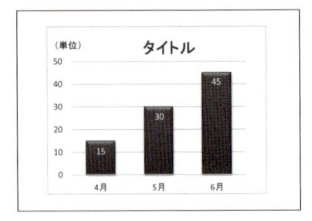　　　　縦棒グラフ01M

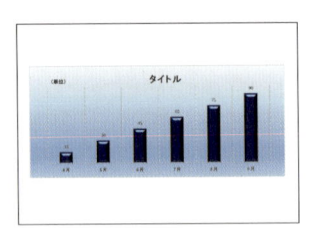

縦棒グラフ02 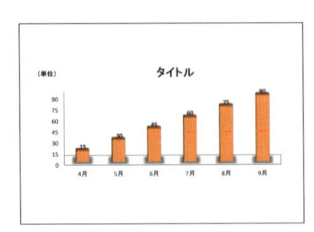　　　　縦棒グラフ02D 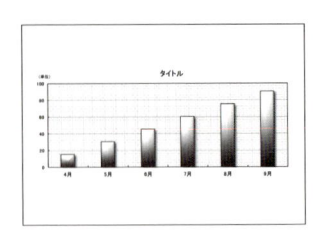　　　　縦棒グラフ02M

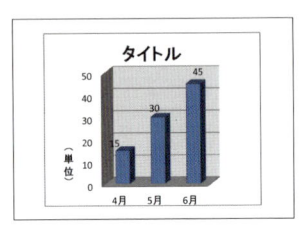

3D縦棒グラフ01 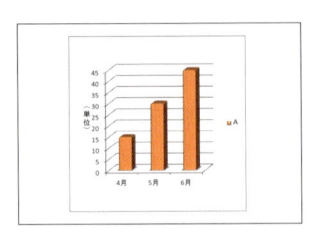　　　3D縦棒グラフ01D 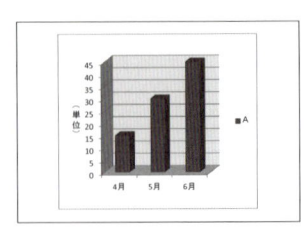　　　3D縦棒グラフ01M

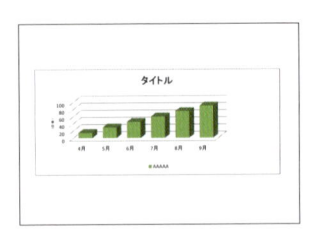

3D縦棒グラフ02 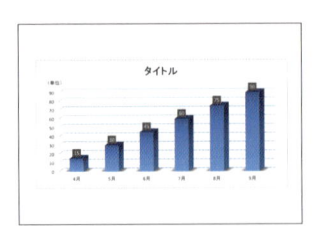　　　3D縦棒グラフ02D 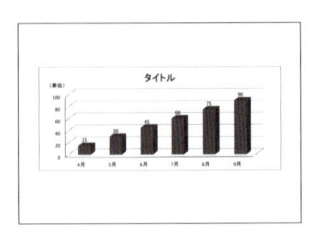　　　3D縦棒グラフ02M

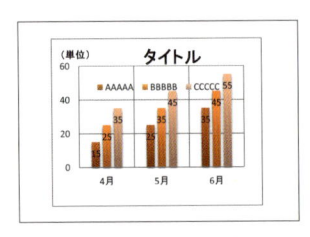

集合縦棒グラフ01 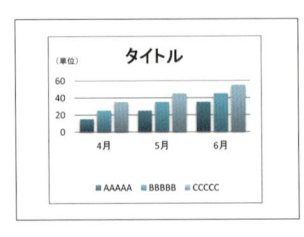　　集合縦棒グラフ01D 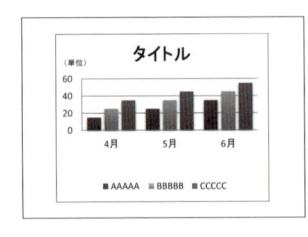　　集合縦棒グラフ01M

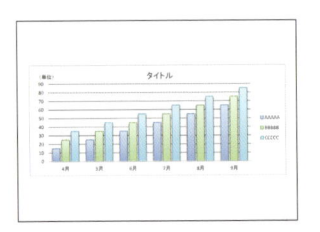

集合縦棒グラフ02 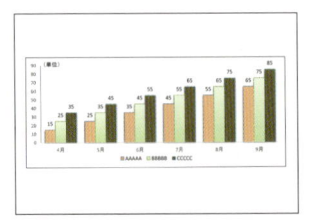　　集合縦棒グラフ02D 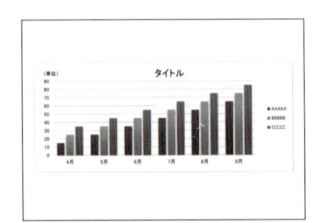　　集合縦棒グラフ02M

Part 5　図解・グラフ

グラフ

22グラフ_横棒グラフ

横棒／３Ｄ横棒／集合横棒

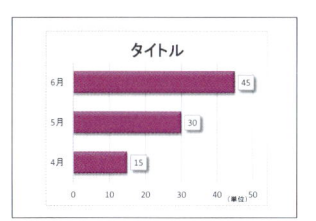

横棒グラフ01

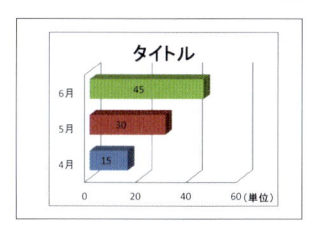

横棒グラフ01D

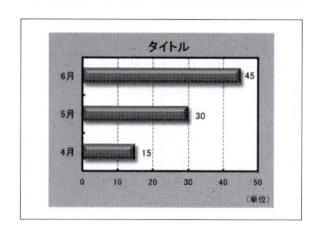

横棒グラフ01M

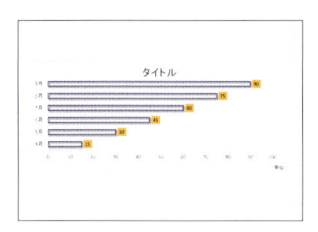

横棒グラフ02

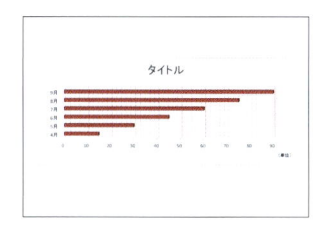

横棒グラフ02D

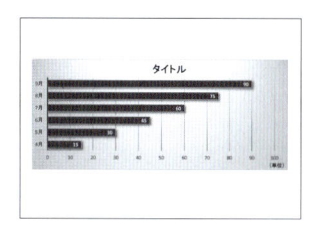

横棒グラフ02M

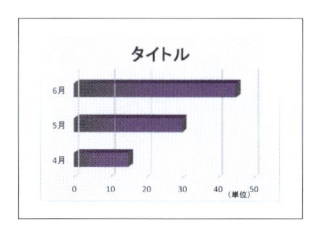

3D横棒グラフ01

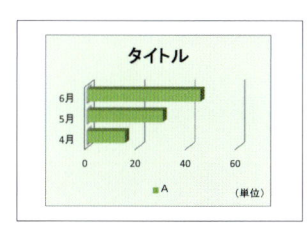

3D横棒グラフ01D

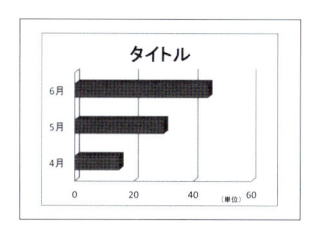

3D横棒グラフ01M

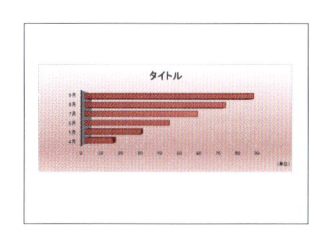

3D横棒グラフ02

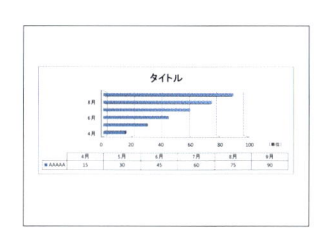

3D横棒グラフ02D

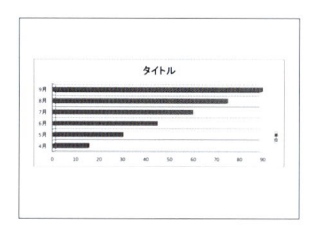

3D横棒グラフ02M

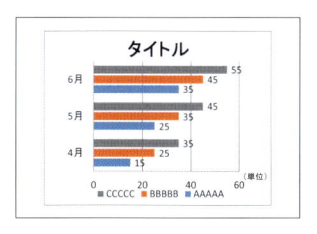

集合横棒グラフ01

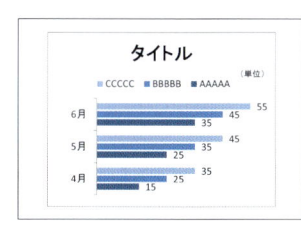

集合横棒グラフ01D

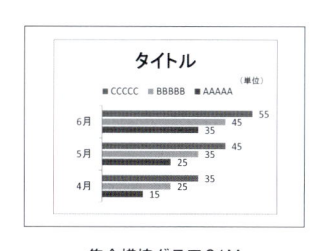

集合横棒グラフ01M

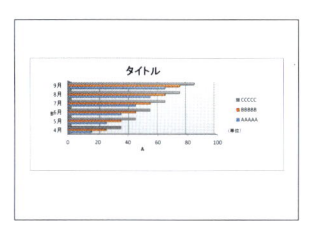

集合横棒グラフ02

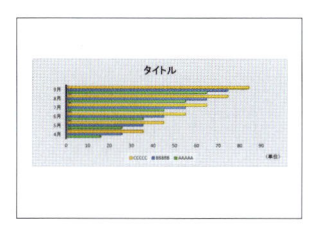

集合横棒グラフ02D

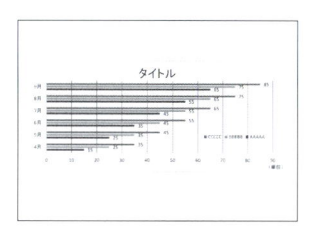

集合横棒グラフ02M

Part 5 図解・グラフ

145

グラフ

23グラフ_積上棒グラフ

積上縦棒／積上横棒／100％積上縦棒／100％積上横棒

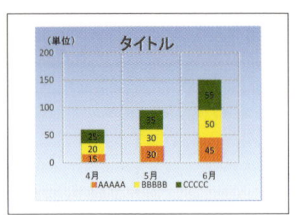

積上縦棒グラフ01 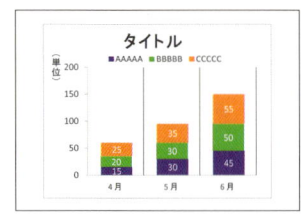　　　積上縦棒グラフ01D 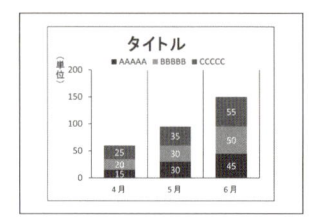　　　積上縦棒グラフ01M

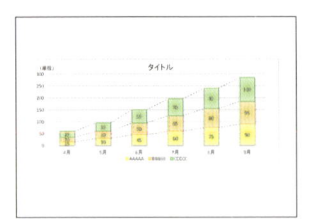

積上縦棒グラフ02 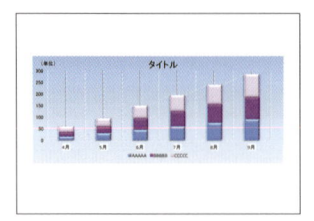　　　積上縦棒グラフ02D 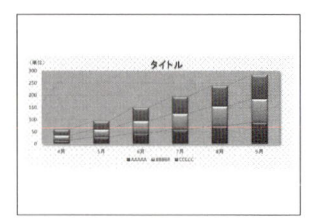　　　積上縦棒グラフ02M

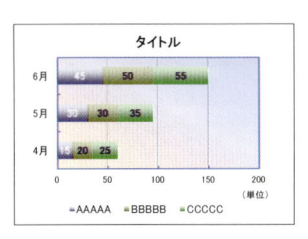

積上横棒グラフ01 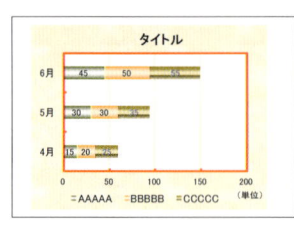　　　積上横棒グラフ01D 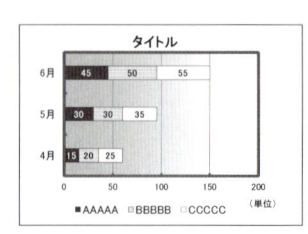　　　積上横棒グラフ01M

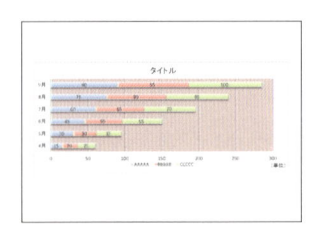

積上横棒グラフ02 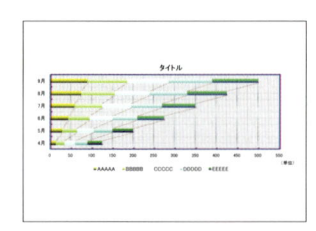　　　積上横棒グラフ02D 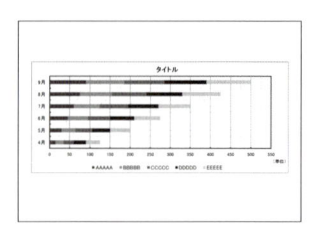　　　積上横棒グラフ02M

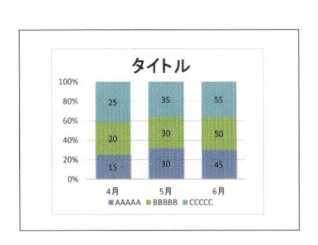

100％積上縦棒グラフ 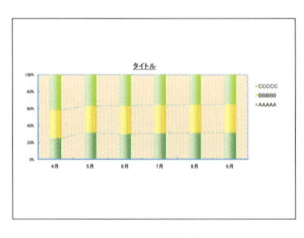　　　100％積上縦棒グラフD 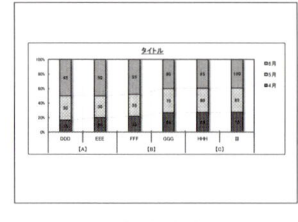　　　100％積上縦棒グラフM

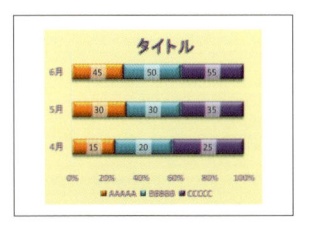

100％積上横棒グラフ 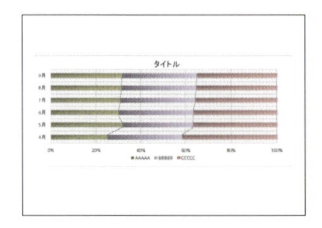　　　100％積上横棒グラフD 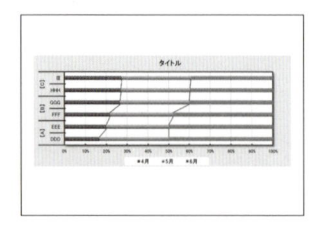　　　100％積上横棒グラフM

Part 5　図解・グラフ

グラフ

24グラフ_折れ線/複合グラフ

折れ線／3D折れ線／複合

折れ線グラフ01

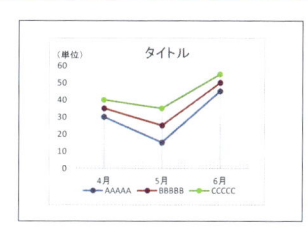

折れ線グラフ01D

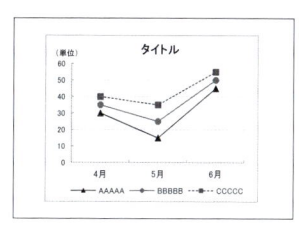

折れ線グラフ01M

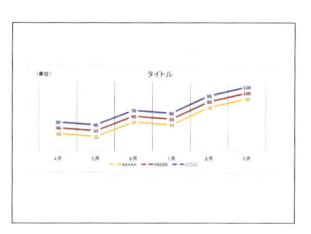

折れ線グラフ02

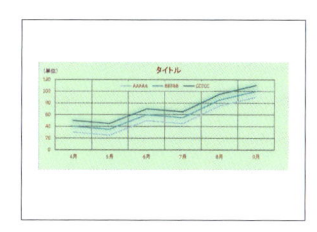

折れ線グラフ02D

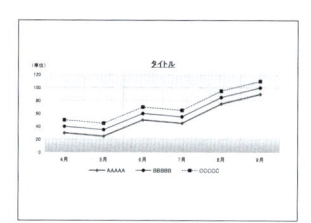

折れ線グラフ02M

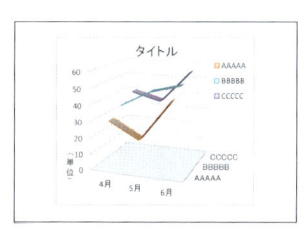

3D折れ線グラフ01

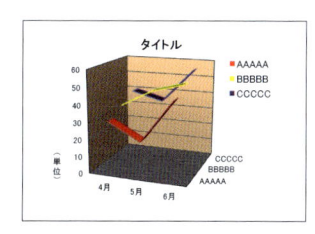

3D折れ線グラフ01D

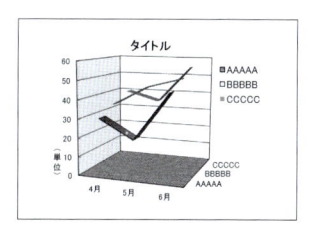

3D折れ線グラフ01M

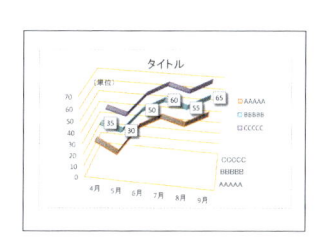

3D折れ線グラフ02

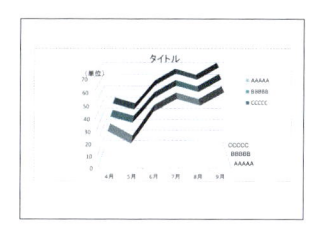

3D折れ線グラフ02D

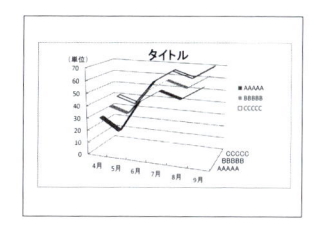

3D折れ線グラフ02M

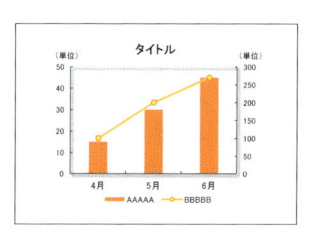

複合グラフ01

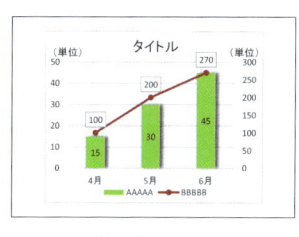

複合グラフ01D

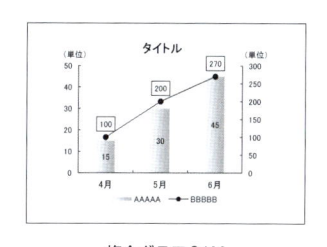

複合グラフ01M

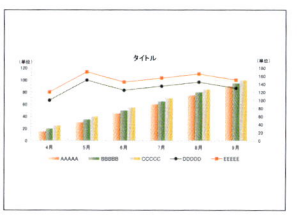

複合グラフ02

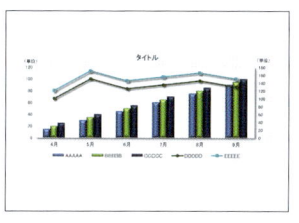

複合グラフ02D

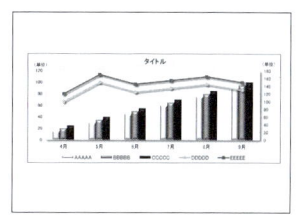

複合グラフ02M

Part 5 図解・グラフ

147

グラフ

円/レーダーチャート

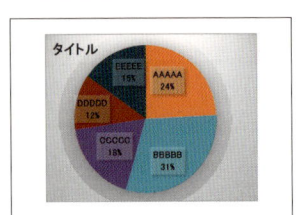

円グラフ 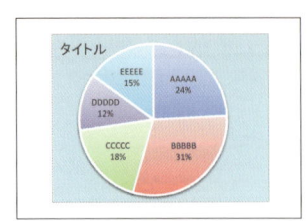　　　　　　　　円グラフD 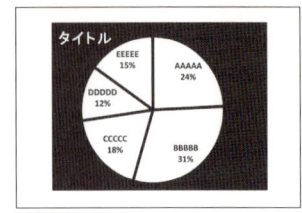　　　　　　　　円グラフM

ドーナツ円グラフ 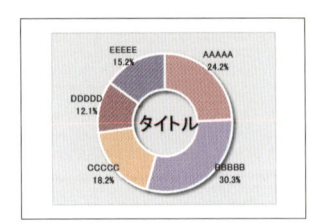　　　　ドーナツ円グラフD 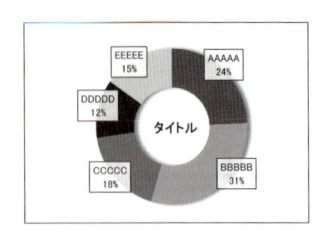　　　　ドーナツ円グラフM

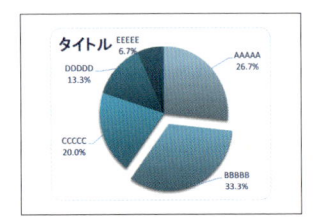

分割円グラフ 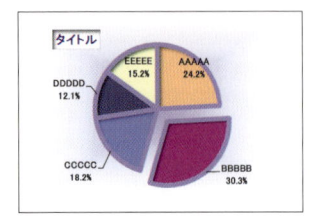　　　　　　分割円グラフD 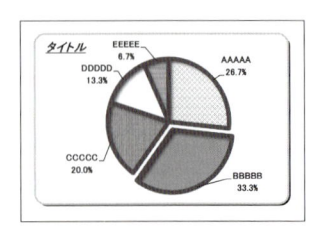　　　　　　分割円グラフM

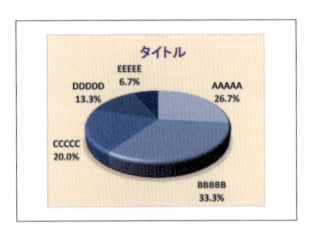

3D円グラフ 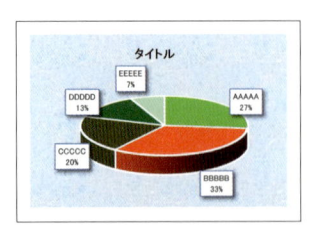　　　　　　　3D円グラフD 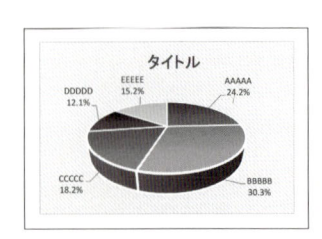　　　　　　　3D円グラフM

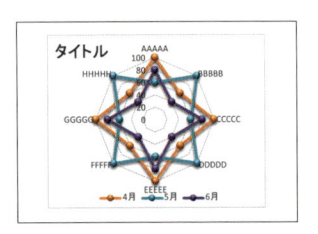

レーダーチャート01 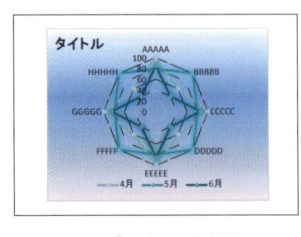　　　レーダーチャート01D 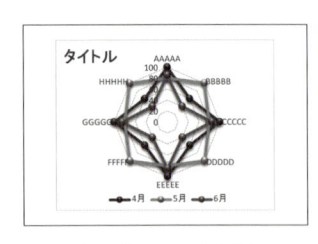　　　レーダーチャート01M

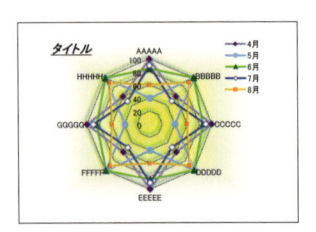

レーダーチャート02 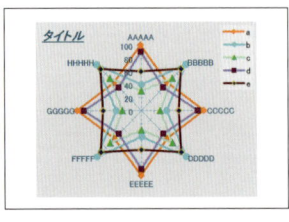　　　レーダーチャート02D 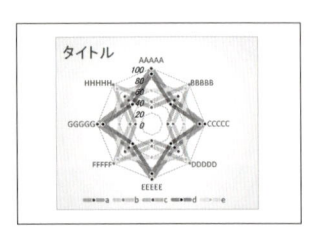　　　レーダーチャート02M

Part 06

「テンプレート活用術」

ここでは本書のテンプレートの編集に必要な
WordやPowerPoint、Excelの使い方を解説します。
テンプレートを自在に書き換えられるように
基本的な操作方法を確認しておきましょう。
テンプレートの編集時間を短縮することも、
ビジネスのスピードアップにつながります。

📂 ファイルを開く   Word Excel PowerPoint

1 付属CD-ROMをパソコンにセットし、DVD/CDドライブに対して行う操作を表示します。

❶付属CD-ROMをパソコンにセット　❷DVD/CDドライブをクリック

3 使いたいファイルが収録されているフォルダを開いて、ファイルを開きます。

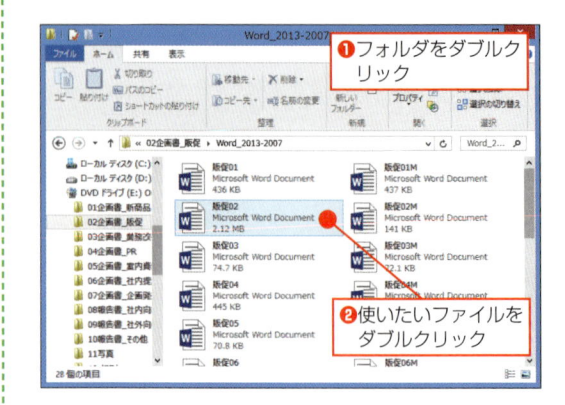

❶フォルダをダブルクリック　❷使いたいファイルをダブルクリック

2 付属CD-ROMのフォルダを開きます。

[フォルダーを開いてファイルを表示]をクリック

4 ファイルが開きます。

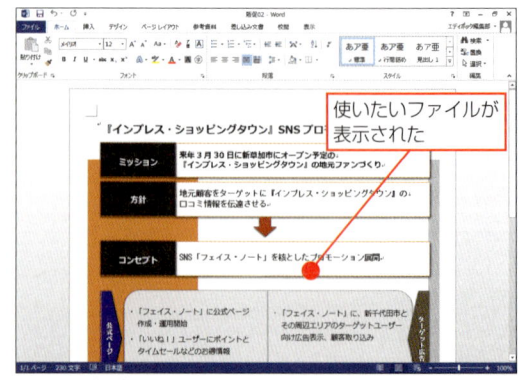

使いたいファイルが表示された

※Officeのバージョンによってはファイル名の横に[互換モード]と表示される場合があります。基本的な編集作業に影響はありませんが、一部の機能が制限されている状態です。すべての機能を使いたい場合は[ファイル]タブの[情報]の[変換]をクリックします。

自動再生が表示されない場合は

CD-ROMをセットしても何も表示されない場合は、タスクバーの左にある[エクスプローラー](Windows 7/Vista/XPの場合は[スタート])をクリックし、[コンピューター](Windows XPの場合は[マイコンピュータ])をクリックして、DVD/CDドライブのアイコンをダブルクリックします。また、パソコンの設定によっては、CD-ROMのフォルダが直接開く場合もあります。

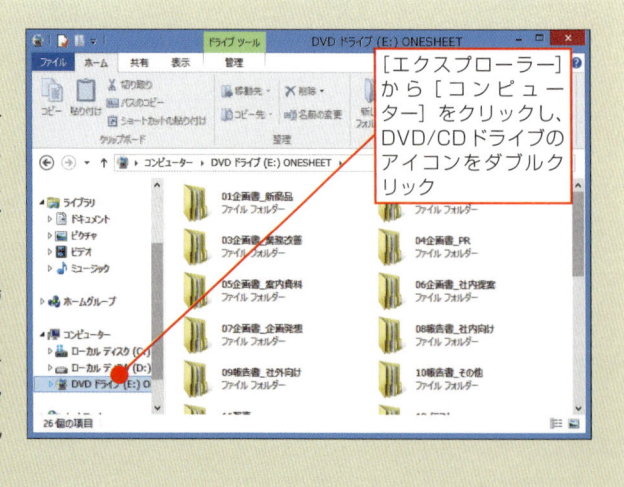

[エクスプローラー]から[コンピューター]をクリックし、DVD/CDドライブのアイコンをダブルクリック

Part 6 操作解説

ファイルを保存する

Word | Excel | PowerPoint

1 [ファイル] タブをクリックします。

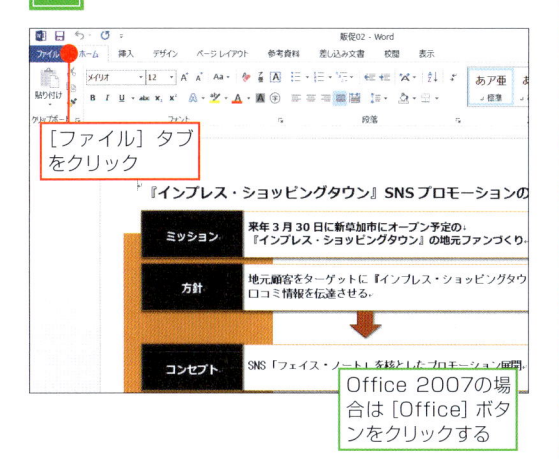

[ファイル] タブをクリック

Office 2007の場合は [Office] ボタンをクリックする

2 [名前を付けて保存] を表示します。

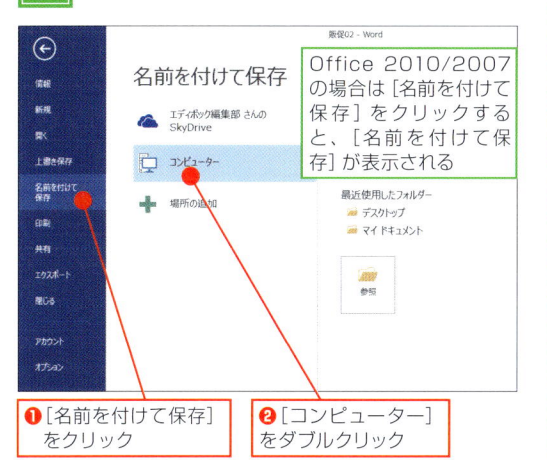

Office 2010/2007の場合は [名前を付けて保存] をクリックすると、[名前を付けて保存] が表示される

❶ [名前を付けて保存] をクリック
❷ [コンピューター] をダブルクリック

1 ファイルの保存先を選択します。

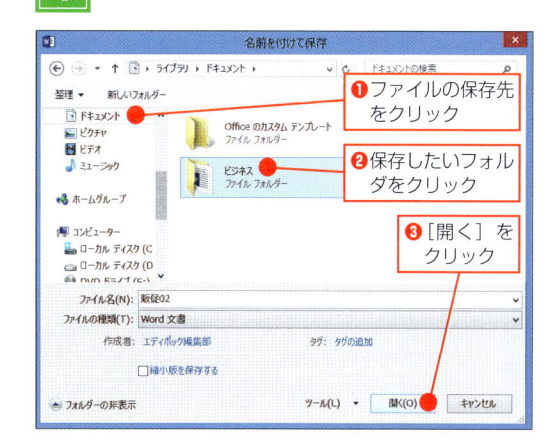

❶ ファイルの保存先をクリック
❷ 保存したいフォルダをクリック
❸ [開く] をクリック

2 名前を付けてファイルを保存します。

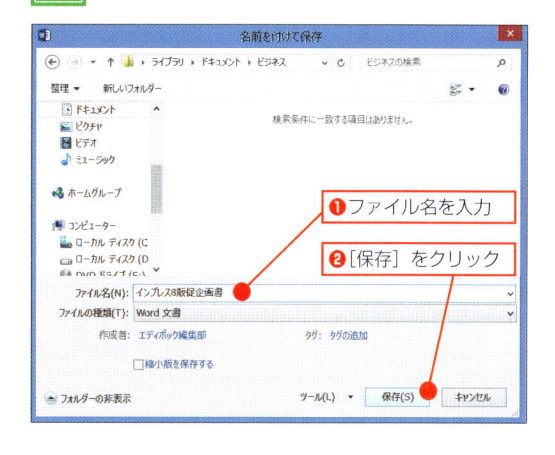

❶ ファイル名を入力
❷ [保存] をクリック

» Office 2003の場合

Office 2003でファイルを保存するには、[ファイル] メニューの [名前を付けて保存] をクリックすると、[名前を付けて保存] が表示されます。

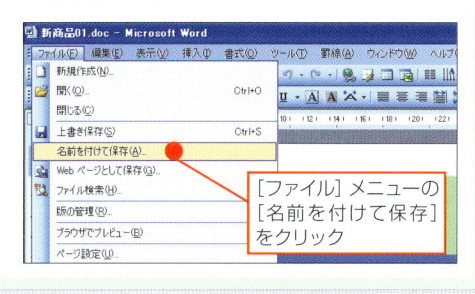

[ファイル] メニューの [名前を付けて保存] をクリック

ファイルを閉じるには

企画書や報告書などの作成が完了し、ファイルを閉じたいときは、画面右上の [閉じる] をクリックします。ファイルを保存するかどうかを確認するメッセージが表示されたら、保存するかしないかを選択します。

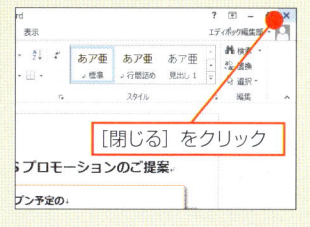

[閉じる] をクリック

Part 6 操作解説

151

企画書・報告書を書き換える

Word　Excel　PowerPoint

文字を書き換える

1 書き換えたい文字を選択します。

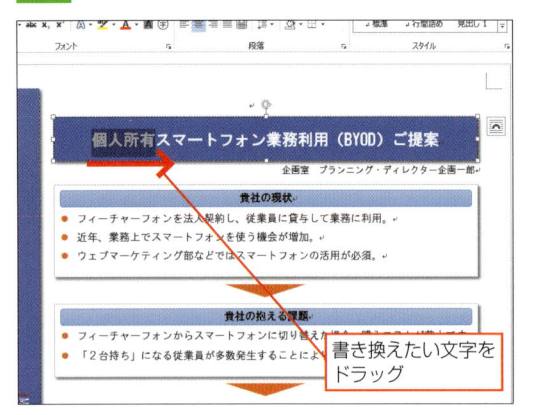

書き換えたい文字をドラッグ

2 文字を入力します。

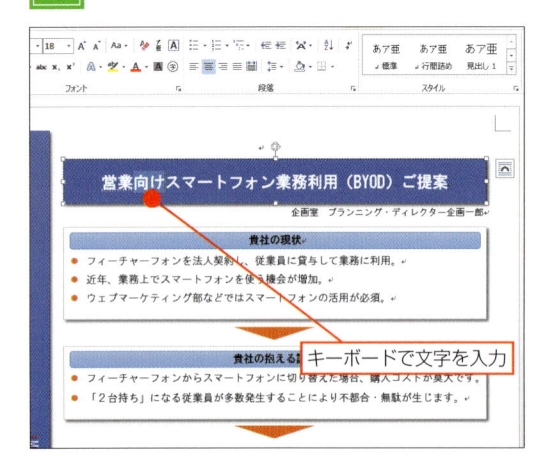

キーボードで文字を入力

Excelで文字を書き換えるには

文字を書き換えたいセルを選択し、文字を入力します。

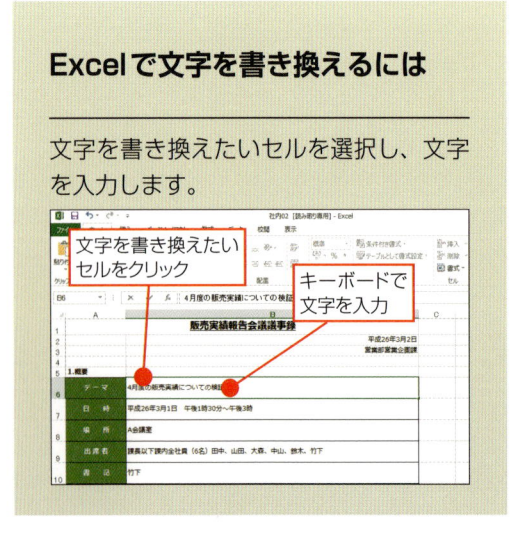

文字を書き換えたいセルをクリック

キーボードで文字を入力

書式を変更する

1 文字を選択し、フォントを変更します。

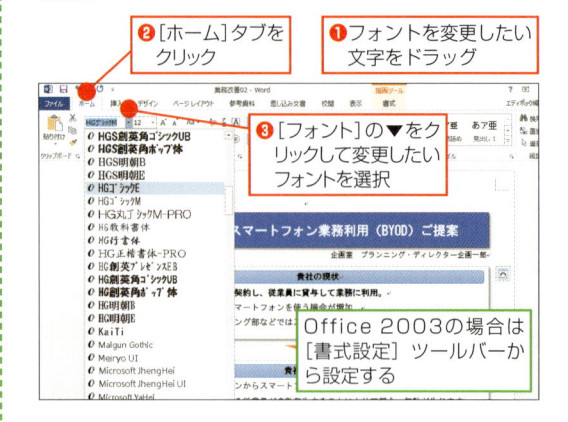

❶ フォントを変更したい文字をドラッグ
❷ [ホーム]タブをクリック
❸ [フォント]の▼をクリックして変更したいフォントを選択

Office 2003の場合は[書式設定]ツールバーから設定する

2 同様に文字を選択し、フォントサイズを変更します。

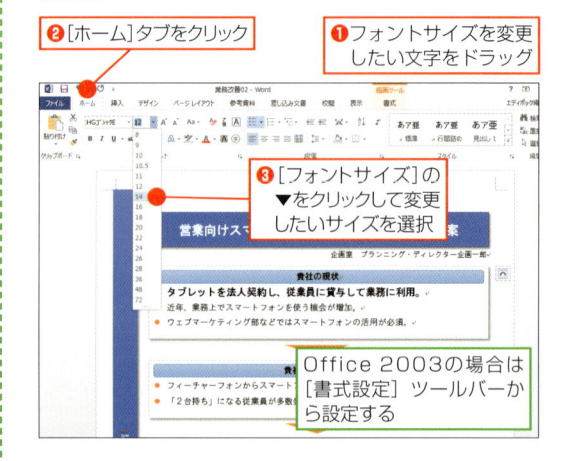

❶ フォントサイズを変更したい文字をドラッグ
❷ [ホーム]タブをクリック
❸ [フォントサイズ]の▼をクリックして変更したいサイズを選択

Office 2003の場合は[書式設定]ツールバーから設定する

3 同様に文字を選択し、フォントの色を変更します。

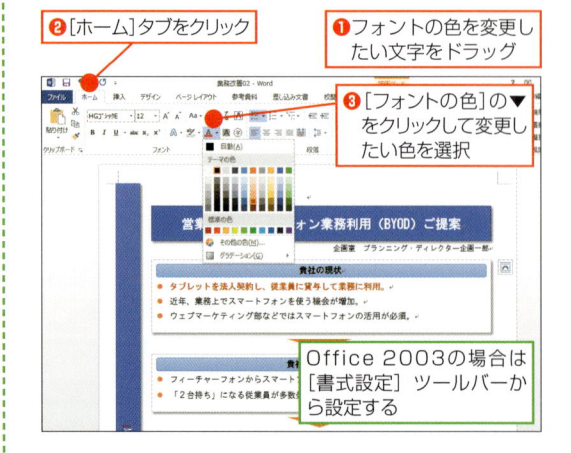

❶ フォントの色を変更したい文字をドラッグ
❷ [ホーム]タブをクリック
❸ [フォントの色]の▼をクリックして変更したい色を選択

Office 2003の場合は[書式設定]ツールバーから設定する

文字を目立たせる

Word | Excel | PowerPoint

Wordの文字を目立たせる

1 文字を選択し、文字のスタイルを変更します。

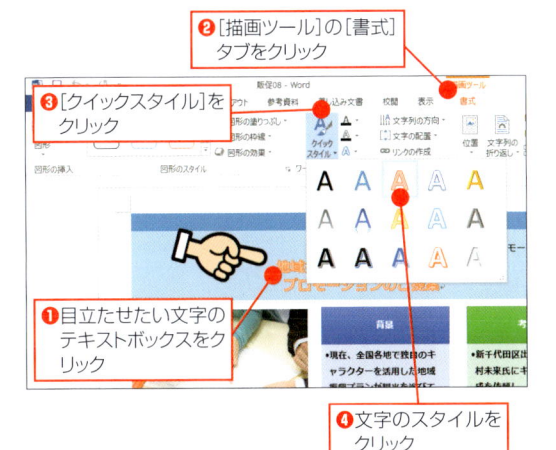

❶ 目立たせたい文字のテキストボックスをクリック
❷ [描画ツール]の[書式]タブをクリック
❸ [クイックスタイル]をクリック
❹ 文字のスタイルをクリック

2 文字のスタイルが変更されます。

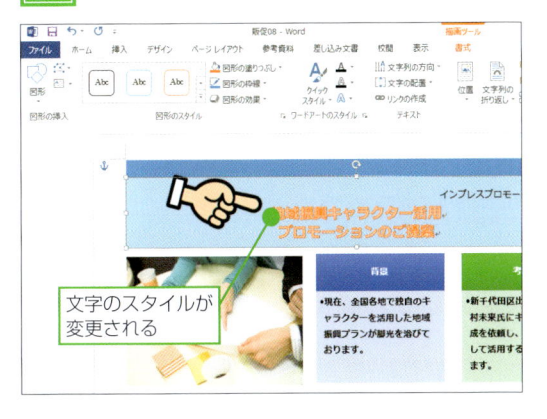

文字のスタイルが変更される

PowerPointの文字を目立たせる

1 文字を選択し、文字のスタイルを変更します。

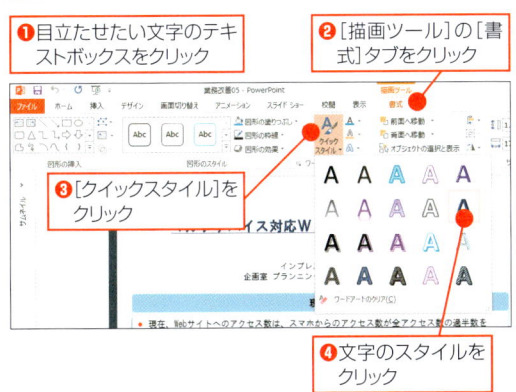

❶ 目立たせたい文字のテキストボックスをクリック
❷ [描画ツール]の[書式]タブをクリック
❸ [クイックスタイル]をクリック
❹ 文字のスタイルをクリック

2 文字のスタイルが変更されます。

文字のスタイルが変更される

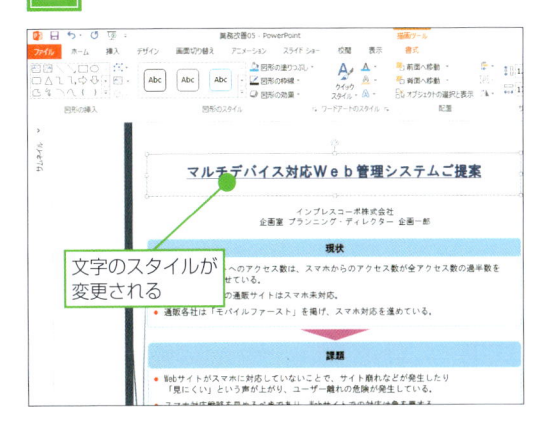

Excelの文字を目立たせる

1 ワードアートの機能を使って文字を挿入します。

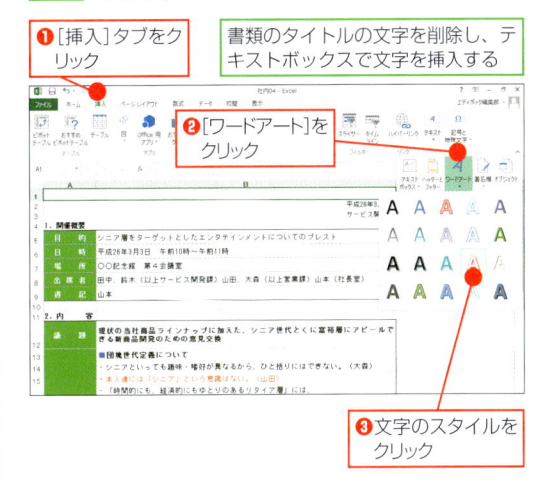

❶ [挿入]タブをクリック
❷ [ワードアート]をクリック
❸ 文字のスタイルをクリック

書類のタイトルの文字を削除し、テキストボックスで文字を挿入する

2 文字を入力します。

❶ [ここに文字を入力]というテキストボックスに文字を入力

WordやPowerPointと同じ手順で文字のスタイルを変更できる

Part 6 操作解説

153

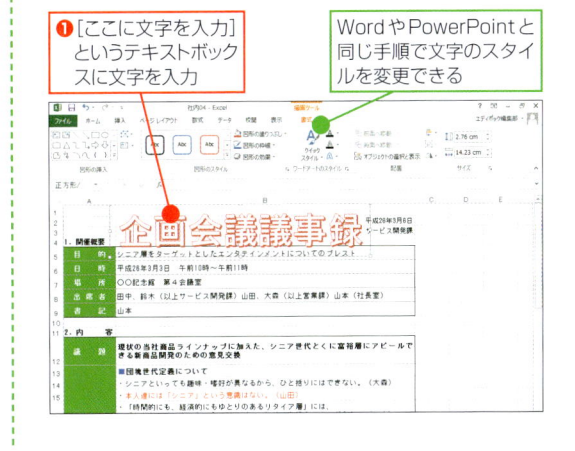

文字を追加する／調整する

`Word` `Excel` `PowerPoint`

テキストボックスを作成する

1 作成したいテキストボックスの種類を選択します。

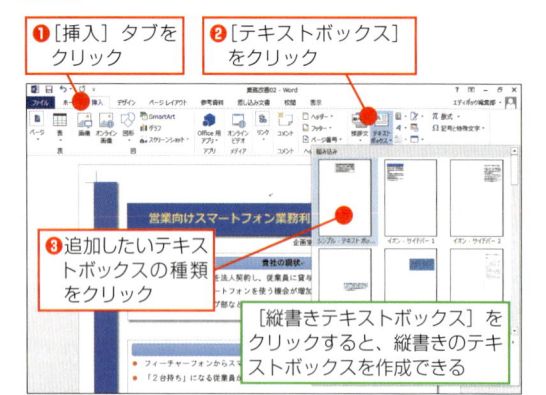

- ❶ ［挿入］タブをクリック
- ❷ ［テキストボックス］をクリック
- ❸ 追加したいテキストボックスの種類をクリック

［縦書きテキストボックス］をクリックすると、縦書きのテキストボックスを作成できる

2 作成したテキストボックスをクリックし、文字を入力します。

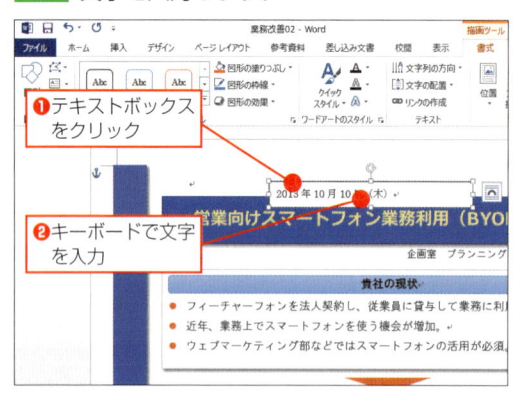

- ❶ テキストボックスをクリック
- ❷ キーボードで文字を入力

テキストボックスを調整する

1 テキストボックスを選択し、サイズを変更します。

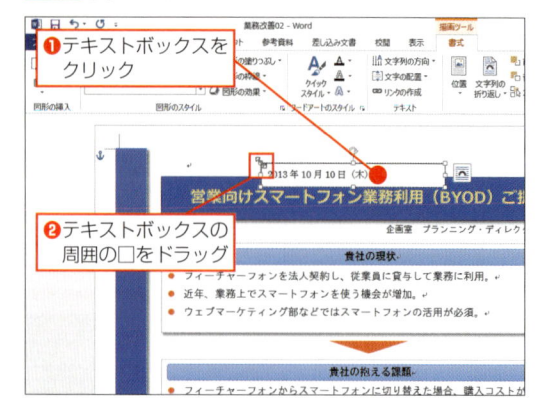

- ❶ テキストボックスをクリック
- ❷ テキストボックスの周囲の□をドラッグ

2 テキストボックスを移動します。

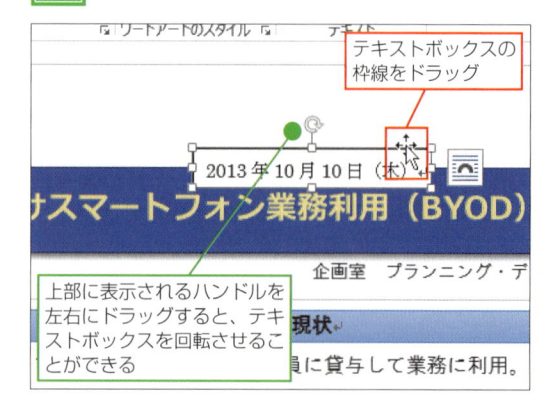

テキストボックスの枠線をドラッグ

上部に表示されるハンドルを左右にドラッグすると、テキストボックスを回転させることができる

≫ Office 2003の場合

Office 2003でテキストボックスを作成するには、［図形描画］ツールバーの［テキストボックス］をクリックします。

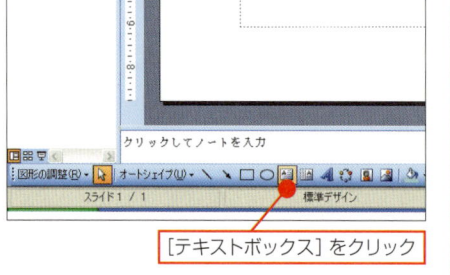

［テキストボックス］をクリック

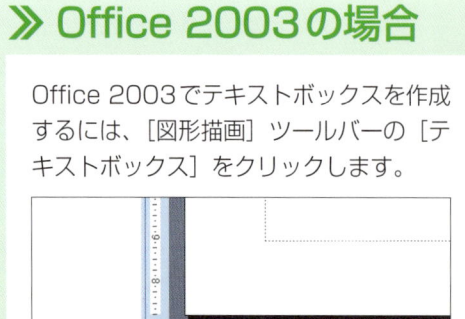

テキストボックスの配色を変更するには

テキストボックスのボックス内や枠線の色を変更したいときは、［描画ツール］の［書式］タブの［図形の塗りつぶし］や［図形の枠線］から色を選択します。色を消去したいときは、［図形の塗りつぶし］を［塗りつぶしなし］に、［図形の枠線］を［線なし］に変更します。

［図形の塗りつぶし］と［図形の枠線］から配色を変更できる

Part 6 操作解説

画像を挿入する／調整する　　Word　Excel　PowerPoint

画像を挿入する

1 [図の挿入] を表示します。

❶ [挿入] タブをクリック　❷ [画像] をクリック

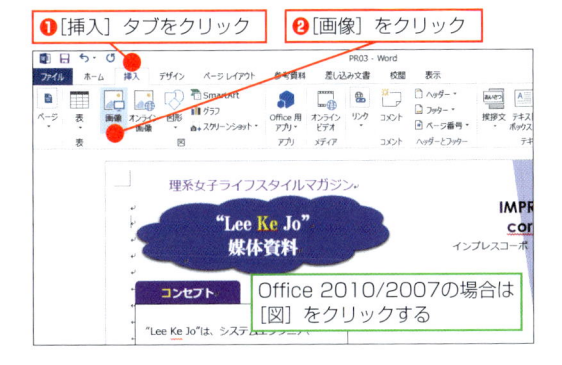

Office 2010/2007の場合は [図] をクリックする

2 DVD/CDドライブを選択し、挿入したい画像が収録されているフォルダを開いて、画像を選択します。

❶ DVD/CDドライブをクリック
❷ フォルダをダブルクリック 
❸ 挿入したい画像をクリック
❹ [挿入] をクリック

画像を調整する

1 画像のサイズと位置を変更します。

❶ 画像の四隅の□をドラッグしてサイズを変更
❷ 画像をドラッグして位置を変更

2 必要な部分だけが残るように四隅のハンドルをドラッグします。

❷ [図ツール] の [書式] タブをクリック 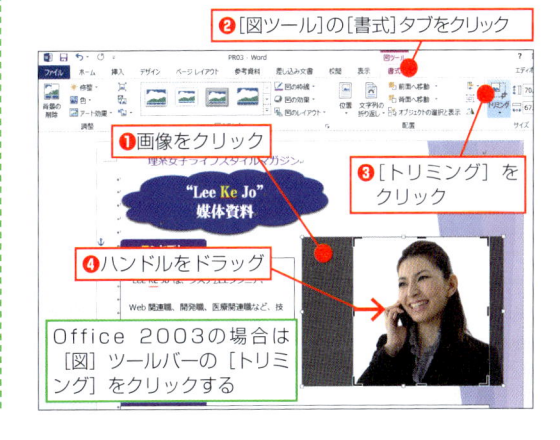
❶ 画像をクリック
❸ [トリミング] をクリック
❹ ハンドルをドラッグ

Office 2003の場合は [図] ツールバーの [トリミング] をクリックする

Wordで画像を調整できるようにするには

Wordに挿入した画像のサイズや位置を変更できるようにするには、画像を選択し、[図ツール] の [書式] タブの [文字列の折り返し] をクリックして、[前面] をクリックします。Word 2003の場合は [図] ツールバーの [テキストの折り返し] から行います。

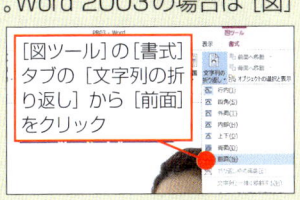

[図ツール] の [書式] タブの [文字列の折り返し] から [前面] をクリック

≫ Office 2003の場合

Office 2003で画像を挿入するには、[図形描画] ツールバーの [図の挿入] をクリックします。

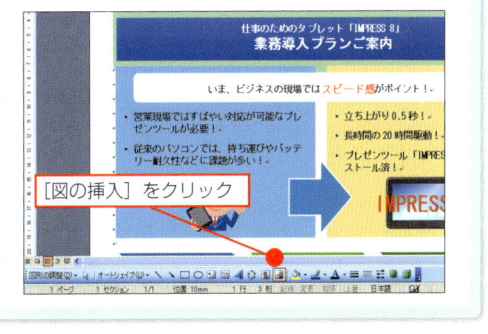

[図の挿入] をクリック

Part 6 操作解説

155

グラフを挿入する

Word　Excel　PowerPoint

グラフを編集する

1 挿入したいグラフのテンプレートを開きます。

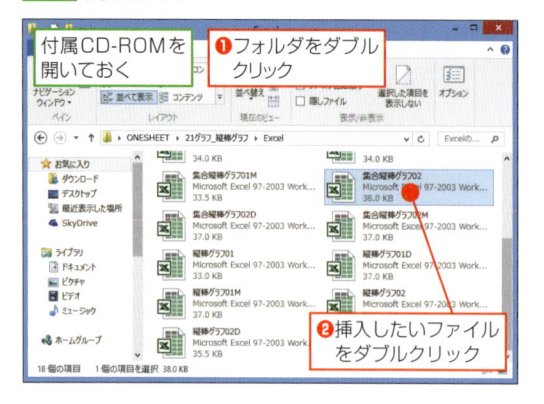

- 付属CD-ROMを開いておく
- ❶フォルダをダブルクリック
- ❷挿入したいファイルをダブルクリック

2 [データ]シートに切り替え、実際のデータを入力します。

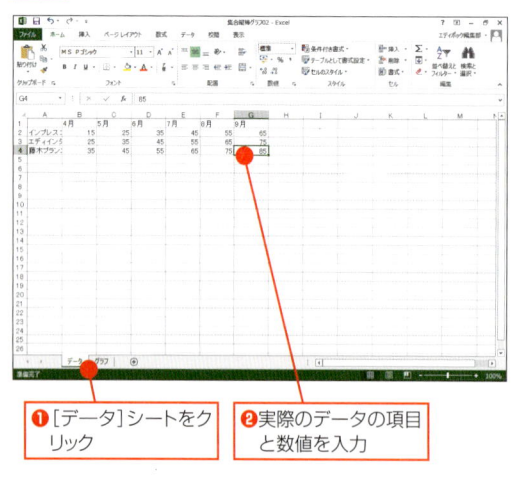

- ❶[データ]シートをクリック
- ❷実際のデータの項目と数値を入力

3 [グラフ]シートに切り替え、グラフを確認します。

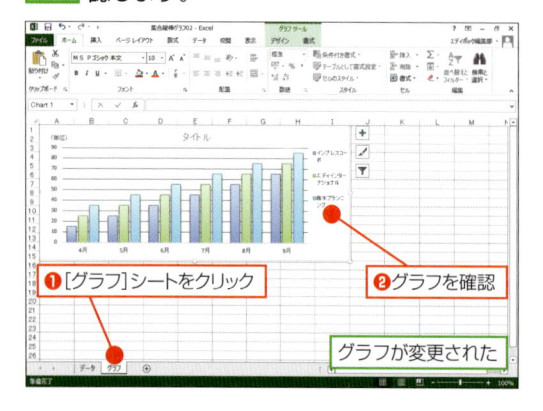

- ❶[グラフ]シートをクリック
- ❷グラフを確認
- グラフが変更された

企画書にグラフを挿入する

1 企画書に挿入したいグラフをコピーします。

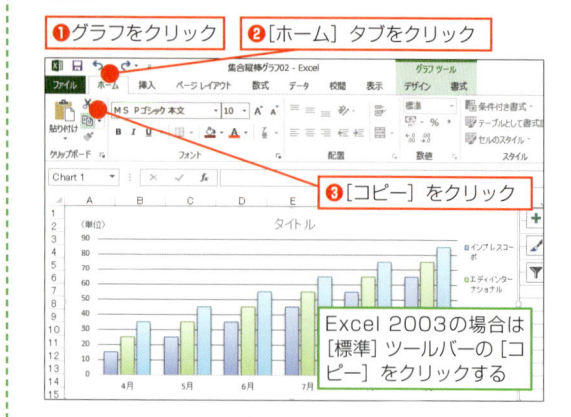

- ❶グラフをクリック
- ❷[ホーム]タブをクリック
- ❸[コピー]をクリック
- Excel 2003の場合は[標準]ツールバーの[コピー]をクリックする

2 コピーしたグラフを企画書に挿入します。

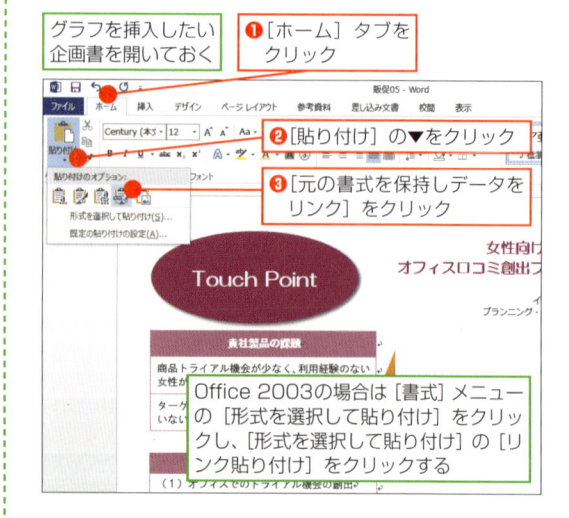

- グラフを挿入したい企画書を開いておく
- ❶[ホーム]タブをクリック
- ❷[貼り付け]の▼をクリック
- ❸[元の書式を保持しデータをリンク]をクリック
- Office 2003の場合は[書式]メニューの[形式を選択して貼り付け]をクリックし、[形式を選択して貼り付け]の[リンク貼り付け]をクリックする

3 コピーしたグラフが企画書に挿入されます。

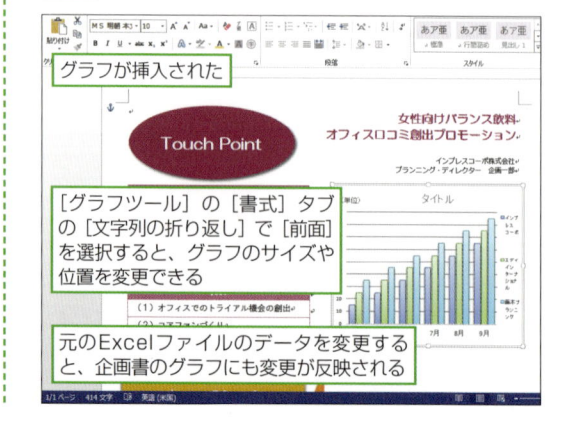

- グラフが挿入された
- [グラフツール]の[書式]タブの[文字列の折り返し]で[前面]を選択すると、グラフのサイズや位置を変更できる
- 元のExcelファイルのデータを変更すると、企画書のグラフにも変更が反映される

Part 6 操作解説

156

図解を挿入する

Word | Excel | PowerPoint

図解を挿入する

1 挿入したい図解のテンプレートを開き、コピーします。

- 挿入したい図解のテンプレートを開いておく
- ❶[ホーム]タブをクリック
- ❷図解をクリック
- ❸[コピー]をクリック

Office 2003の場合は[標準]ツールバーの[コピー]をクリックする

2 コピーした図解を企画書に挿入します。

- 図解を挿入したい企画書を開いておく
- ❶[ホーム]タブをクリック
- ❷[貼り付け]をクリック

Office 2003の場合は[標準]ツールバーの[貼り付け]をクリックする

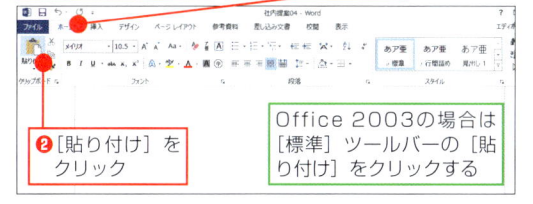

図形を追加するには

図解には新たに図形を追加できます。Office 2013/2010/2007の場合は[挿入]タブの[図形]をクリックし、挿入したい図形をクリックして、挿入したい位置でドラッグします。Office 2003の場合は[図形描画]ツールバーの[オートシェイプ]をクリックし、挿入したい図形を選択しましょう。

[挿入]タブの[図形]をクリックし、挿入したい図形をクリック

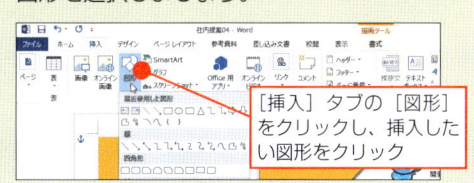

図解を調整する

1 あらかじめ入力されている文字を書き換えます。

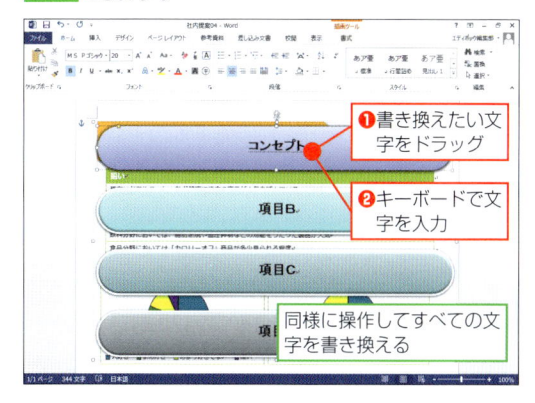

- ❶書き換えたい文字をドラッグ
- ❷キーボードで文字を入力

同様に操作してすべての文字を書き換える

2 図解のサイズを変更します。

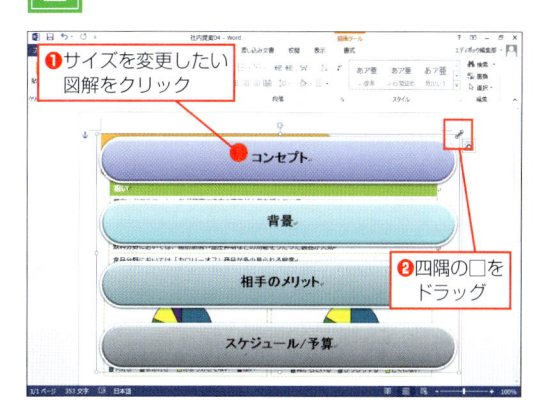

- ❶サイズを変更したい図解をクリック
- ❷四隅の□をドラッグ

3 図解の位置を変更します。

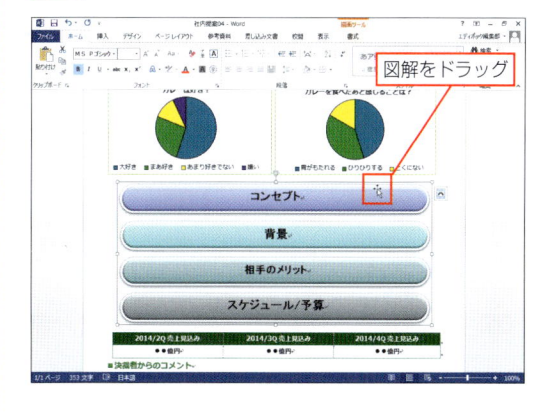

図解をドラッグ

Part 6 操作解説

157

図解や表を調整する

`Word` `PowerPoint`

SmartArtグラフィックの図形を追加する

1 SmartArtグラフィックの図形を選択し、後ろに図形を追加します。

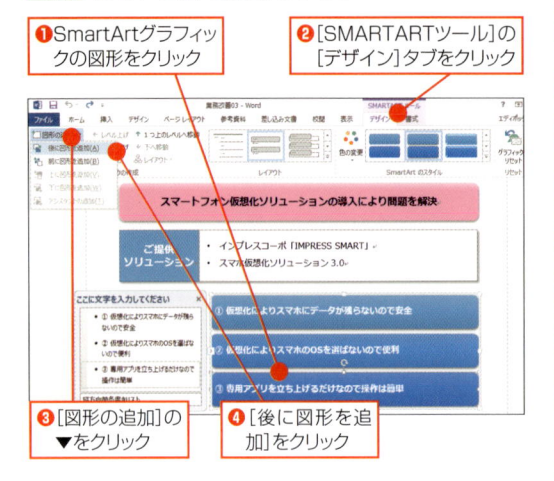

❶ SmartArtグラフィックの図形をクリック
❷ [SMARTARTツール]の[デザイン]タブをクリック
❸ [図形の追加]の▼をクリック
❹ [後に図形を追加]をクリック

2 図形に文字を入力します。

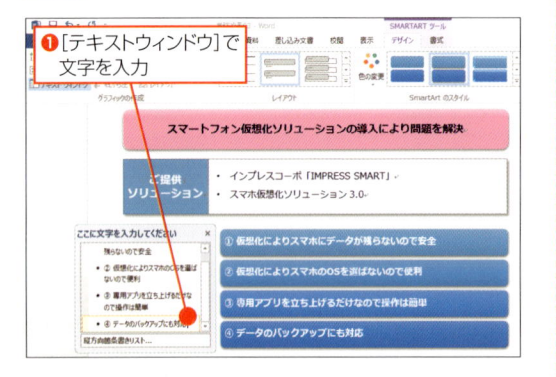

❶ [テキストウィンドウ]で文字を入力

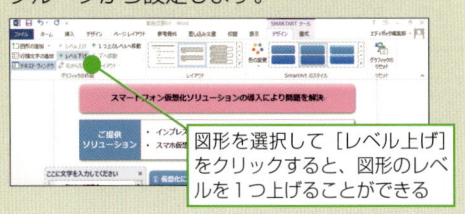

表を挿入する

1 表を挿入したい位置を選択し、列数と行数を選択して表を挿入します。

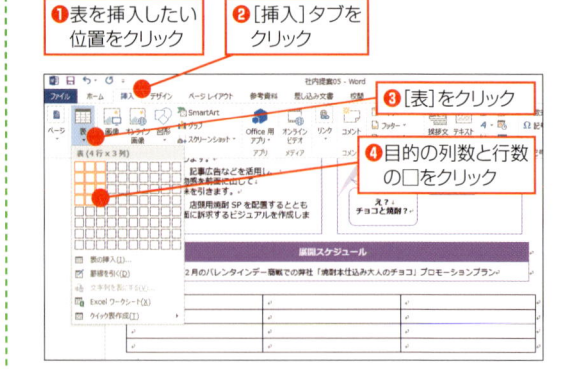

❶ 表を挿入したい位置をクリック
❷ [挿入]タブをクリック
❸ [表]をクリック
❹ 目的の列数と行数の□をクリック

表に行や列を挿入する

1 挿入したい位置を選択し、表に行や列を挿入します。

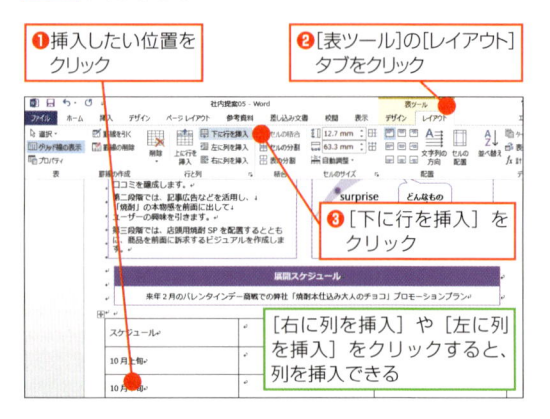

❶ 挿入したい位置をクリック
❷ [表ツール]の[レイアウト]タブをクリック
❸ [下に行を挿入]をクリック

[右に列を挿入]や[左に列を挿入]をクリックすると、列を挿入できる

図形の配置を変更するには

SmartArtグラフィックの図形は、レベルを上げ下げして配置を変えたり、右から左に順番を変えたりすることができます。図形の配置は[SMARTARTツール]の[デザイン]タブの[グラフィックの作成]グループから設定します。

図形を選択して[レベル上げ]をクリックすると、図形のレベルを1つ上げることができる

≫ Word 2003の場合

Word 2003の場合は[標準]ツールバーの[表の挿入]をクリックし、列数と行数を選択します。

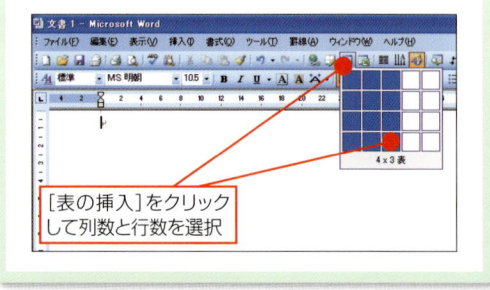

[表の挿入]をクリックして列数と行数を選択

印刷する　　Word　Excel　PowerPoint

1 印刷設定画面を表示します。

❶［ファイル］タブをクリック
❷［印刷］をクリック

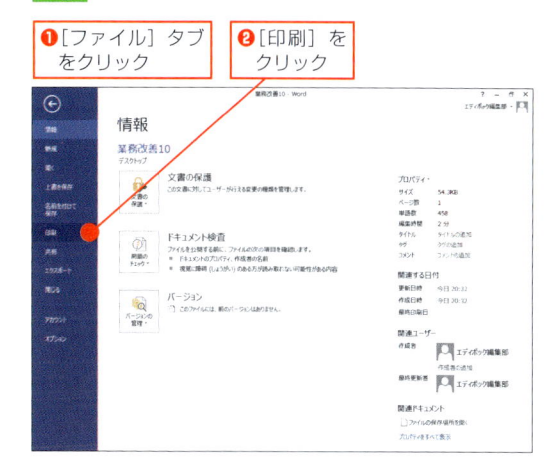

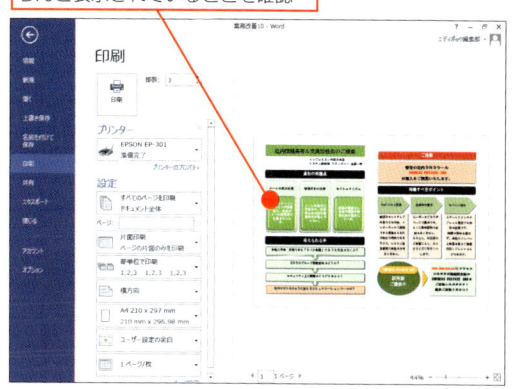

2 印刷の設定を確認します。

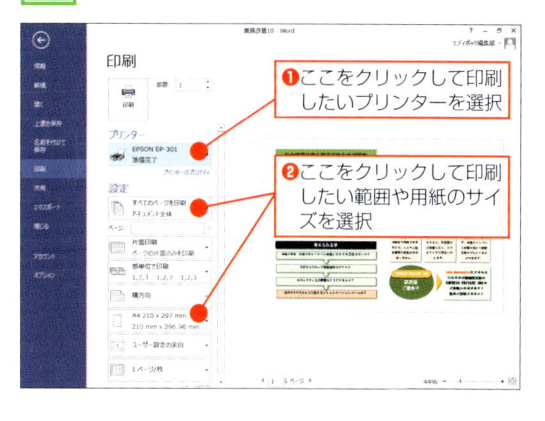

❶ ここをクリックして印刷したいプリンターを選択
❷ ここをクリックして印刷したい範囲や用紙のサイズを選択

3 印刷プレビューを確認します。

配置した文字や図形、画像などがきちんと表示されていることを確認

4 印刷したい部数を入力し、印刷を実行します。

❶ 印刷したい部数を入力
❷［印刷］をクリック

≫ Office 2007/2003の場合

Office 2007の場合は［Office］ボタンをクリックし、［印刷］で印刷の設定を行います。Office 2003の場合は［ファイル］メニューの［印刷］をクリックし、Office 2007と同様に［印刷］で設定を行いましょう。

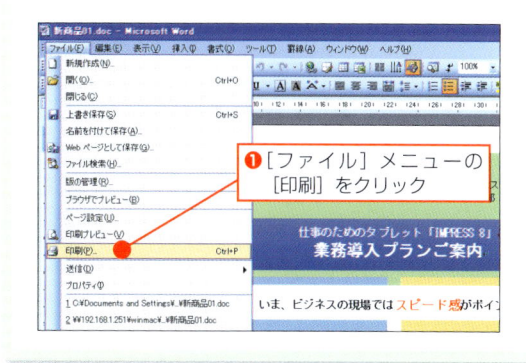

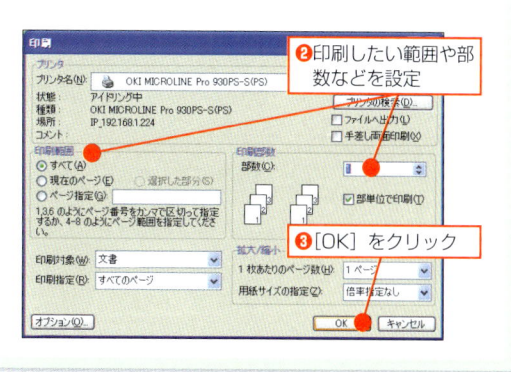

❶［ファイル］メニューの［印刷］をクリック
❷ 印刷したい範囲や部数などを設定
❸［OK］をクリック

Part 6 操作解説

Staff

■執筆／企画書・報告書制作

藤木俊明　fujiki@gcp.jp

リクルート、ぴあを経て独立。現在コンテンツ企画制作会社ガーデンシティ・プランニング（GCP http://www.gcp.jp/）代表取締役。日々の現場で、スピード感のあるプレゼンを勝ち抜く企画書作成を実践。講演・セミナーも多数実施。著書『明日のプレゼンに使える「1枚」企画書が60分で作れる本』（インプレスジャパン）など多数。Wisdom公式ブログ「企画書は早朝書こう日記」（http://blog.blwisdom.com/fujiki/）連載中。

■制作協力
かさはらよしこ

■制作／編集／DTP／本文デザイン
株式会社エディポック

■データ制作
中島直美（OAスクールStep代表）
土屋和人

■カバー／表紙デザイン
Power Design Inc.

■写真／イラスト協力
株式会社リオ

■編集
本田拓也

■デスク
山内悠之

■編集長
高橋隆志

書き換えるだけ！
A4一枚 企画書・報告書
「通る」テンプレート集

2013年7月11日　初版第1刷発行

著者　　藤木俊明
発行人　土田米一
発行　　株式会社インプレスジャパン　An Impress Group Company
　　　　〒102-0075　東京都千代田区三番町20番地
発売　　株式会社インプレスコミュニケーションズ
　　　　An Impress Group Company
　　　　〒102-0075　東京都千代田区三番町20番地
　　　　出版営業 TEL 03-5275-2442　　http://www.ips.co.jp/

本書は著作権法上の保護を受けています。本書の一部あるいは全部について、著作権者および株式会社インプレスジャパンからの文書による許諾を得ずに、いかなる方法においても無断で複写、複製することは禁じられています。

Copyright © 2013 Garden City Planning, Impress Japan Corporation. All rights reserved.

印刷所　大日本印刷株式会社
ISBN:978-4-8443-3423-1　　Printed in Japan

■本書の内容に関するご質問は、書名・ISBN（奥付ページに記載）・お名前・電話番号と、該当するページや具体的な質問内容、お使いの動作環境などを明記のうえ、インプレスカスタマーセンターまでメールまたは封書にてお問い合わせください。なお、本書発行後に仕様が変更されたハードウェア、ソフトウェア、サービスの内容等に関するご質問にはお答えできない場合があります。また、以下のご質問にはお答えできませんのでご了承ください。
・書籍に掲載している手順以外のご質問
・ハードウェア、ソフトウェア、サービス自体の不具合に関するご質問
・インターネットや電子メール、固有のデータ作成方法に関するご質問
■造本には万全を期しておりますが、万一、落丁・乱丁がございましたら、送料小社負担にてお取り替え致します。
お手数ですが、「インプレスカスタマーセンター」までご返送ください。

■読者様のお問い合わせ先
インプレスカスタマーセンター
〒102-0075　東京都千代田区三番町20番地
TEL　03-5213-9295　／　FAX　03-5275-2443
E-mail info@impress.co.jp

本書のご感想をぜひお寄せください　http://www.impressjapan.jp/books/1112101142

［読者アンケートに答える］をクリックしてアンケートにぜひご協力ください。はじめての方は「CLUB Impress（クラブインプレス）」にご登録いただく必要があります。アンケート回答者の中から、抽選で商品券（1万円分）や図書カード（1,000円分）などを毎月プレゼント。当選は賞品の発送をもって代えさせていただきます。

読者登録サービス　CLUB Impress
登録カンタン　費用も無料！
アンケート回答で本書の読者登録が完了します